高等院校医学实验教学系列教材

生物化学与分子生物学实验

第2版

主　编　王宏兰　李淑艳　潘洪明
副主编　张春晶　孙晓杰　吴　琦
编　者　（按姓氏笔画排序）

王宏兰（齐齐哈尔医学院）　王丽萍（齐齐哈尔医学院）
衣同辉（齐齐哈尔医学院）　刘秀财（齐齐哈尔医学院）
刘哲丞（齐齐哈尔医学院）　师　岩（齐齐哈尔医学院）
齐晓丹（齐齐哈尔医学院）　孙晓杰（齐齐哈尔医学院）
吴　琦（齐齐哈尔医学院）　张春晶（齐齐哈尔医学院）
杨秀珍（齐齐哈尔医学院）　李淑艳（齐齐哈尔医学院）
姜　颖（黑龙江中医药大学）　徐　晶（齐齐哈尔医学院）
徐文弟（哈尔滨医科大学）　郭红艳（齐齐哈尔医学院）
高　涵（齐齐哈尔医学院）　潘洪明（齐齐哈尔医学院）

科学出版社
北　京

内 容 简 介

本教材分为基础（验证性）实验、综合性实验、设计性实验和虚拟仿真实验四个部分。以层析技术、离心技术、电泳技术、盐析技术、蛋白质技术、PCR技术等分子生物学技术作为基础实验。综合性实验培训学生比较连贯的实验技术训练。设计性实验旨在培养学生设计实验的能力，锻炼学生独立思考问题、解决问题的能力。虚拟实验贯彻新的学习理念：信息化环境下的自主学习理念、协作学习理念、终身学习理念,节约教学资源,确保人员及环境的安全、具有传统实验无法替代的优势。

本教材适用于医学院校五年制本科基础、临床、护理、预防、口腔、法医、麻醉、影像、药学、检验等各专业学生。也可供教师和研究生参考。

图书在版编目(CIP)数据

生物化学与分子生物学实验 / 王宏兰，李淑艳，潘洪明主编. —2 版. —北京：科学出版社，2016.4

ISBN 978-7-03-046797-3

Ⅰ. ①生… Ⅱ. ①王… ②李… ③潘…. Ⅲ. ①生物化学–实验–医学院校–教材②分子生物学–实验–医学院校–教材 Ⅳ. ①Q5-33②Q7-33

中国版本图书馆 CIP 数据核字(2016)第 001519 号

责任编辑：朱　华 / 责任校对：张怡君
责任印制：赵　博 / 封面设计：范璧合

科学出版社出版
北京东黄城根北街 16 号
邮政编码：100717
http://www.sciencep.com
天津市新科印刷有限公司印刷
科学出版社发行 各地新华书店经销
*
2010 年 12 月第 一 版　开本：787×1092 1/16
2016 年 4 月第 二 版　印张：11
2025 年 1 月第六次印刷　字数：258 000

定价：45.00 元

（如有印装质量问题，我社负责调换）

高等院校医学实验教学系列教材

编　委　会

主　　审　张晓杰　郭金城

主　　编　李　涛　张淑丽　高　音

副 主 编　潘洪明　朱坤杰　郑立红　刘伯阳　刘　婷　夏春辉
姚立杰　廉　洁　王宏兰　李淑艳　付　双

编　　者　（按姓氏笔画排序）

于海涛　马　勇　王　玉　王　岩　王　洁　王　洋
王　珺　王　斌　王玉阁　王立平　王丽萍　王宏兰
王晓东　王海君　仇　惠　文丽波　邓凤春　石艳会
卢长柱　田　华　付　双　包丽丽　冯淑怡　师　岩
吕　莹　吕丽艳　吕艳欣　朱坤杰　朱金玲　刘　丹
刘　婷　刘文庆　刘秀财　刘伯阳　刘哲丞　刘雅楠
刘楠楠　齐晓丹　衣同辉　许　凤　孙　权　孙　革
孙　贺　孙石柱　孙晓杰　孙翠云　纪　亮　李　宇
李　波　李　恋　李　涛　李　爽　李　雪　李永涛
李光伟　李红梅　李志勇　李建蓉　李淑艳　李鹏辉
李霄凌　杨旭芳　杨秀珍　肖　宇　肖　薇　吴艳敏
吴　琦　何　军　邹淑君　沈　雷　宋　娟　张立平
张明龙　张春庆　张春晶　张　威　张　鹏　张晓东
张海燕　张淑丽　张善强　陈　萍　岳丽玲　金　莉
郑立红　官　杰　郎蔚雅　赵占义　侯　鹏　姜　杨
姜　颖　姚立杰　姚洪波　姚淑娟　都晓辉　夏春辉
柴　英　钱丽丽　徐　晋　徐　晶　徐文弟　高　音
高　涵　高恒宇　郭红艳　郭林娜　梅庆步　崔继文
董　静　廉　洁　蔡文辉　潘洪明　薛茂强　薛俭雷

序

齐齐哈尔医学院组织编写的“高等院校医学实验教学系列教材”丛书（第1版）于2011年在科学出版社出版，获得了参编院校广大师生的欢迎和好评。按照《国家中长期教育改革和发展规划纲要（2010—2020年）》的要求，配合教育部“十二五”普通高等教育本科国家级规划教材建设，全面推进现代医学实验教学的发展，加大对实验项目、实验条件、实验教学体系的改革力度，建立以能力培养为主线，分层次、多模块、互相衔接的实验教学体系，与理论教学既联系又相对独立，实现基础与前沿、经典与现代的有机结合是我们修订及编写本系列教材的初衷。

依照此要求修订及编写的基础医学实验系列教材，其编写指导思想是“符合人才培养需求，体现教育改革成果，确保教材质量，形式新颖创新”。配合教育部、卫健委提出的要逐步建立“5+3”（五年医学院校本科教育加三年住院医师规划培训）为主体的临床医学人才培养体系。依照“三基、五性、三特定”原则，我们广泛听取了读者和同仁对上版教材的反馈意见，在继承和发扬原教材优点的基础上，修改不足之处。

本次系列实验教材修订，我们和多所医学院校合作，由长期工作在教学和科研一线的教师编写而成，他们分别来自齐齐哈尔医学院、哈尔滨医科大学、内蒙古医科大学、天津医科大学、大连医科大学、黑龙江中医药大学、厦门大学、绍兴大学、陕西中医学院、中国中医科学院、中央民族大学、牡丹江医学院、佳木斯大学、华中科技大学同济医学院、北华大学15所院校，力求做到体系创新、理念创新及编写精美。

本系列实验教材的实验内容在原有的基本实验操作及常用仪器使用、经典验证性实验、综合性实验和创新性实验，实验报告等基础上，增加了虚拟仿真实验。系列教材由上版7本，再版后增至8本，包括《人体解剖学实验》《医学微形态学实验》《医学机能实验学》《医学细胞生物学与遗传学实验》《医学免疫学与病原生物学实验》《生物化学与分子生物学实验》《医学物理学实验》和《医学化学实验》。

本系列教材读者对象以本科临床医学专业为主，兼顾预防、口腔、影像、检验、护理、药学、精神医学等专业需求，涵盖医学生基础医学全部的实验教学内容。

由于水平和时间的限制，难免存在疏漏，敬祈同仁和广大读者批评、指正。

李 涛 张淑丽 高 音

2015年6月

前　言

生物化学与分子生物学是 21 世纪生命科学的领头学科，其理论与基本实验技术已广泛渗透并常规应用于生命学科的各个领域。学习和掌握生物化学与分子生物学的实验技术不仅是医学生的必备能力，更是实施创新教育的重要手段。生物化学与分子生物学也是生命科学各学科的“共同语言”和“重要工具”，是联系基础医学和临床医学的重要纽带。近年来，分子生物学发展迅速，在遗传病、肿瘤、感染性疾病、心血管疾病等的诊断和治疗中作用越来越重要。2011 年 1 月编写了第 1 版《医学化学实验》，为了适应学科建设的发展，将生物化学与分子生物学实验从《医学化学实验》中分离出来，实验教材更名为《生物化学与分子生物学实验》（第 2 版），适用于医学院校的本科生使用，进行了较大修改和更新，增加了虚拟仿真实验内容，使之更实用。

本教材分为基础（验证性）实验、综合性实验、设计性实验和虚拟仿真实验四个部分。以层析技术、离心技术、电泳技术、盐析技术、蛋白质技术、PCR 技术等分子生物学技术作为基础实验，辅以教师的讲授和新技术的演示训练。综合性实验将给予学生比较连贯的实验技术训练。设计性实验旨在培养学生设计实验的能力，锻炼学生独立思考问题、解决问题的能力。虚拟实验贯彻新的学习理念：信息化环境下的自主学习理念、协作学习理念、终身学习理念,节约教学资源,确保人员及环境的安全，具有传统实验无法替代的优势。

本书共九章，其中王宏兰编写第一章、第二章；郭红艳编写第三章第一节；刘秀财编写第三章第二节；师岩编写第三章第三节；王丽萍编写第三章第四节；杨秀珍编写第三章第五节；齐晓丹编写第四章实验九、十、十四、十五、实验二十～实验二十二；吴琦编写第七章实验二；张春晶编写第四章实验十六～实验十九、第七章实验三；李淑艳编写第七章实验四、第八章；孙晓杰编写第四章实验十一～实验十三、第七章实验五；潘洪明编写第四章实验三～实验八；姜颖编写第五章、第六章；徐文弟编写第四章实验二十三～实验二十四；徐晶编写第四章实验一～实验二；高涵编写第七章第一节和实验一；衣同辉编写第九章；刘哲丞编写附录。

由于生物化学与分子生物学发展迅速，时间仓促，编者水平有限，本实验教材难免存在不足之处或错误，敬请同行专家及使用本教材者批评指正，以期逐步完善。

王宏兰　李淑艳　潘洪明

2015 年 6 月

目　录

第一章 绪 论

第一节 概 述

欢迎同学们到生物化学与分子生物学实验室来！生物化学与分子生物学主要是从微观即分子的角度来研究生物现象，涉及物理、化学、数学、生物学等多学科的交叉。其在分子水平探讨生命的本质，即研究生物体的分子结构与功能、物质代谢与调节，是目前自然科学中进展最迅速、最具活力的前沿领域。生物化学与分子生物学实验课不仅给学生提供一个验证理论知识、学习这一领域中有关实验技术的机会，也给学生提供了一个当科学家的机会。

实验课是实现理论联系实践，培养学生创新能力、应用能力的重要方式。通过具体的实验操作，使学生掌握生物化学与分子生物学的基本实验方法和技能，锻炼学生的动手能力。通过实验训练学生观察、比较、记录、分析、判断、推理和综合等科学思维能力、独立工作能力和事实求是的科学作风。实验可以训练观察、记录、分析、判断、推理等能力；训练科学地解释实验结果，清晰而富有逻辑地将结果表达出来的能力。从学术意义上说，实验课是学生正式走上科学研究或其他工作岗位前的一种培训，而不仅仅是照着实验指导完成一系列操作、最后交份报告的课程。

第二节 生物化学与分子生物学实验技术发展简史

生物科学在20世纪有惊人的发展。其中，生物化学与分子生物学的进展尤为迅速，这样一门最具活力和生气的实验科学，在21世纪必将成为带头的学科，这主要有赖于生物化学与分子生物学实验技术的不断发展和完善。这里我们简单回顾一下生物化学实验技术的发展历史。

20年代：微量分析技术导致了维生素、激素和辅酶等的发现。瑞典著名的化学家T.Svedberg奠基了“超离心技术”，1924年制成了第一台5000×g（5000～8000 r · min^{-1}）相对离心力的超离心机（相对离心力“RCF”的单位可表示为“×g”），开创了生化物质离心分离的先河，并准确测定了血红蛋白等复杂蛋白质的分子量，获得了1926年的诺贝尔化学奖。

30年代：电子显微镜技术打开了微观世界，使我们能够看到细胞内的结构和生物大分子的内部结构。

40年代：层析技术大发展，两位英国科学家Martin和Synge发明了分配色谱（层析），他们获得了1952年的诺贝尔化学奖。由此，层析技术成为分离生化物质的关键技术。“电泳技术”是由瑞典的著名科学家Tisellius所奠基，从而开创了电泳技术的新时代，他因此获得了1948年的诺贝尔化学奖。

50年代：自1935年Schoenheimer和Rittenberg首次将放射性同位素示踪用于碳水化合物及类脂物质的中间代谢的研究以后，“放射性同位素示踪技术”在50年代有了大的发展，为各种生物化学代谢过程的阐明起了决定性的作用。

60年代：各种仪器分析方法用于生物化学研究，取得了很大的发展，如高效液相色谱（HPLC）技术、红外、紫外、圆二色等光谱技术、核磁共振（NMR）技术等。自1958年Stem，Moore和Spackman设计出氨基酸自动分析仪，大大加快了蛋白质的分析工作。1967年Edman和Begg制成了多肽氨基酸序列分析仪，到 1973 年 Moore 和 Stein 设计出氨基酸序列自动测定仪，又大大加快了对多肽一级结构的测定，十多年间氨基酸的自动测定工作得到了很大的发展和完善。1962 年，美国科学家 Watson 和英国科学家 Crick 因为在 1953 年提出的 DNA 分子反向平行双螺旋模型而与英国科学家 Wilkins 分享了当年的诺贝尔生理医学奖，后者通过对 DNA 分子的 X-线衍射研究证实了 Watson 和 Crick 的 DNA 模型，他们的研究成果开创了生物科学的历史新纪元。在 X-线衍射技术方面，英国物理学家 Perutz 对血红蛋白的结构进行 X-线结构分析，Kendrew 测定了肌红蛋白的结构，成为研究生物大分子空间立体结构的先驱，他们同获 1962 年诺贝尔化学奖。

此外，在 60 年代，层析和电泳技术又有了重大的进展，在 1968 年～1972 年 Anfinsen 创建了亲和层析技术，开辟了层析技术的新领域。1969 年 Weber 应用 SDS-聚丙烯酰胺凝胶电泳技术测定了蛋白质的分子量，使电泳技术取得了重大进展。

70 年代：基因工程技术取得了突破性的进展，Arber，Smith 和 Nathans 三个小组发现并纯化了限制性内切酶，1972 年，美国斯坦福大学的 Berg 等人首次用限制性内切酶切割了 DNA 分子，并实现了 DNA 分子的重组。1973 年，又由美国斯坦福大学的 Cohen 等人第一次完成了 DNA 重组体的转化技术，这一年被定为基因工程的诞生年，Cohen 成为基因工程的创始人，从此，生物化学进入了一个新的大发展时期。与此同时，各种仪器分析手段进一步发展，制成了 DNA 序列测定仪、DNA 合成仪等。

80 至 90 年代：基因工程技术进入辉煌发展的时期，1980 年，英国剑桥大学的生物化学家 Sanger 和美国哈佛大学的 Gilbert 分别设计出两种测定 DNA 分子内核苷酸序列的方法，而与 Berg 共获诺贝尔化学奖，从此，DNA 序列分析法成为生物化学与分子生物学最重要的研究手段之一。他们 3 人在 DNA 重组和 RNA 结构研究方面都作出了杰出的贡献。1981 年由 Jorgenson 和 Lukacs 首先提出的高效毛细管电泳技术(HPCE)，由于其高效、快速、经济，尤其适用于生物大分子的分析，因此受到生命科学、医学和化学等学科的科学工作者的极大重视，发展极为迅速，是生化实验技术和仪器分析领域的重大突破，意义深远。现今，由于 HPCE 技术的异军突起，HPLC 技术的发展重点已转到制备和下游技术。

1984 年德国科学家 Kohler、美国科学家 Milstein 和丹麦科学家 Jerne 由于发展了单克隆抗体技术，完善了极微量蛋白质的检测技术而共享了诺贝尔生理医学奖。

1985 年美国加利福尼亚州 Cetus 公司的 Mullis 等发明了 PCR 技术(Polymerase Chain Reaction)即聚合酶链式反应的 DNA 扩增技术，对于生物化学和分子生物学的研究工作具有划时代的意义，因而与第一个设计基因定点突变的 Smith 共享 1993 年的诺贝尔化学奖。除上述历史以外，还可以列出许多生物化学发展史上的重要成就，分述如下。

美国哈佛大学的 Folin 教授和中国的吴宪教授对生物化学常用的各种分析方法(血糖分析、蛋白质含量分析、氨基酸测定等)的建立作出了历史性的贡献。

美国化学家 Pauling 确认氢键在蛋白质结构中以及生物大分子间相互作用的重要性等，他获得了诺贝尔化学奖。

英籍德裔生物化学家 Krebs，在 1937 年发现了三羧酸循环，对细胞代谢及分子生物学的研究作出了重要贡献，他与美籍德裔生物化学家 Lipmann 共获 1953 年诺贝尔生理医学奖。英国生物化学家 Sanger 还于 1953 年确定了牛胰岛素中氨基酸的精确顺序而获得 1958 年的诺贝尔化学奖。

1959 年，美籍西班牙裔科学家 Uchoa 发现了细菌的多核苷酸磷酸化酶，研究并重建了将基因内的遗传信息通过 RNA 中间体翻译成蛋白质的过程。他和 Kornberg 分享了当年的诺贝尔生理医学奖，而后者的主要贡献在于实现了 DNA 分子在细菌细胞和试管内的复制。

美国生物化学家Nirenberg在破译遗传密码方面作出了重要贡献，Holly阐明了酵母丙氨酸tRNA的核苷酸排列顺序，后来证明所有tRNA的结构均相似。美籍印度裔生物化学家Khorana曾合成了精确结构的已知核酸分子，并首次人工制成酵母基因。他们3人共获1969年诺贝尔生理医学奖。

法国生物学家Lwoff、JAcob和生物化学家Monod由于在病毒DNA和mRNA等方面出色的大量研究工作而共获1965年诺贝尔生理医学奖。

1988年，美国遗传学家McClintock由于在20世纪50年代提出并发现了可移动的遗传因子而获得诺贝尔生理医学奖。

法国生物学家Lwoff、JAcob和生物化学家Monod由于在病毒DNA和mRNA等方面出色的大量研究工作而共获1965年诺贝尔生理医学奖。

1988年，美国遗传学家McClintock由于在20世纪50年代提出并发现了可移动的遗传因子而获得诺贝尔生理医学奖。

1989年，美国科学家Altman和Cech由于发现某些RNA具有酶的功能(称为核酶)而共享诺贝尔化学奖。

1993年，美国科学家Roberts和Sharp由于在断裂基因方面的工作而荣获诺贝尔生理医学奖。

1994年，美国科学家Gilman和Rodbell由于发现了G蛋白在细胞内信息传导中的作用而分享诺贝尔生理医学奖。

1995年，美国科学家Lewis、德国科学家Nusslein-Volhard和美国科学家Wieschaus由于在20世纪40～70年代先后独立鉴定了控制果蝇体节发育基因而共享诺贝尔生理医学奖。

我国生物化学界的先驱吴宪教授在20年代初由美回国后，在协和医科大学生化系与汪猷、张昌颖等人一道完成了蛋白质变性理论、血液生化检测和免疫化学等一系列有重大影响的研究。1965年我国化学和生物化学家用化学方法在世界上首次人工合成了具有生物活性的结晶牛胰岛素，1983年又通过大协作完成了酵母丙氨酸转移核糖核酸的人工合成。近年来，在酶学研究、蛋白质结构及生物膜的结构与功能等方面都有举世瞩目的研究成果。

由近百年来生物化学及其实验技术的发展史可以看出，该学科的发展与实验技术的发展密切相关，每一种新的生化物质的发现与研究都离不开实验技术，实验技术每一次新的发明都大大推动了生物化学研究的进展，因而对于每一位现代生物科学工作者，尤其是生物化学工作者，学习并掌握各种生物化学实验技术就是极为重要的。

第三节　实验的基本要求

一、实验课要求

(1)学生必须按时参加实验课，不得迟到早退，迟到15分钟者，不得参加本次实验。

(2)实验前必须做好预习，明确实验内容、目的、方法和步骤。

(3)学生进入实验室必须衣着整洁，不得穿拖鞋及背心进入实验室。严禁高声喧哗、吸烟、随地吐痰和吃零食，不得随意动用与本实验无关设备。

(4)实验预习准备就绪后，经指导教师检查同意后，方可进行实验。学生在实验中应严格遵守仪器设备操作规程，认真观察和分析现象，如实记录实验数据，独自分析实验结果，单独完成实验报告，不得抄袭他人实验结果。

(5)实验中要爱护仪器，注意安全，节约水、电、元件等消耗材料，凡违章操作，不听教师指挥而造成事故，损坏仪器者，必须写出书面检查，并按有关规定赔偿损失。

(6)实验中若发生仪器故障或其他事故，应立即切断电源、水源等，停止操作，并报告指导教师，待查明原因或排除故障后，方可继续进行实验。

(7)实验完毕应及时关好电和水，并将仪器设备、工具等整理好放回原位，请指导教师检查同意签字后，方可离开实验室。

(8)应按时完成实验报告，凡实验报告不符合要求者，必须重做。

二、实验室安全须知

(1)实验前必须认真预习实验内容，明确本次实验目的，掌握实验原理，操作关键步骤及注意事项，写好实验预习报告。

(2)实验时自觉遵守实验室纪律，保持室内安静。

(3)实验过程中要听从教师指导，认真按照实验步骤和操作规程进行实验，注意观察实验过程中出现的现象和结果，并认真进行实验记录，对实验结果展开讨论，结果不良时，必须重做。实验完毕及时整理数据，按时上交实验报告。

(4)实验中，将移液枪、吸量管、药品等用完后放回原处，实验台面、称量台、药品架、水池以及各种实验仪器内外都必须保持清洁整齐，严禁瓶盖及药勺混杂，切勿使药品(尤其是NaOH)洒落在天平和实验台面上，毛刷用后必须立即挂好，各种器皿不得丢弃在水池内。

(5)多余的重要试剂和各种有污染的液体和凝胶，要按教师要求进行回收，如昂贵的Sephadex、Sepharose凝胶，经溴化乙锭(EB)污染的琼脂糖凝胶及其电泳缓冲液等，用后必须及时回收，不得丢弃。

(6)配制的试剂和实验过程中的样品。尤其是保存在冰箱和冷室中的样品，必须贴上标签、写上品名、浓度、姓名和日期。放在冰箱中的易挥发溶液和酸性溶液必须严密封口。

(7)配制和使用洗液必须极为小心，强酸强碱必须倒入废液缸或冲稀后排放。

(8)使用贵重精密仪器应严格遵守操作规程。使用分光光度计时不得将溶液洒在仪器内外和地面上。使用高速冷冻离心机等大型仪器必须经过考核。仪器发生故障应立即报告教师，未经许可不得自己随意检修。

(9)对于如酒精、乙醚等易燃性有机溶剂，使用时严禁明火，远离火源，若需加热要用水浴加热，不可直接在水火上加热。

(10)离开实验室必须关好门窗，切断电源、水源，以确保安全。

三、实验室安全规程

1. 进入实验室所遵循的“十要”和“十不要”。

十要：

(1)要熟悉实验室内、外环境；

(2)要熟悉常用有害物质的表示；

(3)要保持实验台面的整洁；

(4)要将长发盘起；

(5)配制试剂要在实验台或实验架上进行；

(6)要在毒气柜内操作一些有毒试剂的操作；

(7)要严格遵守实验室各项规定;

(8)要服从实验室老师的安排;

(9)要按指定地点存放实验污物;

(10)离开实验室要洗手。

十不要:

(1)未经批准不准进入实验室;

(2)单独一人不可作危险性实验;

(3)精神、身体状态不佳不要做实验;

(4)不可在实验室里打闹、奔跑;

(5)不可在实验室内进食;

(6)不可湿手摸电器;

(7)不可穿拖鞋、短裤进入实验室;

(8)未经批准不可将实验室物品带出实验室;

(9)不可俯视或嗅闻化学试剂;

(10)遇到紧急情况不可慌乱，及时报告给老师。

2. 仪器使用规程

(1)在动用仪器设备前必须认真阅读仪器操作规程，经指导教师同意后方可使用;

(2)使用仪器有疑问时应请教指导教师，不可自行勉强操作;

(3)实验中要爱护仪器、设备，严格按照操作规程进行操作;

(4)与当次实验无关的仪器及设备不得任意动手操作;

(5)精密、大型仪器、公用仪器与试剂只能在原处使用，不得随意挪动;

(6)实验过程中要注意安全，若仪器设备发生故障或损坏时，要及时报告指导教师，不可擅自拆卸和处理;

(7)使用一切电器设备时，要确实检查线路是否正常，电压、电流与功率是否匹配，要小心操作严防触电;

(8)凡损坏仪器设备者，应主动向指导教师说明原因并接受检查，填写报损单，根据情况按有关规定赔偿;

(9)对违反操作规程或擅自动用其他设备造成损坏者，由事故人作书面检查，赔偿损失，视认识程度和情节轻重，酌情免予或给予处分;

(10)仪器使用完毕后，关闭各项程序和开关，必要时填写使用记录。

3. 化学试剂使用规程

(1)取试剂前应两次核对标签，以保证试剂或药品名称和浓度准确;

(2)从试剂瓶中取出的试剂，不得再倒回原瓶中，若取了过量试剂，可分给其他同学或抛弃;

(3)勿将试剂瓶盖接口内部朝下放置而接触到其他表面，以防污染;

(4)绝对不允许随意混合各种化学试剂和药品，以免发生意外事故;

(5)不可擅自携带化学试剂和药品外离实验室;

(6)若需要用吸量管量取试剂时，必须使用橡皮球或定量加液器吸取，严禁用嘴直接吸取;

(7)使用剧毒、麻醉、致癌，放射药品等，应严格按照规定的审批手续领取，规范操作，注意安全，废液要妥善处理，用剩的毒、麻药品应如数交还;

(8)一切能产生烟雾、毒性、刺激性气体、挥发性有毒物质的实验或腐蚀性气体试剂应放在通风橱内，如实验室无此设备，则必须开窗通风并在远离火源的地方进行等。

4. 易燃易爆物品使用注意事项

(1) 使用加热的电器(电炉、电热套、电热板)或燃气时要做到火着人在，人走火灭；

(2) 点燃的火柴用后立即熄灭，不得乱扔；

(3) 使用易燃试剂时要特别注意远离火源，加强空气流通，用毕立即盖紧瓶塞；

(4) 严禁在有火源的地方倾倒易燃试剂；

(5) 严禁把这些易燃试剂放在烧杯等广口器皿内直接在火上加热；

(6) 钾、钠和白磷等暴露在空气中易燃烧，所以钾、钠应保存在煤油中，白磷则可保存在水中；

(7) 酒精灯在添加酒精时，应将灯焰先行熄灭，酒精添加切勿过满；引燃酒精灯时，必须用火柴或纸片引燃之，切勿将酒精灯直接持至另一已燃着的灯焰上引燃；

(8) 不纯的氢气遇火易爆炸，操作时必须严禁接近明火。在点燃前，必须先检查并确保纯度；

(9) 银氨溶液不能留存，因久置后会变成氮化银也易爆炸；

(10) 某些强氧化剂(如氯酸钾、硝酸钾、高锰酸钾等)或其混合物不能研磨，否则将引起爆炸。

5. 放射性实验室的安全防护规则

(1) 进入实验室前一般应先通风；

(2) 进入实验室必须穿戴防护衣帽、眼镜等；

(3) 严格遵守放射源领用制度和专人专管制度；

(4) 实验室内应明显划分活性区和非活性区，严禁在实验室内进食、饮水、吸烟和存放食物；

(5) 所有操作要规范，放射性物质必须作好放射性标志；

(6) 在进行强放射性操作前，一般都要作无放射性物质的模拟实验(又叫冷实验)，待操作熟练之后才能进行放射性的实验；

(7) 放射性废物必须同普通垃圾分别存放，并严格标记；

(8) 实验中发生放射性事故时，应保持镇静，立即报告指导教师，在教师的指导下进行放射性去污；

(9) 工作人员的皮肤暴露部位有伤口未愈时，一般要暂停放射性操作；

(10) 实验室要保持经常的清洁和整齐，要定期用剂量仪进行检测，发现沾污要及时去污、清洗；

(11) 工作人员离开实验室前，必须仔细洗手，洗完后要经仪器测量，达到本底水平方可离开。

四、实验室废物处理

1. 实验室废物处理应遵循的原则

(1) 集中回收，分类处理；

(2) 降低毒性或腐蚀性，减少污染，达标排放；

(3) 尽量重新回收和再利用。

2. 实验室废气排放的主要办法

物理处理方法：①吸附法；②溶解法；③回流法；④袋装法；⑤稀释法；⑥掩埋法等。

化学处理方法：①燃烧法；②沉淀法；③中和法；④还原法；⑤生物法等。

3. 实验室废液处理原则及办法

(1) 实验室废液处理原则：分类存放；严格标示；分类处理；严禁直接注入下水道。

(2) 实验室废液标示的内容：①废弃液体名称；②废弃液体浓度；③废弃时间；④废弃液体组成成分；⑤废弃人签名。

(3) 实验室废液处理常用方法：①稀释法；②中和法；③沉淀法；④水解法；⑤离子交换法；⑥焚烧法；⑦吸附法；⑧氧化法；⑨蒸馏法；⑩萃取法等。

4. 实验废弃动物的处理原则

(1) 死、活动物分别放置；

(2) 死亡动物确保死亡；

(3) 统一放置，统一处理；

(4) 不许带出实验室；

(5) 严禁出售和食用。

五、实验室常见事故处理

1. 实验中意外事故处理原则

(1) 沉着冷静不慌乱；

(2) 紧急处理并疏散；

(3) 报告老师或报警；

(4) 量力而行保安全。

2. 玻璃仪器伤害的处理

处理原则及方法：清理出破碎玻璃；处理伤口：轻者药水涂抹或消毒包扎；重者送医院处理。

3. 烫伤的处理

(1) 立即使伤处降温；

(2) 伤处皮肤未破时可涂擦饱和 $NaHCO_3$ 溶液或用 $NaHCO_3$ 粉调成糊状敷于伤处，也可涂抹獾油或烫伤膏；

(3) 如果伤处皮肤已破，可涂些紫药水或 5%的苦味酸溶液涂抹伤口；

(4) 严重者送医院救治。

4. 腐蚀剂致伤的处理

(1) 立即先用大量清水冲洗；

(2) 再用具有中和作用的溶液冲洗；

(3) 再用清水冲洗；

(4) 可涂少许油膏保护局部皮肤；

(5) 严重者送医院诊治。

5. 触电的处理

(1) 立即切断电源；

(2) 使触电者尽快脱离电源；

(3) 保证呼吸通畅；

(4) 必要时进行人工呼吸；

(5) 严重时应立即送医院抢救。

6. 火灾的处理

(1) 火灾的紧急处理：①迅速报警；②转移易燃易爆物品；③相应手段灭火；④安全疏散。

(2) 以下物质燃烧后不宜使用水进行灭火：①汽油、乙醚、甲苯等有机溶剂；②酒精及其他可溶于水的易燃液体；③电器设备所引起的火灾；④活泼金属（如钾、钠等）及磷化物与水接触易引发火灾。

(3) 以下物质燃烧后宜使用水进行灭火：①纸张；②棉花；③纺织品；④木材；⑤易燃气体等。

(4) 衣服着火后应注意的事项：①衣服被燃着时，切忌带火奔走；②未及皮肤的衣服着火时，可赶快脱下衣服压灭火焰，或用专用防火布覆盖着火处；③伤及皮肤时，可以其他衣物等蘸上水包裹身体，或躺在地上滚动以灭火。

7. 实验动物咬伤的处理

(1) 立即消毒伤口；

(2) 必要时包扎伤口；

(3) 必要时可注射疫苗；

(4) 严重时送医院处理。

第四节　实验记录和实验报告的撰写

实验是在理论指导下的科学实践，目的在于经过实践掌握科学观察的基本方法和技能，培养学生科学思维、分析判断和解决实际问题的能力。也是培养探求真知、尊重科学事实和真理的学风，培养科学态度的重要环节。

一、实验记录

详细、准确、如实地做好实验记录是极为重要的，记录如果有误，会导致整个实验失败，这也是培养学生实验能力和严谨的科学作风的一个重要方面。

(1) 每位同学必须准备一个实验记录本，实验前认真预习实验，看懂实验原理和操作方法，在记录本上写好实验预习报告，包括简要的实验流程图和数据记录表格等。

(2) 记录本上要编好页数，不得撕缺和涂改，写错时可以划去重写。不得用铅笔记录，只能用钢笔和圆珠笔。

(3) 实验中应及时准确地记录所观察到的现象和测量的数据，条理清楚，字迹端正，切不可潦草以致日后无法辨认。实验记录必须公正客观，不可夹杂主观因素。

(4) 实验中要记录的各种数据，都应事先在记录本上设计好各种记录格式和表格，以免实验中由于忙乱而遗漏测量和记录，造成不可挽回的损失。

(5) 实验记录要注意有效数字，如吸光度值应为“0.050”，而不能记成“0.05”。每个结果都要尽可能重复观测 2 次以上，即使观测的数据相同或偏差很大，也都应如实记录，不得涂改。

(6) 实验中要详细记录实验条件，如使用的仪器型号、编号、生产厂家等；生物材料的来源、形态特征、健康状况、选用的组织及其重量等；试剂的规格、化学式、分子质量、试剂的浓度等，都应记录清楚。

二、实验报告

实验报告是实验的总结和汇报，通过实验报告的写作可以分析总结实验的经验，学会处理各种实验数据的方法，加深对有关生物化学与分子生物学原理和实验技术的理解和掌握，同时也是学习撰写科学研究论文的过程。实验报告的格式应为：实验目的、实验原理、仪器和试剂、实验步骤、数据处理和结果讨论。

每个实验报告都要按照上述要求来写，实验报告的写作水平也是衡量学生实验成绩的一个重要方面。实验报告必须独立完成，严禁抄袭。实验报告使用的语言要简明清楚，抓住关键，各种实验数据都要尽可能整理成表格(三线表)并作图表示之，以便比较，一目了然。通常利用 Excel 或 SPSS 软件作图，每个图都要有明显的标题，坐标轴的名称要清楚完整，要注明合适的单位。

实验结果和讨论是实验报告书写的重中之重，一定要充分，尽可能多查阅一些有关的文献和教科书，充分运用已学过的知识，进行深入的探讨，勇于提出自己独到的分析和见解，并欢迎对实验提出改进意见。

三、实验结果的处理与误差

(一)实验误差

1. 概念 误差(error)一般指系统误差，即一个量在测量、计算或观察过程中由于某些错误或通常由于某些不可控制因素的影响，而造成偏离真值的数量，又称变异(variance)或差异(discrepancy)，亦即测定结果与真值的不符合性。

2. 分类 ①系统误差；②随机误差；③过失误差。

3. 表示方法及计算方法

(二)准确度、精确度和精密度

1. 准确度 准确度是指在一定测量条件下，观测值及其函数的估值与其真值的偏离程度。

2. 精确度 精确度是指指定数字时的准确性，即表达数字时所带的有效位数。

3. 精密度 精密度是指一组测量值之间相互吻合的程度，即重复测量之间相互接近的程度。

(三)有效数字

1. 概念 有效数字也称有效位数，用来表示测量值或基于测量值的计算结果的精确度。它由确定数字和末位不确定数字组成。

2. 位数确定方法及原则

(1)以“0”开头的小数，开头的“0”都不记为有效数字；

(2)小数末位的“0”都记为有效数字；

(3)没有小数点的数字，末尾的“0”无法确定是否为有效数字，一般用科学计数法反映其有效数字。

3. 运算原则

(1)做加减计算时，以小数点的后位数最少的数字为准。

(2)乘除法计算时，有效数字的位数取决于有效数字位数最少的数字。

(3)在计算平均值时，求四个或四个以上准确度接近的近似值的平均值时，则平均值的有效位数，可较原数据的有效位数多一位。

(4)有效数字的规则不适用于确切数。

4. 数的修约原则

(1)数的修约一般遵守四舍六入五留双的规则。

(2)在做多步计算时，应保留中间步骤的非有效数字，以减小最后结果的误差。

(王宏兰)

第二章　实验基本操作技能

第一节　实验技能的内涵

一、技　　能

1. 将技能定义为智力或动作的复杂系统　在《中国大百科全书·心理学》中技能被定义为"通过练习获得的能够完成一定任务的动作系统"。而《心理学大词典》中对技能的注释是"个体运用已有的知识经验，通过练习而形成的智力动作方式和肢体动作方式的复杂系统"。

2. 将技能定义为行为表现　英国学者 Romiszowski 的观点具有代表性，他认为，"技能是学习者为了达成某一目标用适当方式做出的行为表现，并随着学习者的经验和练习得以掌握和提高"，"包括认知技能、动作技能、反应技能和交互技能四种类型"。

3. 将技能定义为程序性知识　现代认知心理学将技能定义为"在练习基础上形成的、按某些规则或操作程序顺利完成某种智慧任务或身体协调任务的能力""。该定义强调了技能作为一种习得的能力，其实质强调了人的行为受到一套办事规则的支配。

总之，技能就是通过反复练习而巩固的、自动化了的动作或智力的活动方式。

二、实 验 技 能

任有良、武化魁认为，科学实验操作技能是指在一定的相关知识和经验的基础上，经过实验操作练习巩固下来的、自动化的、完善的动作活动方式。卢增民认为实验技能是指人在实验目标指引下，通过练习而逐渐熟练掌握的，对已有的知识经验加以运用的操作程序。在实验技能中包含了操作能力和思维能力的因素，思维是围绕着操作展，实验中的思维是综合性思维，是分析、综合、归纳、演绎等各项抽象思维的综合，实验是各种动作、知觉、思维的综合运用。

实验技能定义为人们为了顺利完成实验任务，经过一定的训练而形成的一种活动方式，包括操作技能和心智技能。实验过程中，思维是围绕操作展开的，实验中的思维是分析、综合、归纳、演绎等各项逻辑思维以及联想、想象、猜测等非逻辑思维的综合，实验是各种动作、知觉、思维的综合运用。

操作技能：由大脑控制机体运动完成的，如电泳仪的操作等，其生理实质是通过练习，在大脑皮层形成连接。

心智技能：是指通过实验，形成合乎实验规则的，使实验顺利完成的心智活动，如观察、分析、综合、抽象、概括等。

实验学习中的任务训练就是教师给定实验学习任务，学习者在教师指导下完成任务的设计方案，并在完成任务的过程中学习实验操作、实验方法以及解决实验问题思路等的学习方式。

实验学习中的任务训练包括验证性任务训练和探究性任务训练。验证性任务训练是指学习者对研究对象有了一定了解，形成了一定认识或提出了某种假说，为验证认识或假说是否正确而进行的一种实验学习。它既注重操作的学习和操作的正确性，因为正确的操作是获取实验证据的基础，同时它注重任务的结果(事实、概念、理论)，以便于能验证假设或认识的正确性。验证性任务训练以培养学生的实验技能、验证理论原理的正确性为主要目标，注重培养学生操作技能的程序化与规范化。

探究性实验任务训练，是指学习者根据实验任务，设计一定的实验方案，以探究研究对象的未知性质或组成、属性、变化特征等。这种类型的任务训练，以学生获得知识与技能、发展科学探究能力、培养情感体验为教学目标，它不仅关注“正确的实验结果”，更重要的是使学生体验探究的过程，并在这样的过程中受到科学方法的训练，培养发现和提出实验问题的技能、处理实验中突发事件的技能以及设计实验方案、调控实验过程、反思与评价等的技能，以便形成科学的态度、情感和价值观。

第二节　常用玻璃仪器及器皿的使用、洗涤和干燥

熟悉生物化学实验室规则和要求；熟悉常用玻璃仪器及器皿名称和规格，了解使用注意事项；学习并练习常用仪器的洗涤和干燥方法。

一、常用玻璃仪器及器皿的使用

玻璃是由二氧化硅和碳酸钠等原料在高温下熔炼而成，抗酸，不耐碱，对大部分化学试剂稳定。

1. 容器类　表 2-1。

表 2-1　容器类玻璃仪器规格、用途

仪器	规格	一般用途	使用方法和注意事项
普通试管、离心试管	有刻度的按容积(ml)分；无刻度用管口直径×管长(mm)表示	1.反应容器； 2.离心试管用于沉淀分离	1.反应液体不超过试管容积的 1/2，加热时不超过 1/3； 2.加热液体时，管口不要对人； 3.离心管只能用于水浴加热
烧杯	以容积(ml)表示	反应容器或作配制溶液的容器	1.反应液体不能超过烧杯用量的 2/3； 2.加热时放在石棉网上
锥形烧瓶	以容积(ml)表示	1.反应容器； 2.滴定操作	同上
滴管	由尖嘴玻璃管和橡胶乳头构成	吸取少量(数滴或 1～2ml)试剂	1.溶液不得吸进橡皮头； 2.用后立即洗净内、外管壁。
滴瓶	以容积(ml)表示，分无色、棕色两种	盛放液体试剂和溶液	1.不能加热； 2.棕色瓶盛放见光易分解或不稳定的试剂； 3.取用试剂时，滴管要保持垂直，不接触接受容器内壁
细口瓶、广口瓶	以容积表示	广口瓶盛放固体试剂，细口瓶盛放液体试剂和溶液	1.不能直接加热； 2.取用试剂时，瓶盖倒放在桌上； 3.盛放碱液时用橡皮塞
烧瓶	以容积(ml)表示	在常温或加热条件下作反应容器	盛放液体量不能超过烧瓶容量的 2/3
洗气瓶	以容积(ml)表示	净化气体用	1.接法要正确； 2.洗涤液注入容器高度的 1/3，不得超过 1/2

2. 量器类　表 2-2。

表 2-2　量器类玻璃仪器规格、用途

仪器	规格	一般用途	使用方法和注意事项
量筒	以所能量度的最大容积(ml)表示	量取一定体积的液体	不能作为反应容器，不能加热，不可量热的液体
容量瓶	以容积(ml)表示	配制标准溶液用	1.溶质先在烧杯内全部溶解，然后移入容量瓶； 2.不能加热，不能用毛刷洗刷
吸量管、移液管	以所能量度的最大容积(ml)表示	精确移取一定体积的液体用	1.不能在烘箱中烘干，不能加热； 2.吸取血液、尿、组织样品及黏稠试剂的吸量管，用后应及时用自来水冲洗干净
微量移液器	1、2、10、20、100、200、1000μl(单位：μl)	用于准确移取一定体积的溶液，尤其是较小体积的溶液	1.连续按压数次，以调节空气； 2.调节体积至所需的刻度； 3.接上 Tip 头，注意密封

3. 漏斗类 表 2-3。

表 2-3 漏斗类玻璃仪器规格、用途

仪器	规格	一般用途	使用方法和注意事项
普通漏斗	以直径(cm)表示	1.过滤； 2.引导溶液入小口容器中	●1.不能用火直接灼烧； ●2.过滤时，漏斗颈尖端必须紧靠承接滤液的容器壁
分液漏斗和滴液漏斗	以容积(ml)、漏斗颈长短表示	用于液体的分离、洗涤和萃取	●1.不能加热； 2.分液时，下层液体从漏斗管流出，上层液体从上口倒出
吸滤瓶和布式漏斗	布式漏斗：磁质或玻璃质，以容量(ml)或斗径(cm)表示。吸滤瓶：以容积(ml)表示	两者配套，用于粗颗粒沉淀的减压过滤	●1.滤纸要略小于漏斗的内径； ●2.先开抽气管，再过滤。过滤完毕后，先分开抽气管与抽滤瓶的连接处，后关抽气管
砂芯漏斗	漏斗为玻璃质。砂芯滤板为烧结陶瓷	用作细颗粒沉淀以及细菌的分离	不能用于含氢氟酸、浓碱液及活性炭等物质体系的分离

4. 专用器皿 表 2-4。

表 2-4 专用器皿玻璃仪器规格、用途

仪器	规格	一般用途	使用方法和注意事项
表面皿	以口径(cm)表示	1.用来盖在蒸发皿、烧杯等容器上。 2.作为称量试剂的容器	1.不能用火直接加热； 2.作盖用时，其直径应比被盖容器略大； 3.用于称量时应洗净烘干
培养皿	以玻璃底盖外径(cm)表示	放置固体样品	不能加热
蒸发皿	瓷质，以上口直径(cm)表示	1.反应容器； 2.灼烧固体	注意不要碰碎，高温时不要用冷水去洗，防止破裂
干燥器	以内径表示，分普通、真空干燥	存放物品，以免物品吸收水汽	1.干燥器内的干燥剂按时更换； 2.小心盖子滑动而打破
坩埚和坩埚钳	瓷质	灼烧固体用	1.灼烧时放在泥三角上，直接用火烧； 2.加热时，要用坩埚钳拿取
研钵	瓷质，以钵口直径(mm)表示	研磨固体	1.不能用火直接加热； 2.不能代替作反应容器用
白瓷板	瓷质。按凹穴的多少分有四穴、六穴、十二穴等	进行点滴反应，观察沉淀生成和颜色变化	1.不能加热； 2.不能用于含氢氟酸溶液和浓碱液的反应
酒精灯	玻璃制品	用作直接加热	1.绝对禁止向燃着的酒精灯里添加酒精； 2.绝对禁止用酒精灯引燃另一只酒精灯； 3.必须用灯帽盖灭
泥三角	用铁丝弯成，套以瓷管。	坩埚加热时的承放者	坩埚搁在泥三角上所露出的上部，不超过本身高度的 1/3
弹簧夹	铁或铜制品	用于蒸馏水贮瓶或实验装置中沟通或关闭流体的通路	应使胶管夹在弹簧夹的中间部分

二、玻璃仪器的洗涤和干燥

1. 常用洗涤剂 洗衣粉、肥皂、洗洁精、去污粉，用于一般去污。
强酸、强碱、尿素，去除蛋白质、核酸。
铬酸洗液，去除血浆等。
水(自来水、蒸馏水)，用来冲洗容器。

2. 常用洗涤液的配制 铬酸洗液：将 25 克 $K_2Cr_2O_7$ 溶于 50ml 水中，冷却后向此溶液中慢慢加入浓硫酸至 1000ml.

浓硫酸+双氧水：适用于精密玻璃仪器如光散射石英样品池、石英比色皿、毛细管等的清洗。效果与铬酸洗液相同。

3. 洗涤仪器的方法 倒出废液→水洗→洗涤剂洗→水洗→蒸馏水洗。

洗涤原则：少量多次，不挂水珠。

4. 干燥仪器的方法有　晾干、烤干、吹干、烘干、有机溶剂快速干燥。

第三节　常用仪器及设备的使用

一、移液枪(微量移液器)使用方法

1. 选择适当的微量移液器　不同型号的微量移液器，各有其吸取体积范围，请依取用溶液体积取用适当的微量移液器。

QY100　　20～100μl

QY200　　50～200μl

QY1000　　100～1000μl

2. 设定体积　设定体积时，请勿将体积调整圈转到超过最低或最高的使用范围，以免损坏移液枪。

3. 套上微量移液器头，吸取溶液　吸取溶液时，尖端请先套上微量移液器头（枪头），QY1000 使用蓝色微量移液器头，QY200 及 QY100 使用黄色微量移液器头。

标准操作：

(1) 适用的液体：水、缓冲液、稀释的盐溶液和酸碱溶液。

1) 按到第一档，垂直进入液面几毫米。

2) 缓慢松开控制按钮，否则液体进入吸头过速会导致液体倒吸入移液器内部吸入体积减少。

3) 打出液体时贴壁并有一定角度，先按到第一档，稍微停顿 1 秒后，待剩余液体聚集后，再按到第二档将剩余液体全部压出。

(2) 适用的液体：黏稠或易挥发液体。

在移取黏稠或易挥发的液体时，很容易导致体积误差较大。为了提高移液准确性，可以采取以下方法：

1) 移液前先用液体预湿吸头内部，即反复吸打液体几次使吸头预湿，吸液或排出液体时最好多停留几秒。尤其对于移取体积大的液体，建议将吸头预湿后再移取。

2) 采用反相移液法：吸液时按到第二档，慢慢松开控制按钮，打液时按到第一档，部分液体残留在吸头内。

3) 适当加热液体，使其易于吸取。

(3) 使用注意事项：

1) 勿将微量移液器本体浸入溶液中。

2) 吸液时，移液器本身倾斜，导致移液不准确(应该垂直吸液，慢吸慢放)。

3) 吸取黏度高之试液，请先将微量移液器头尖端以刀片或剪刀将出口切大，并先行预润后再吸取。

4) 用大量程的移液器移取小体积样品(应该选择合适量程范围的移液器)。直接按到第二档吸液。

5) 吸取酸液或具腐蚀性溶液后，请将微量移液器拆解开，各部位零件以蒸馏水冲洗干净，擦干后再正确组合回复原状。

6) 微量移液器的任何部分切勿用火烧烤，亦不可吸取温度高于 70℃的溶液，避免蒸气侵入腐蚀活塞。

7) 套有微量移液器头的微量移液器，无論微量移液器头中是否有溶液，均不可平放，需直立架好。

二、分析天平及电子天平的使用方法

(1)事先检查电源电压是否匹配(必要时配置稳压器)，接通电源并预热使天平处于备用状态。并检查并调整天平至水平位置。

(2)预热足够时间后打开天平开关，天平则自动进行灵敏度及零点调节，使天平处于零位，否则按去皮键。待稳定标志显示后，可进行正式称量。

(3)称量时将洁净称量瓶或称量纸置于秤盘上，关上侧门，轻按一下去皮键，天平将自动校对零点，然后逐渐加入待称物质，直到所需重量为止。记录读数。

(4)将称量瓶或称量纸拿出，转移所称量物质至锥形瓶或烧杯，将称量纸扔到垃圾桶，称量瓶清洗干净。按天平去皮键清零，以备再用。

(5)称量结束后，或者关上侧门，切断电源，并做好使用情况登记。

【注意事项】

(1)在使用前调整水平仪气泡至中间位置。

(2)电子天平应按说明书的要求进行预热。

(3)称量时应从侧门取放物质，读数时应关闭箱门以免空气流动引起天平摆动。前门仅在检修或清除残留物质时使用。

(4)称量易挥发和具有腐蚀性的物品时，要盛放在密闭的容器中，以免腐蚀和损坏电子天平。

(5)操作天平不可过载使用以免损坏天平.目前我们所用天平最大量程为200g。

三、722 型分光光度计使用方法

1. 预热 开机后灯及电子部分需预热平衡，故一般开机 20min 后可开始测定。

2. 调波长 用旋钮调节，波长显示窗读数时目光垂直观察。

3. 调零及调 100%T 进入测试状态 操作：打开样品槽盖，按 100%键，即可自动调整到零位。盖好盖按下“100%T”即可自动调 100%。(注：调 100% 可能影响 0%，调整后请检查 0%，如有变化可重调 0%一次)。

4. 改变样品槽位置让不同样品进入光路 槽有四位置，用拉杆改变，离测试者最近为“0”，依次为“1”、“2”、“3”位置。将空白放入“0”号位置，盖好盖子，按 100%键调零，拉动拉杆，可依次读取“1”、“2”、“3”位置各管吸光度值。

5. 确定滤光片位置 当测试波长在 340～380nm 内作高精度测试可将拨杆推向前，通常不用此滤光片，可将其置于 400～1000nm 处。

6. 改变模式

透射率：用于透明液体和固体测量透射测量。

吸光度：用于标准曲线法或绝对吸收法定量分析，在作动力学测试时可使用。

浓度因子：用于在浓度因子法浓度直读时设定浓度因子。

浓度直读：用于标样法浓度直读时，作设定和读出。注：各标尺的转换用 MODE 键并由各自指示灯指示。

【注意事项】

(1)操作应轻缓，不要将样品溶液弄到仪器上；

(2)不要用手拿比色皿的光面；

(3)比色皿用毕应及时清洗干净。

第三章　生物化学基本理论

第一节　层 析 技 术

一、层析技术概述

层析法又称色层分析法或色谱法（chromatography），它是在1903～1906年由俄国植物学家M. Tswett首先系统提出来的。他将叶绿素的石油醚溶液通过$CaCO_3$管柱，并继续以石油醚淋洗，由于$CaCO_3$对叶绿素中各种色素的吸附能力不同，色素被逐渐分离，在管柱中出现了不同颜色的谱带或称色谱图（chromatogram）。当时这种方法并没引起人们的足够注意，直到1931年将该方法应用到分离复杂的有机混合物，人们才发现了它的广泛用途。

随着科学技术的发展以及生产实践的需要，层析技术也得到了迅速的发展。为此作出重要贡献的当推英国生物学家Martin和Synge。他们首先提出了色谱塔板理论。这是在色谱柱操作参数基础上模拟蒸馏理论，以理论塔板来表示分离效率，定量的描述、评价层析分离过程。其次，他们根据液－液逆流萃取的原理，发明了液－液分配色谱。特别是他们提出了远见卓识的预言：①流动相可用气体代替液体，与液体相比，物质间的作用力减小了，这对分离更有好处；②使用非常细的颗粒填料并在柱两端施加较大的压差，应能得到最小的理论塔板高（即增加了理论塔板数），这将会大大提高分离效率。前者预见了气相色谱的产生，并在1952年诞生了气相色谱仪，它给挥发性的化合物的分离测定带来了划时代的变革；后者预见了高效液相色谱（HPLC）的产生，在20世纪60年代末也为人们所实现，现在HPLC已成为生物化学与分子生物学、化学等领域不可缺少的分析分离工具之一。因此，Martin和Synge于1952年被授予诺贝尔化学奖。如今的色层分析法经常用于分离无色的物质，已没有颜色这个特殊的含义。但色谱法或色层分析法这个名字仍保留下来沿用。现在我们简称为层析法或层析技术。

层析法的最大特点是分离效率高，它能分离各种性质极相类似的物质。而且它既可以用于少量物质的分析鉴定，又可用于大量物质的分离纯化制备。因此，作为一种重要的分析分离手段与方法，它广泛地应用于科学研究与工业生产上。现在，它在石油、化工、医药卫生、生物科学、环境科学、农业科学等领域都发挥着十分重要的作用。

二、层析的基本概念

层析法是一种基于被分离物质的物理、化学及生物学特性的不同，使他们在某种基质中移动速度不同而进行分离和分析的方法。例如：我们利用物质在溶解度、吸附能力、立体化学特性及分子的大小、带电情况及离子交换、亲和力的大小及特异的生物学反应等方面的差异，使其在流动相与固定相之间的分配系数（或称分配常数）不同，达到彼此分离的目的。

（一）固定相

固定相是层析的一个基质。它可以是固体物质（如吸附剂、凝胶、离子交换剂等），也可以是液体物质（如固定在硅胶或纤维素上的溶液），这些基质能与待分离的化合物进行可逆的吸附、溶解、交换等作用。它对层析的效果起着关键的作用。

(二)流动相

在层析过程中，推动固定相上待分离的物质朝着一个方向移动的液体、气体或超临界体等，都称为流动相。柱层析中一般称为洗脱剂，薄层层析时称为展层剂。它也是层析分离中的重要影响因素之一。

(三)分配系数及迁移率(或比移值)

分配系数是指在一定的条件下，某种组分在固定相和流动相中含量(浓度)的比值，常用 K 来表示，分配系数是层析中分离纯化物质的主要依据。

$$K=C_s/C_m$$

其中 C_s：固定相中的浓度，C_m：流动相中的浓度。

迁移率(或比移值)是指：在一定条件下，在相同的时间内某一组分在固定相移动的距离与流动相本身移动的距离之比值，常用 R_f 来表示($R_f \leqslant 1$)。可以看出：$K\uparrow \rightarrow R_f\downarrow$；反之，$K\downarrow \rightarrow R_f\uparrow$。

实验中我们还常用相对迁移率的概念。相对迁移率是指在一定条件下，在相同时间内，某一组分在固定相中移动的距离与某一标准物质在固定相中移动的距离之比值。它可以小于等于1，也可以大于1，用 R_x 来表示。不同物质的分配系数或迁移率是不同的。分配系数或迁移率的差异程度是决定几种物质采用层析方法能否分离的先决条件。很显然，差异越大，分离效果越理想。

分配系数主要与下列因素有关：

(1)被分离物质本身的性质；

(2)固定相和流动相的性质；

(3)层析柱的温度。对于温度的影响有下列关系式：

$$\ln K=-(\Delta G^0/RT)$$

式中：K 为分配系数(或平衡常数)；ΔG^0 为标准自由能变化；R 为气体常数；T 为绝对温度。这是层析分离的热力学基础。一般情况下，层析时组分的 ΔG^0 为负值，则温度与分配系数成反比关系。通常温度上升 20℃，K 值下降一半，它将导致组分移动速率增加。这也是为什么在层析时最好采用恒温柱的原因。有时对于 K 值相近的不同物质，可通过改变温度的方法，增大 K 值之间的差异，达到分离的目的。

(四)分辨率(或分离度)

分辨率一般定义为：相邻两个峰的分开程度。用 R_s 来表示。R_s 值越大，两种组分分离的越好。当 R_s=1 时，两组分具有较好的分离，互相沾染约 2%，即每种组分的纯度约为 98%。当 R_s=1.5 时，两组分基本完全分开，每种组分的纯度可达到 99.8%。如果两种组分的浓度相差较大时，尤其要求较高的分辨率。

(五)正相色谱与反相色谱

正相色谱是指固定相的极性高于流动相的极性，因此，在这种层析过程中，非极性分子或极性小的分子比极性大的分子移动的速度快，先从柱中流出来。

反相色谱是指固定相的极性低于流动相的极性，因此，在这种层析过程中，极性大的分子比极性小的分子移动的速度快而先从柱中流出。

一般来说，分离纯化极性大的分子(带电离子等)采用正相色谱(或正相柱)，而分离纯化极性小的有机分子(有机酸、醇、酚等)多采用反相色谱(或反相柱)。

(六)操作容量(或交换容量)

在一定条件下，某种组分与基质(固定相)反应达到平衡时，存在于基质上的饱和容量，我们称为操作容量(或交换容量)。它的单位是 $mg \cdot g^{-1}$(基质)或 $mg \cdot ml^{-1}$(基质)，数值越大，表明基质对该物质的亲和力越强。应当注意，同一种基质对不同种类分子的操作容量是不相同的，这主要是由于分子大小(空间效应)、带电荷的多少、溶剂的性质等多种因素的影响。因此，实际操作时，加入的样品量要尽量少些，特别是生物大分子，样品的加入量更要进行控制，否则用层析办法不能得到有效的分离。

三、层析法的分类

层析根据不同的标准可以分为多种类型：

(一)根据固定相基质的形式分类，层析可以分为纸层析、薄层层析和柱层析

纸层析是指以滤纸作为基质的层析。薄层层析是将基质在玻璃或塑料等光滑表面铺成一薄层，在薄层上进行层析。柱层析则是指将基质填装在管中形成柱形，在柱中进行层析。纸层析和薄层层析主要适用于小分子物质的快速检测分析和少量分离制备，通常为一次性使用，而柱层析是常用的层析形式，适用于样品分析、分离。生物化学中常用的凝胶层析、离子交换层析、亲和层析、高效液相色谱等都通常采用柱层析形式。

(二)根据流动相的形式分类，层析可以分为液相层析和气相层析

气相层析是指流动相为气体的层析，而液相层析是指流动相为液体的层析。气相层析测定样品时需要气化，大大限制了其在生化领域的应用，主要用于氨基酸、核酸、糖类、脂肪酸等小分子的分析鉴定。而液相层析是生物领域最常用的层析形式，适于生物样品的分析、分离。

(三)根据分离的原理不同分类，层析主要可以分为吸附层析、分配层析、离子交换层析、凝胶过滤层析、亲和层析等。仅就几种常用的方法介绍如下

1. 吸附层析(absorption chromatography)　吸附层析是以吸附剂为固定相，根据待分离物与吸附剂之间吸附力不同而达到分离目的的一种层析技术。吸附作用是指某些物质能够从溶液中将溶质浓集在其表面的现象。吸附剂吸附能力的强弱与被吸附物质的化学结构、溶剂的本质和吸附剂的本质有关。当改变吸附剂周围溶剂成分时，吸附剂对被吸附物质的亲和力便发生变化，使被吸附物质从吸附剂上解脱下来，这一解脱过程称为“洗脱”或“展层”。

吸附层析是把吸附剂装入玻璃柱内(吸附柱层析法)或铺在玻璃板上(薄层层析法)，由于吸附剂的吸附能力可受溶剂影响而发生改变，样品中的物质被吸附剂吸附后，用适当的洗脱液冲洗，改变吸附剂的吸附能力，使之解吸，随洗脱液向前移动。当解吸下来的物质向前移动时，遇到前面新的吸附剂又重新被吸附。此被吸附的物质再被后来的洗脱液解脱下来。经如此反复的吸附——解吸——再吸附——再解吸的过程，物质即可沿着洗脱液的前进方向移动。其移动速度取决于吸附剂对该物质的吸附能力。由于同一吸附剂对样品中各组分的吸附能力不同，所以在洗脱过程中各组分便会由于移动速度不同而逐渐分离出来，这就是吸附层析的基本过程。

实验中常用的固体吸附剂有氧化铝、硅酸镁、磷酸钙、氢氧化钙、florsit、活性钙、蔗糖、纤维素和淀粉。常用的洗脱液有乙烷、苯乙醚、氯仿，以及乙醇、丙酮或水与有机溶剂形成的

各种混合物，吸附层析通常用于分离脂类、类固醇类、类胡萝卜素、叶绿素以及他们的前体等非极性和极性不强的有机物。

值得提出的是，几乎所有的溶质对于所有的层析介质，即使是惰性的物质都有一定限度的吸附力，除吸附层析本身之外，吸附作用还或多或少地存在于所有其他类型的层析中。

2. 分配层析(partition chromatography)　分配层析是根据在一个有两相同时存在的溶剂系统中，不同物质的分配系数不同而达到分离目的的一种层析技术，相当于一种连续性的溶剂抽提方法。

在分配层析中，固定相是极性溶剂(例如水、稀硫酸、甲醇等)。此类溶剂能和多孔的支持物(常用的是吸附力小、反应性弱的惰性物质如淀粉、纤维素粉，滤纸等)紧密结合，使呈不流动状态。流动相则是非极性的有机溶剂。

分配系数(a)是指在一定温度和压力条件下达到平衡，物质在固定相和流动相两部分的浓度比值。

$$\text{分配系数}(a)=\frac{\text{物质在固定相中的浓度}}{\text{物质在流动相中的浓度}}$$

在层析过程中，当有机溶剂流动相流经样品点时，样品中的溶质便按其分配系数部分地转入流动相向前移动。当经过前方固定相时，流动相中的溶质就会进行分配，一部分进入固定相。通过这样不断进行的流动和再分配，溶质沿着流动方向不断前进。各种溶质由于分配系数不同，向前移动的速度也各不相同。分配系数较大的物质，由于分配在固定相多些，分配在流动相少些，溶质移动较慢；而分配系数较小的物质，流动速度较快。从而将分配系数不同的物质分离开来。

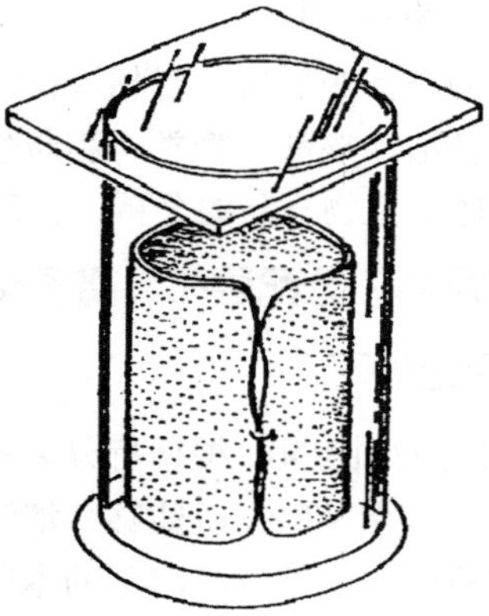
图 3-1　纸层析示意图

支持物在分配层析中起支持固定相的作用，根据其使用方式也分柱层析和薄层层析两种。用滤纸做支持物的纸层析法是最常用的分配层析。实验中应选用厚度适当、质地均一、含金属离子(钙、铜、镁、铁等)尽量少的滤纸为支持物。滤纸中吸附着的水(约含 20%～22%)是常用的固定相。酚、醇是常用的流动相。展层方法多可采用垂直型(图 3-1)，也可采用水平型。把欲分离的样品点加于纸的一端，使流动相经此移动，这样在两相间就发生分配现象。根据样品中各组中的分配系数不同，它们就逐渐集中于纸上不同的部位。各组分在滤纸上的移动速度可用 R_f 值来表示。

$$R_f=\frac{\text{溶质层析点中心到原点中心的距离}}{\text{溶剂前沿到原点中心的距离}}$$

在纸层析中，R_f 值的大小主要取决于该组分的分配系数。分配系数大者移动速度慢，R_f 值也小；反之分配系数小者移动速度快，R_f 值也大。因为每种物质在一定条件下，对于一定的溶剂系统，其分配系数是一定的，R_f 值也恒定。因此可以根据 R_f 值对分离的物质进行鉴定。

有时几种成分在一个溶剂系统中层析所得 R_f 值相近，不易分离清楚。这时可以在第一次层析后将滤纸吹干逆转 90° 角，再采用另一种溶剂系统进行第二次层析，往往可以得到满意的分离效果。这种方法称为“双向纸层析法”(图 3-2)，以与一般的“单向纸层析”相区别。

3. 离子交换层析（ion-exchange chromatography）　离子交换层析是以离子交换剂为固定相，根据物质的带电性质不同而进行分离的一种层析技术。离子交换层析的固定相是离子交换剂，流动相是具有一定 pH 和一定离子强度的电解质溶液。

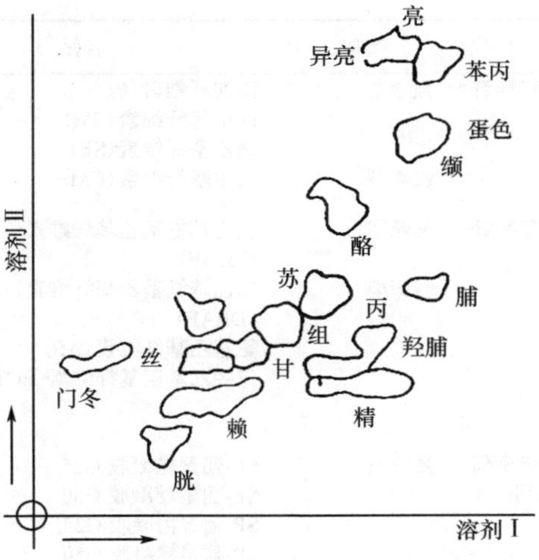

图 3-2　氨基酸双向纸层析色谱

I. 正丁醇：冰醋酸：水=4：1：5(V/V/V)；II. 酚：水=4：1(W/W)

离子交换剂是具有酸性或碱性基团的不溶性高分子化合物，这些带电荷的酸性或碱性基团与其母体以共价键相连，这些基团所吸引的阳离子或阴离子可以与水溶液中的阳离子或阴离子进行可逆的交换。因此根据可交换离子的性质将离子交换剂分为两大类：阳离子交换剂和阴离子交换剂（图 3-3）。根据离子交换剂的化学本质，可将其分为离子交换树脂、离子交换纤维素和离子交换葡聚糖等多种。

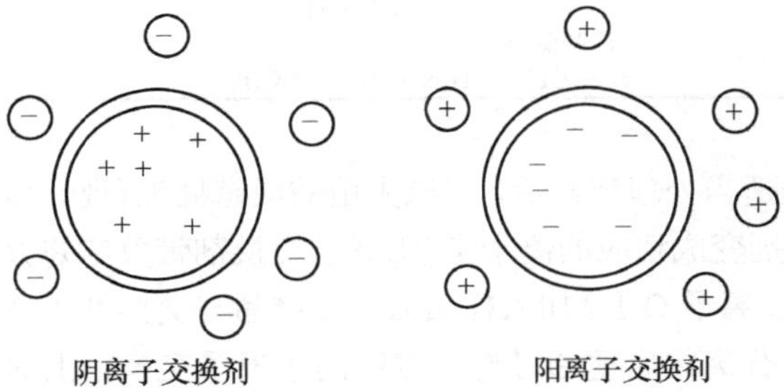

图 3-3　离子交换剂和它们所吸引的电荷

离子交换树脂是人工合成的高分子化合物，生化实验中所用的离子交换树脂多为交联聚苯乙烯衍生物。离子交换树脂多用于样品去离子，从废液中回收所需的离子和水的处理等。由于它可使不稳定的生物大分子变性，因此不适用于对生物样品进行分离。

离子交换纤维素可用于生物大分子的分离。其缺点是分子形态不规则，孔隙不均一，对要求非常严格的试验尚不够满意。较为理想的离子交换剂是离子交换葡聚糖凝胶和离子交换琼脂糖凝胶。他们具有颗粒整齐，孔径均一等优点，往往得到较好的分离效果。

根据各种离子交换剂所带酸性和碱性功能团的不同和其解离能力的差异，各种交换剂又可进一步分为强酸型、弱酸型、强碱型和弱碱型四种，现列于表 3-1。

表 3-1　离子交换剂的类型及其功能基团

类型		名称	功能基团
阳离子交换树脂	强酸型	Dowex 50 国产强酸 1×7(732) IR-120Zerolit 225	硫酸基 $-SO_3^-$
	弱酸型	IRC-150Zerolit 226 国产弱酸 101×128(724)	羧 基 $-COO^-$
阴离子交换树脂	强碱型	Dowex 1 Dowex 2 201×7(713)及 国产 201×4(714) Zerolit FF IRA-400	季胺基 $-N^+R_3$
	弱碱型	IR-45 Dowex 3 国产弱碱 301(701) Zerolith	伯胺基$-N^+H_3$ 仲胺基$-N^+H_2R$ 叔胺基$-N^+HR_2$

续表

类型		名称	功能基团
阳离子交换纤维素	强酸型	磷酸纤维素(P) 磺甲基纤维素(SM) 磺乙基纤维素(SE)	磷酸基$-O-PO_3^-$ 磺甲基$-O-CH_2-SO_3^-$ 磺乙基$-O-CH_2-CH_2-SO_3^-$
	弱酸型	羧甲基纤维素(CM)	羧甲基$-O-CH2-COO-$
阴离子交换纤维素	强碱型	三乙基氨基乙基纤维素(TEAE)	三乙基氨基乙基 $-O-CH_2-CH_2-N^+-(CH_2CH_3)_3$
	弱碱型	二乙基氨基乙基纤维素(DEAE) 氨基乙基纤维素(AE) 三羟乙基氨基纤维素(ECTEOLA)	二乙基氨基乙基 $-O-(CH_2)_2-N^+H-(CH_2CH_3)_2$ 氨基乙基 $-O-CH_2-CH_2-N^+H_3$ 三羟乙基氨基 $-N^+(CH_2CH_2OH)_3$
阳离子交换葡聚糖凝胶	强酸型	SE-葡聚糖凝胶 G25 SE-葡聚糖凝胶 G50 SP-葡聚糖凝胶 G25 SP-葡聚糖凝胶 G50	磺乙基$-O-CH_2-CH_2SO_3^-$ 磺丙基$-CH_2SO_3^-$
	弱酸型	CM-葡聚糖凝胶 G25 CM-葡聚糖凝胶 G50	羧甲基$-O-CH_2-COO^-$
阴离子交换葡聚糖凝胶	强碱型	QAE-葡聚糖凝胶 A25 QAE-葡聚糖凝胶 A50	二乙基(α-羟丙基)氨基乙基 
	弱碱型	DEAE-葡聚糖凝胶 A25 DEAE-葡聚糖凝胶 A50	二乙基氨基乙基 $-O-CH_2-CH_2N^+H-(CH_2CH_3)_2$

离子交换层析的基本过程是：离子交换剂经适当处理装柱后，应该先用酸或碱处理(视具体情况可用一定 pH 的缓冲液处理)，使离子交换剂变成相应的离子型(阳离子交换剂带负电并吸引相反离子 H^+，阴离子交换剂带正电并吸引相反离子 OH^-)加入样品后，使样品与交换剂所吸引的相反离子(H^+或 OH^-)进行交换，样品中待分离物质便通过电价键吸附于离子交换剂上面(图 3-4)。然后用基本上不会改变交换剂对样品离子亲和状态的溶液(如起始缓冲液)充分冲洗，使未吸附的物质洗出。洗脱待分离物质时常用的两种方法，一是制作电解质浓度梯度，即离子强度梯度。

通过不断增加离子强度，吸附到交换剂上的物质根据其静电引力的大小而不断竞争性的解脱下来。二是制作 pH 梯度，影响样品电离能力，也使交换剂与样品离子亲和力下降，当 pH 梯度接近各样品离子的等电点时，该离子就被解脱下来。

在实际工作中，离子强度梯度和 pH 梯度可以是连续的(称梯度洗脱)，也可以是不连续的(称阶段洗脱)。一般来讲，前者分离的效果比后者的分离效果理想，梯度洗脱需要梯度混合器来制造离子强度梯度或 pH 梯度。图 3-5 是最简单的梯度混合器，它由两个容器组成，两容器之间以连通管相连接，与出口连接的容器装有搅拌装置，内盛起始洗脱液，此洗脱液代表开始洗脱的离子强度(或起始 pH)；另一容器内盛有终末洗脱液，此洗脱液代表洗脱的最后离子强度(或最后 pH)。在洗脱过程中，由于终末洗脱液不断进入起始洗脱液中，并不断被搅拌均匀，所以流出的洗脱液成分不断的由起始状态向终末状态演变形成连续的梯度变化。

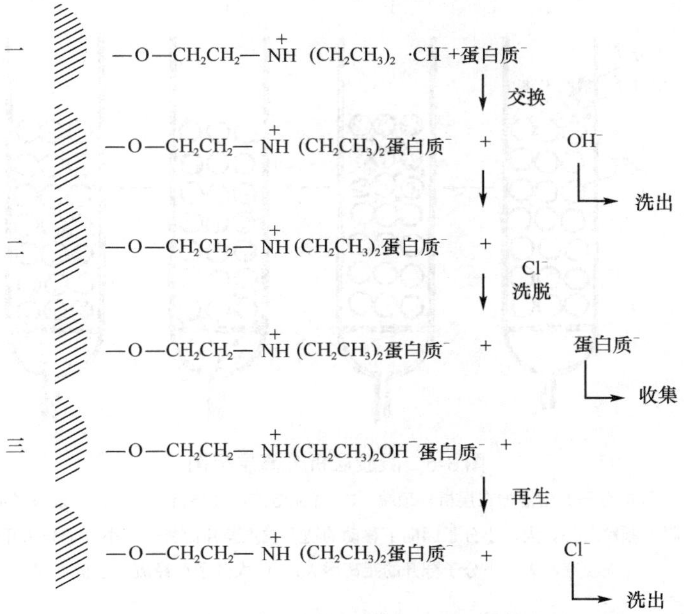

图 3-4　离子交换分析基本过程举例

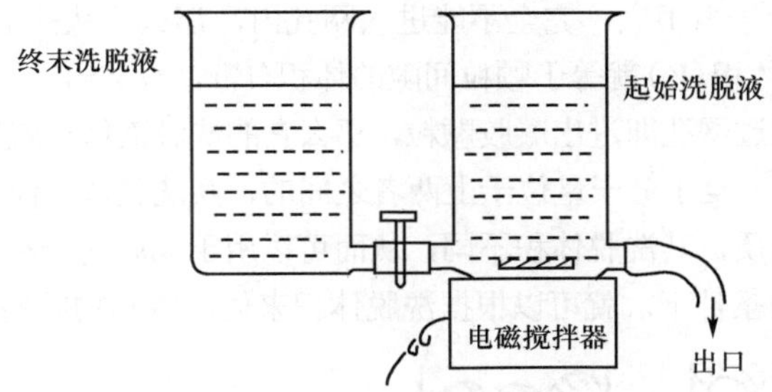

图 3-5　梯度混合器

4. 凝胶过滤(Gel Filtration)层析　凝胶过滤层析是以具有网状结构的凝胶颗粒作为固定相，根据物质的分子大小进行分离的一种层析技术。凝胶过滤是利用具有一定口径范围的多孔凝胶的分子筛作用对生物大分子进行分离。当样品随流动相经过由凝胶组成的固定相时，分子量大的物质不能扩散进入凝胶颗粒内部，于是随流动相流经颗粒之间的狭窄空隙，首先洗脱出层析柱；分子量小的物质可以扩散进入凝胶颗粒内部，比较大分子量物质流经的载面积宽，流动速度慢，于是与分子量大的物质分离开来，最后被洗脱出来(图 3-6)。即固定相的网孔对不同分子量的样品成分具有不同的阻滞作用，使之以不同的速度通过凝胶柱，从而达到分离目的，凝胶过滤又因此得名“分子筛层析”和“凝胶排阻层析”。

在实际工作中，对于同一个凝胶柱来说，各种分子量的物质有其固定的洗脱体积。因此，准确掌握凝胶柱的一些基本因素是十分有益的。

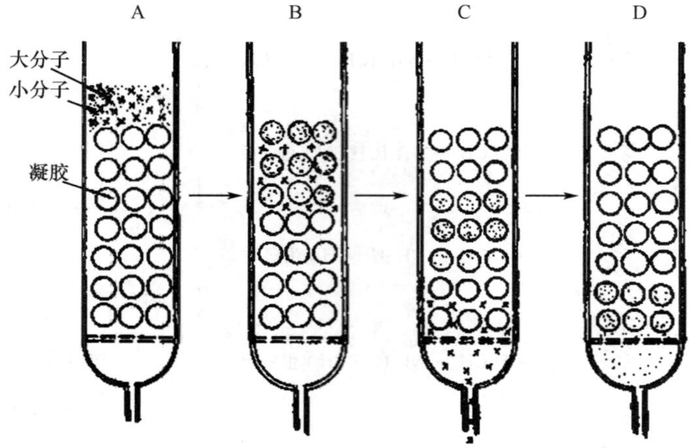

图 3-6 凝胶层析分离层析图

A. 样品（其中含有大小不同的分子）溶液加在层析柱顶端；B. 样品溶液流经层析柱，小分子通过扩散作用进入凝胶颗粒的微孔中，而大分子则被排阻于颗粒之外。大、小分子因向下移动的速度发生差异而将大、小分子分离开来；C. 向层析柱顶加入洗脱液，大、小分子分开的距离增大；D. 大分子已经流出层析柱

凝胶柱的总体积(V_t)：凝胶颗粒之间空隙的体积(外水体积 V_o)、凝胶颗粒网眼内的体积(内水体积 V_i)和凝胶颗粒基质本身的体积(V_r)的总和(图 3-7)。

$$V_t=V_o+V_i+V_r$$

如果被分离的物质分子量很大，完全不能进入网孔内，那么它从柱上洗脱下来(小样品时以洗脱峰为准)所需的洗脱液体积(V_e)就等于颗粒间隙的体积(V_o)，即 $V_e=V_o$。如果被分离物质的分子量极小，可以非常自由的通过网孔即进出凝胶颗粒，那么它的洗脱液体积就应当等于颗粒内和颗粒间隙体积的总和($V_e=V_o+V_i$)。至于分子量位于上两者之间的，其洗脱体积便位于 V_o 和 V_o+V_i 之间。可见，分子量大小不同的物质，其洗脱体积不同，从而可以用于物质的分离。另外，如果在有已知分子量的标准物质做对照的条件下，就可以根据洗脱体积来估计待测物质的分子量(图 3-8)。

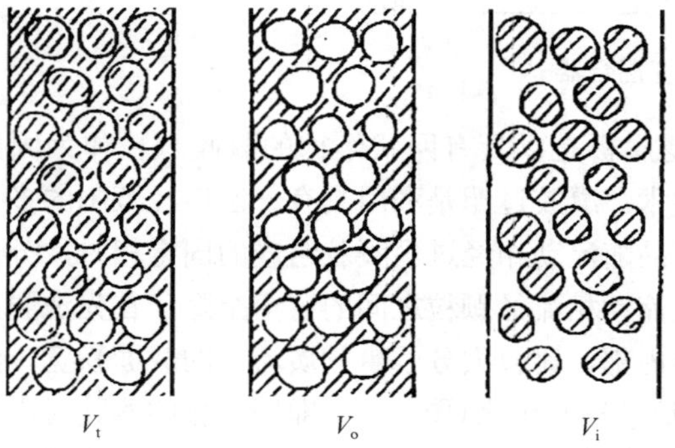

图 3-7 凝胶过滤的 V_t、V_o 和 V_i，V_r(凝胶粒本身体积)

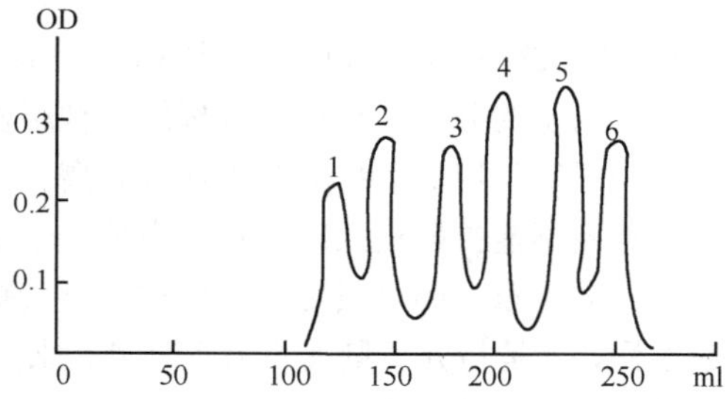

图 3-8 几种标准物质凝胶过滤图

Sephadex G-200(超细颗粒)柱 2.6×70cm；洗脱液：0.05molL^{-1} 磷酸钾缓冲液，内含 0.1 mol · L^{-1} NaCl 及 0.02% NaN_3，流速 1ml · (cm^2 · h)$^{-1}$

1. 过氧化氢酶(210 000)；2. 醛缩酶(158，000)；3. 牛血清蛋白(67 000)；4. 卵清蛋白(43 000)；5. 糜蛋白酶原 A (25 000)；6. 核糖核酸酶 A(13 700)

凝胶过滤除用于生物大分子的分离、分子量测定外，还可用于提纯、脱盐和复合物组分分析等。

适用于做凝胶过滤的材料有多种，主要有葡聚糖凝胶颗粒(SephadexG)、琼脂糖凝胶颗粒(Sepharose)和聚丙烯酰胺凝胶颗粒(Bio Geip)等。现将这些凝胶颗粒的种类和某些应用数据列于表 3-2。

表 3-2　一些凝胶过滤用凝胶颗粒

凝胶种类	型号	每克涨溶柱床体积(ml)	溶涨所需时间(h)		适用于分离球形蛋白质的分子量范围
			22℃	100℃	
葡聚糖凝胶	G-10	2～3	3	1	<700
	G-15	2.5～3.5	3	1	～700
	G-25	4～6	3	1	～1500
	G-50	9～11	3	1	1000～1500
	G-75	12～15	24	3	1500～30000
	G-100	15～20	72	5	3000～70000
	G-150	20～30	72	5	4000～150000
	G-150 超细	10～22	72	5	5000～400000
	G-200	30～40	72	5	5000～800000
	G-200 超细	20～25	72	5	
聚丙烯酰胺凝胶	P-2	3.8	4	2	200～1800
	P-4	5.8	4	2	800～4000
	P-6	8.8	4	2	1000～6000
	P-10	12.4	4	2	1500～20000
	P-30	14.8	12	3	2500～40000
	P-60	19.0	12	3	3000～60000
	P-100	19.0	24	5	5000～100000
	P-150	24.0	24	5	15000～150000
	P-200	34.0	48	5	30000～200000
	P-300	40.0	48	5	60000～400000
琼脂糖凝胶颗粒	6B				4×10^6
	4B	(以溶涨状态出售)			20×10^6
	2B				40×10^6

不论何种凝胶，其共同特点是化学性质稳定，不带电，与待分离物质吸附力很弱，不影响待分离物质的生物活性，样品得到率可达 100%，凝胶过滤尚有操作简便，凝胶柱不经特殊处理便可反复使用等特点，是近年来被广泛应用的生化技术之一。

5. 亲和层析(affinity chromatography)　亲和层析是根据生物大分子和配体之间的特异性亲和力，将某种配体连接在载体上作为固定相，而对能与配体特异性结合的生物大分子进行分离的一种层析技术。

亲和层析是分离生物大分子最为有效的层析技术，具有很高分辨率。亲和层析法是近年来广为重视并得到迅速发展的提纯、分离方法之一。许多物质都具有和某化合物发生特异性可逆结合的特性。例如：酶与辅酶或酶与底物(产物或竞争性抑制剂等)，抗原与抗体，凝集素与受体，维生素与结合蛋白，凝集素与多糖(或糖蛋白、细胞表面受体)，核酸与互补链(或组蛋白、核酸多聚酶、结合蛋白)以及细胞与细胞表面特异蛋白(或凝集素)等。亲和层析法就是利用化学方法将可与待分离物质可逆性特异结合的化合物(称配体)连接到某种固相载体上，并将载有配体的固相载体装柱，当待提纯的生物大分子通过此层析柱时，此生物大分子便与载体上的配体特异的结合而留在柱上，其他物质则被冲洗出去。然后再用适当方法使这种生物大分子从配体上分离并洗脱下来，从而达到分离提纯的目的(图 3-9)。

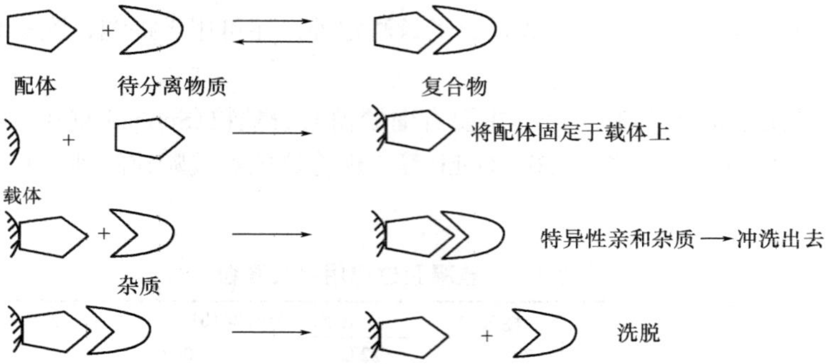

图 3-9　亲和层析的基本原理

亲和层析由于配体与待分离物质进行特异性结合，所以分离提纯的效率极高，提纯度可达几千倍，是当前最为理想的提纯方法。亲和层析配体与待分离物质特异性结合性质还可用来从变性的样品中提纯出其中未变性部分，从大量污染的物质中提纯小量所需成分，亲和层析还可用来从极度稀薄的液体中浓缩其溶质。

亲和层析所用的载体和凝胶过滤所要求的凝胶特性相同，即化学性质稳定，不带电荷，吸附能力弱，网状疏松，机械强度好，不易变形，保障流速的物质。聚丙烯酰胺凝胶颗粒、葡聚糖凝胶颗粒以及琼脂糖凝胶颗粒都可应用，其中以琼脂糖凝胶（Sephadex 4B）型应用最广泛。亲和层析的关键是设法选择合适的配体并将此配体与载体化学连接起来，形成稳定的共价键，这需要在实际工作中根据需要加以选择和试验。

（郭红艳）

第二节　离 心 技 术

离心技术在生物科学，特别是在生物化学和分子生物学研究领域，已得到十分广泛的应用，每个生物化学和分子生物学实验室都要装备多种型式的离心机。离心技术主要用于各种生物样品的分离和制备，生物样品悬浮在高速旋转下，由于巨大的离心力作用，使悬浮的微小颗粒（细胞器、生物大分子的沉淀等）以一定的速度沉降，从而与溶液得以分离，而沉降速度取决于颗粒的质量、大小和密度。

一、基 本 原 理

物体围绕中心轴旋转时会受到离心力 F 的作用。当物体的质量为 M、体积为 V、密度为 D、旋转半径为 r、角速度为 ω（弧度数/秒）时，可得：

$$F=M\omega^2r \text{ 或者 } F=VD\omega^2r \tag{3-1}$$

上述表明：被离心物质所受到的离心力与该物质的质量、体积、密度、离心角速度以及旋转半径呈正比关系。离心力越大，被离心物质沉降得越快。

在离心过程中，被离心物质还要克服浮力和摩擦力的阻碍作用。浮力 F' 和摩擦力 F'' 分别由下式表示：

$$F'=VD\omega^2r \tag{3-2}$$

$$F'' = f\frac{\mathrm{d}r}{\mathrm{d}t} \tag{3-3}$$

其中 D 为溶液密度，f 为摩擦系数，$\frac{\mathrm{d}r}{\mathrm{d}t}$ 为沉降速度(单位时间内旋转半径的改变)。在一定条件下，可有

$$F=F'+F''$$

$$VD\omega^2 r=VD'\omega^2 r+f\frac{\mathrm{d}r}{\mathrm{d}t}$$

$$\frac{\mathrm{d}r}{\mathrm{d}t}=V\frac{D-D'}{f}\omega^2 r \tag{3-4}$$

式(3-4)表明，沉降速度与被离心物质的体积、密度差呈正比，与 f 成反比。若以 S 表示单位力场($\omega^2 r=1$)下的沉降速度，S 又称沉降系数。则

$$S=V\frac{D-D'}{f} \tag{3-5}$$

沉降系数对于生物大分子来说，多数在(1～500)×10^{-13}秒之间。为应用方便起见，人们规定 1×10^{-13}秒为一个单位(或称 1S)。一般单纯的蛋白质在 1S～20S 之间，较大核酸分子在 4S～100S 之间，更大的亚细胞结构在 30S～500S 之间。

实际应用中，离心机工作时对单位质量物质产生的离心力是以地心引力(Gravity)的倍数来表示的，这种方法表示的离心力称为相对离心力(RCF)，常用“数字×g”来表示。

$$RCF=(\times g)=\frac{\omega^2 r}{980}(\text{厘米}\cdot\text{克}\cdot\text{秒})$$

其中角速度 ω 与每分钟转数 rpm 的关系是

$$\omega=2\pi\cdot rpm/60$$

所以，

$$RCF=1.119\times10^{-5}\cdot rpm^2\cdot r \tag{3-6}$$

根据式(3-6)，相对离心力和每分钟转数之间便可以互换，这种互换关系是很有实用价值的。

二、离心技术的应用

根据应用目的不同，离心机有分析用和制备用两种。分析用超速离心机仅能对小样品(小于 1ml)进行分析(如分子量的测量)；制备用离心机是为提取、纯化大分子组分设计的，可对 10～2000ml 的样品进行分离。

制备用离心机是应用最广泛的离心机，根据其性能可分为低速离心机(最大速度不超过 10 000rpm)、高速离心机(high-speed centrifuge，最大转速 20 000～25 000rpm)和超速离心机(ultracentrifuge，最大离心力可超过 5000 000×g，即 75 000rpm，r=8cm)。有的低速离心机的离心室有冷却装置，有的没有；高速离心机都有冷却装置，以防止转轴的温度过高和保护生物样品；所有超速离心机都有真空装置，以减少离心室内空气和转头的摩擦作用。高速和超速离心机的转头都标有最大转速，离心时绝对不得超过这一限度，否则会引起转头破裂，损坏仪器和造成人身伤亡。

制备用离心机在应用方法方面有沉降离心和梯度离心两种。

(一)沉降速度离心

沉降速度离心(velosity sedimentation centrifugation)是指在离心管内液体密度均一情况下进

行的离心。最常见的方法是差速离心(differential centrifugation)，差速离心是对含两种以上大小不同的待分离物质的混合液，以不同离心速度分步骤离心沉淀，使之互相分离的离心方法。例如用差速离心法进行亚细胞结构成分的分离(表 3-3)。

从表 3-3 可知，如果以 4000×*g* 离心 15min，未打破的真核细胞、细胞碎片和细胞可以沉淀下来；将此上清液再以 15 000×*g* 离心 20min 可将线粒体沉淀出来。如将去除线粒体的上清液再以 30 000×*g* 离心 30min，溶酶体便被沉淀下来。如将去除溶酶体的上清液再以 100 000×*g* 离心 3h，核糖体和多聚核糖体可被沉淀下来。由此可知，对于沉淀不同的亚细胞组分，相对离心力和离心时间这两个因素是不可忽视的。如果根据离心条件的不同，需要改变离心力或离心时间(必须是同一大小的转头)应根据下述公式进行计算方可达到相同的分离目的。

$$rpm^2{}_{\text{规定}} \cdot t_{\text{规定}} = rpm^2{}_{\text{新选}} \cdot t_{\text{新选}}$$

rpm 为每分钟转速，*t* 为时间。

表 3-3　用差速离心法分离亚细胞成分

离心条件		沉淀的亚细胞成分
1 000×*g*	5min	真核细胞
4 000×*g*	10min	叶绿体　真核细胞碎片　细胞核
15 000×*g*	20min	线粒体　细菌
30 000×*g*	30min	溶酶体　细菌菌体碎片
100 000×*g*	3h	核糖体　多聚核糖体

(二) 梯度离心

梯度离心是待分离的物质在具有密度梯度的介质中进行的离心。梯度离心可分为两种，即密度梯度离心(又称沉降速度离心、速度区带离心或差速区带离心)和平衡密度梯度离心(等密度梯度离心和沉降平衡离心)。

1. 密度梯度离心　密度梯度离心(density gradient centrifugation)是在密度梯度介质中进行的一种沉降速度离心。常用有机物如蔗糖或甘油来制作梯度。梯度的作用是使离心液稳定以减少扩散或得到较为锋利的区带。被离心的物质根据其沉降系数不同进行分离，同类物质则因分子大的沉降速度快于分子小的物质从而得到分离(图 3-10)。密度梯度离心和差速离心一样是依赖时间的，离心时间过长已经分离的物质均可沉到管底或某一介质密度区域。

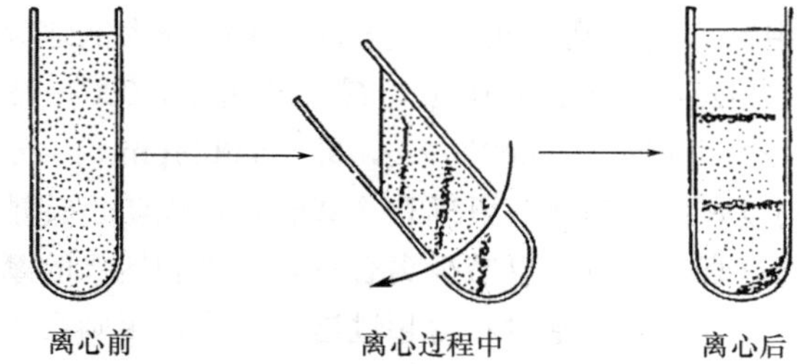

图 3-10　密度梯度离心示意图

2. 平衡密度梯度离心　平衡密度梯度离心(equilibrium density gradient centrifugation)虽然也是在密度梯度介质中进行的离心，但被分离的物质是依靠他们的密度不同进行分离的，此种离心常用无机盐类(如氯化铯 CsCl)制作密度梯度。在梯度介质中，当被分离的物质分别达到与其密度相同的介质部位时就不再移动，从而达到分离的目的(图 3-11)。例如，DNA 在平衡密度梯度离心过程中，停留在密度梯度为 1.7g · cm^{-1} 的位置，而 RNA 停止在 1.9g · cm^{-1} 的部位。由此可见平衡密度梯度离心是不依赖于时间的，只要梯度不破坏，时间延长不影响分离(如图 3-12)。

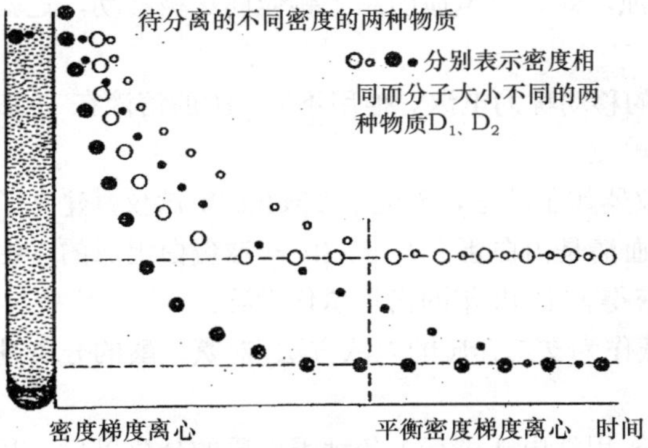

图 3-11　两种梯度离心比较

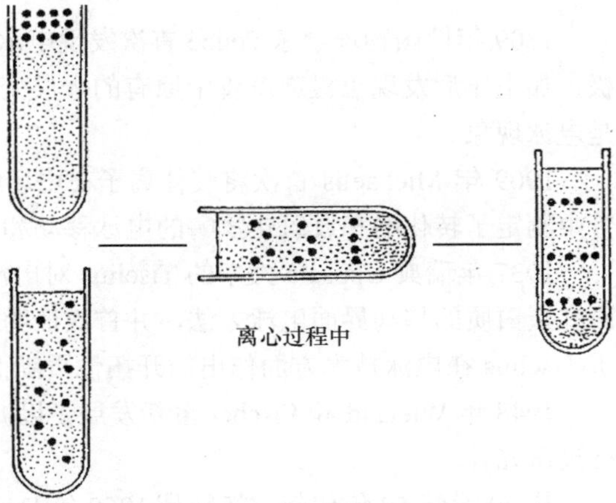

图 3-12　平衡密度梯度离心示意图

三、离心机操作的注意事项

高速与超速离心机是生化实验教学和生化科研的重要精密设备，因其转速高，产生的离心力大，使用不当或缺乏定期的检修和保养，都可能产生严重事故，因此使用离心机时都必须严格遵守操作规程。

(1)使用各种离心机时，必须事先在天平上精密地平衡离心管和其内容物，平衡时重量之差不得超过各个离心机说明书上所规定的范围，每个离心机不同转头有各自的允许差值，转头中绝对不能装载单数的管子，当转头只是部分装载时，管子必须互相对称地放在转头中，以便使负载均匀地分布在转头的周围。

(2)装载溶液时，要根据各种离心机的具体操作说明进行，根据待离心液体的性质及体积选用适合的离心管，有的离心管无盖，液体不得装得过多，以防离心时甩出，造成转头不平衡、生锈或被腐蚀，而制备性超速离心机的离心管，则常常要求必须将液体装满，以免离心时塑料离心管的上部凹陷变形。每次使用后，必须仔细检查转头，及时清洗、擦干。转头是离心机中需重点保护的部件，搬动时要小心，不能碰撞，避免造成伤痕，转头长时间不用时，要涂上一层上光蜡保护，严禁使用显著变形、损伤或老化的离心管。

(3)若要在低于室温的温度下离心时，转头在使用前应放置在冰箱或置于离心机的转头室内预冷。

(4)离心过程中不得随意离开，应随时观察离心机上仪表是否正常工作，如有异常的声音应立即停机检查，及时排除故障。

(5)每个转头各有其最高允许转速和使用累积限时，使用转头时要查阅说明书，不得过速使用。每一转头都要有一份使用档案，记录累积的使用时间，若超过了该转头的最高使用限时，则须按规定降速使用。

(刘秀财)

第三节 电泳技术

一、电泳技术发展简史

1809年俄国物理学家 Peйce 首次发现电泳现象。他在湿黏土中插上带玻璃管的正负两个电极，加电压后发现正极玻璃管中原有的水层变混浊，即带负电荷的黏土颗粒向正极移动，这就是电泳现象。

1909年 Michaelis 首次将胶体离子在电场中的移动称为电泳。他用不同 pH 的溶液在 U 形管中测定了转化酶和过氧化氢酶的电泳移动和等电点。

1937年瑞典 Uppsala 大学的 Tiselius 对电泳仪器作了改进，创造了 Tiselius 电泳仪，建立了研究蛋白质的移动界面电泳方法，并首次证明了血清是由白蛋白及 α、β、γ 球蛋白组成的，由于 Tiselius 在电泳技术方面作出的开拓性贡献而获得了1948年的诺贝尔化学奖。

1948年 Wieland 和 Fischer 重新发展了以滤纸作为支持介质的电泳方法，对氨基酸的分离进行过研究。

从20世纪50年代起，特别是1950年 Durrum 用纸电泳进行了各种蛋白质的分离以后，开创了利用各种固体物质（如各种滤纸、醋酸纤维素薄膜、琼脂糖凝胶、淀粉凝胶等）作为支持介质的区带电泳方法。

1959年 Raymond 和 Weintraub 利用人工合成的凝胶作为支持介质，创建了聚丙烯酰胺凝胶电泳，极大地提高了电泳技术的分辨率，开创了近代电泳的新时代。30多年来，聚丙烯酰胺凝胶电泳仍是生物化学和分子生物学中对蛋白质、多肽、核酸等生物大分子使用最普遍，分辨率最高的分析鉴定技术，是检验生化物质的最高纯度：即“电泳纯”（一维电泳一条带或二维电泳一个点）的标准分析鉴定方法，至今仍被人们称为是对生物大分子进行分析鉴定的最后、最准确的手段，即“Last Check”。

由20世纪80年代发展起来的新的毛细管电泳技术，是化学和生化分析鉴定技术的重要新发展，已受到人们的充分重视。

二、基本概念

目前电泳技术已被广泛应用于蛋白质、核酸和氨基酸等物质的分离和鉴定。

何谓电泳？在溶液中，带电粒子在外加电场的作用下，向相反电极方向移动的现象，称为电泳。电泳时不同的带电粒子在同一电场中泳动速度不同。电泳速度常用泳动率（M）来表示。泳动率也称迁移率，它等于泳动速度（v）与电场强度（E）之比，亦即带电粒子在单位电场强度下的泳动速度称泳动率。

$$M=\frac{v}{E} \tag{3-7}$$

因

$$v=\frac{L}{t} \tag{3-8}$$

和

$$E=\frac{V}{d} \tag{3-9}$$

在式（3-8）中，L 为泳动距离，t 为通过时间；在式（3-9）中，V 为加在支持物两端的电压，d

为支持物的有效长度。

将式(3-8)和式(3-9)代入式(3-7)得：

$$M=\frac{Ld}{Vt} \tag{3-10}$$

由式(3-10)可知，当 d、L、V 及 t 等数值为已知时(实验测得)，可以计算求得泳动率 M 的值。

三、影响泳动率的因素

根据物理学原理，带电粒子在电场中所受电场力(F)等于电场强度与粒子所带电量的乘积

$$F=EQ \tag{3-11}$$

在式(3-11)中，E 为电场强度，Q 为粒子所带电量。

又根据 Stokes 定律，一个球形分子在溶液中泳动时，受到的阻力(F)与球形分子的半径(r)、溶液的黏度(η)及泳动速度(v)成正比，其比例系数为 6π，即：

$$F'=6\pi r\eta v \tag{3-12}$$

当带电粒子所受的电场力 F 与阻力 F' 相等时，即 $F=F'$，就有

$$EQ=6\pi r\eta v \tag{3-13}$$

式(3-13)两端同时除以 $6\pi r\eta E$，得：

$$\frac{v}{E}=\frac{Q}{6\pi r\eta} \tag{3-14}$$

由式(3-13)和(3-14)可得：

$$M=\frac{Q}{6\pi r\eta} \tag{3-15}$$

由式(3-15)可见，泳动率与球形分子所带电荷电量成正比，与球形分子的大小及介质黏度成反比。泳动率除受上述自身性质及介质黏度的影响外，还受其他外界因素的影响。

(一)电泳介质 pH 的影响

对于蛋白质和氨基酸等两性分子，电泳介质的 pH 决定了它们所带净电荷性质的多少。pH 小于等电点，分子带正电荷，向负极泳动，如果 pH 大于等电点，分子带负电荷，向正极泳动。pH 偏离等电点越远，分子所带净电荷越多，其泳动速度越快。当缓冲液 pH 等于其等电点时，分子处于等电状态，不移动。由于血清蛋白质的等电点多在 pH4～6，因此，分离血清蛋白常用 pH8.6 的巴比妥缓冲液或三羟甲基氨基甲烷(Tris)缓冲液。

(二)缓冲液的离子强度

离子强度是表示溶液中电荷数量的一种量度。离子强度等于溶液中各种离子的摩尔浓度与其价数平方之积总和的一半。

$$I=1/2\sum m_i Z_i^2 \tag{3-16}$$

式中 m_i 是离子的摩尔浓度，Z_i 为相应离子的价数。

例 1　两个单价离子化合物(如 NaCl)的离子强度在数值上等于它的摩尔浓度，例如 $0.05\text{mol}\cdot\text{L}^{-1}$ NaCl 溶液的离子强度

$$I=1/2(0.05\times1^2+0.05\times1^2)=0.05$$

例 2　两个二价离子化合物(如 $CuSO_4$)的离子强度在数值上等于它的摩尔浓度的 4 倍，例

如 0.05mol · L^{-1} $CuSO_4$ 溶液的离子强度

$$I = 1/2(0.05\times2^2+0.05\times2^2)=0.20$$

溶液中的离子浓度越大或离子的价数越高，离子强度就越大。对缓冲液来说，离子强度过低主要是影响缓冲液的缓冲容量，不易维持介质 pH 的恒定；离子强度过高，带电粒子的电泳速度减慢。这是由于带电的生物大分子吸附溶液中的反电荷离子（图 3-13）形成反离子氛，犹如大气层包围地球。距离中心离子愈近，反离子密度愈大；反之，密度愈小。根据反离子与中心离子结合的紧密程度不同，可将反离子层分为吸附层和扩散层。在电场的作用下，吸附层的反离子随中心离子一起泳动。离子强度越大，吸附层反离子越多，泳动粒子团的净电荷越少，泳动速度也就越慢。

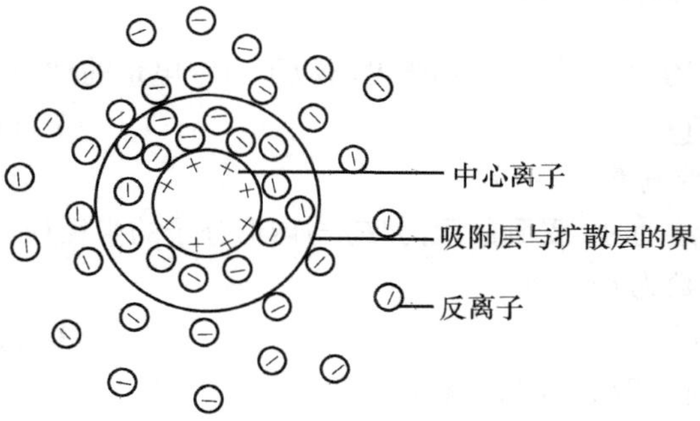

图 3-13　离子氛示意图

（三）电渗

在电场中，液体对于固体支持物的相对移动称为电渗。电渗是由于支持物带有电荷所引起的。支持物上的电荷使介质中的水感应产生相反电荷。如纸上电泳所用的滤纸纤维素带有负电荷；琼脂电泳中，所用的琼脂由于大量硫酸根的存在也带有负电荷，它们使水感应产生水合氢离子（H^+_3O）。在外电场的作用下，水向负极移动。如果被测定样品也带正电荷，则移动更快；如果被测定样品带负电荷，则移动减慢。所以电泳时，颗粒泳动所表现的速度决定于颗粒本身的泳动速度和溶液的电渗作用。因此在选用支持物时，应尽量避免高电渗作用的物质。

（四）电场强度的影响

电场强度增高，带电粒子受到的电场力增大，泳动速度加快，但泳动率不变。

随着电场强度的增高，电流强度增加，产热也增多。产热的不良后果是：①引起水的蒸发，改变溶液 pH 及离子强度；②引起介质温度高，可使蛋白质变性。

因此电泳必需控制电压在一定范围之内，当进行高压电泳时，必须装备有效的冷却装置。

四、电泳技术的种类

电泳技术的种类很多。根据有无固体支持物，可分为两大类，即界面电泳和区带电泳。界面电泳是指在溶液中进行的电泳，没有固体支持物。当溶液中有几种带电粒子时，通电后由于不同种类粒子泳动速度不同，在溶液中形成相应的区带界面，但区带界面由于扩散而易于互相重叠，不易得到纯品，且分离后不易收集，故目前已很少应用界面电泳。区带电泳是指在支持物上进行的电泳。支持物将溶液包绕在其网孔中，防止溶液自由移动。通电后各种带电粒子可以形成许多清晰的区带。故区带电泳的分离效果远比界面电泳的好。根据支持物的不同，常用的区带电泳又可分为纸上电泳、醋酸纤维素薄膜电泳、琼脂糖凝胶电泳及聚丙烯酰胺凝胶电泳等。

（一）醋酸纤维素薄膜电泳

醋酸纤维素薄膜电泳是利用醋酸纤维素薄膜做固体支持物的电泳技术，和纸上电泳相似并且在其基础上发展起来的，该电泳技术具有比纸电泳电渗小，分离速度快、样品用量小、而分辨率高、分离清晰等优点。

（二）琼脂糖凝胶电泳

琼脂糖(agarose)是经过挑选，以质地较纯的琼脂(agar)作为原料而制成的。琼脂在化学上是由琼脂糖和琼脂胶组成的复合物。琼脂胶是一种含有硫酸根和羟基的多糖，它具有离子交换性质，这种性质会给电泳及凝胶过滤以不良的影响。琼脂糖是直链多糖，它由 D-半乳糖和 3，6-脱水-L-半乳糖的残基交替排列织成(图 3-14)。

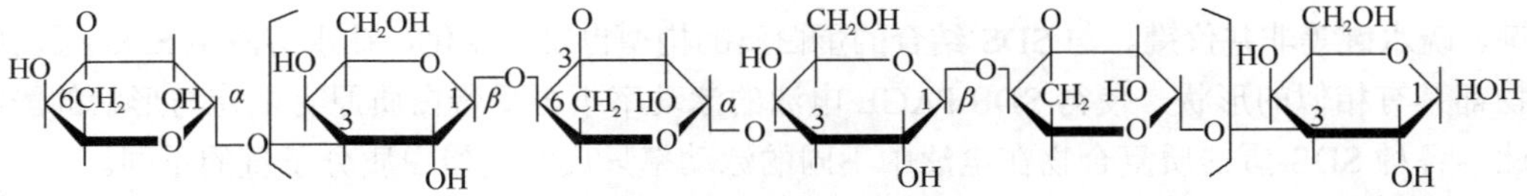

图 3-14　琼脂糖结构中的一个链段

琼脂糖主要通过氢键而形成凝胶。电泳时因凝胶含水量大(98%～99%)，近似自由电泳，固体支持物的影响较少，故电泳速度快，区带整齐。而且由于琼脂糖不含带电荷的基团，电渗影响很少，是一种较好的电泳材料，分离效果较好。

（三）聚丙烯酰胺凝胶电泳

聚丙烯酰胺凝胶(PAG)是一种人工合成的凝胶，具有机械强度好、弹性大、透明、化学稳定性高、无电渗作用、设备简单、样品最小(1～100μg)和分辨率高等优点，它是由丙烯酰胺(Acr)和交联剂亚甲基双丙烯酰胺(Bis)在催化剂作用下，聚合交联而成的含有酰胺基侧链的脂肪族大分子化合物。聚合反应常用的催化剂有过硫酸铵及核黄素。为了加速聚合，在合成凝胶时还加入四甲基乙二胺(TEMED)作为加速剂。聚丙烯酰胺凝胶具有网状立体结构，且可通过控制 Act 的浓度或 Act 与 Bis 的比例合成不同孔径的凝胶，以适用于蛋白质、核酸分子大小不同物质的分离，还可以结合解离剂十二烷基磺酸钠(SDS)以测定蛋白质亚基分子量。

根据凝胶各部分缓冲液的种类及 pH，孔径大小是否相同等，可分为连续系统和不连续系统聚丙烯酰胺凝胶电泳(PAGE)。在连续系统中，各部分均相同，在不连续系统则不同。不连续系统的优点在于对样品的浓缩效应好，能在样品分离前就将样品浓缩成极薄的区带，从而提高分辨率。若样品浓度大，成分简单时，用连续系统也可得到满意的分离效果。不连续系统的聚丙烯酰胺凝胶电泳具有较高的分辨率，主要是由于其具有浓缩效应、电荷效应和分子筛效应。

1. 浓缩效应　凝胶由两种不同的凝胶层组成。上层为浓缩胶，下层为分离胶。浓缩胶为大孔胶，缓冲液 pH 6.7，分离胶为小孔胶，缓冲液 pH 8.9。在上下电泳槽内充以 Tris-甘氨酸缓冲液(pH 8.3)，这样便形成了凝胶孔径和缓冲液 pH 的不连续性。在浓缩胶中 HCl 几乎全部解离为 Cl^-，但只有极少部分甘氨酸解离为 $H_2NCH_2COO^-$。蛋白质的等电点一般在 pH 5.0 左右，在此条件下其解离度在 HCl 和甘氨酸之间。当电泳系统通电后，这 3 种离子同向阳极移动。其有效泳动率依次为 Cl^-＞蛋白质＞$H_2NCH_2COO^-$，故 Cl^- 称为快离子，而 $H_2NCH_2COO^-$ 称为慢离子。电泳开始后，快离子在前，在它后面形成一离子浓度低的区域即低电导区。电导与电压梯度成反比，所以低电导区有较高的电压梯度。这种高电压梯度使蛋白质和慢离子在快离子后面加速移动。在快离子和慢离子之间形成一个稳定而不断向阳极移动的界面。由于蛋白质的有效移动率恰好介于快慢离子之间，因此蛋白质离子就集聚在快慢离子之间被浓缩成一狭窄带。这种浓缩效应可使蛋白质浓缩数百倍。

2. 电荷效应 样品进入分离胶后，慢离子甘氨酸全部解离为负离子，泳动速率加快，很快超过蛋白质，高电压梯度随即消失。此时蛋白质在均一的外加电场下泳动，但由于蛋白质分子所带的有效电荷不同，使得各种蛋白质的泳动速率不同而形成一条条区带。但在 SDS-PAGE 电泳中，由于 SDS 这种阴离子表面活性剂以一定比例和蛋白质结合成复合物，使蛋白质分子带负电荷，这种负电荷远远超过了蛋白质分子原有的电荷差别，从而降低或消除了蛋白质天然电荷的差别；此外，由多亚基组成的蛋白质和 SDS 结合后都解离成亚单位，这是因为 SDS 破坏了蛋白质氢键、疏水键等非共价键。与 SDS 结合的蛋白质的构型也发生变化，在水溶液中 SDS-蛋白质复合物都具有相似的形状，使得 SDS-PAGE 电泳的泳动率不再受蛋白质原有电荷与形状的影响。因此，各种 SDS-蛋白质复合物在电泳中不同的泳动率只反映了蛋白质分子量的不同。

3. 分子筛效应 各种蛋白质分子由于分子大小和构象不同，因而通过一定孔径的分离胶时所受的摩擦力不同，表现出不同的泳动率因而被分开。即使蛋白质所带的净电荷相似，也会由于分子筛效应被分开。

Acr 与 Bis 的浓度和交联度可以决定凝胶的透明度，黏度和弹性，机械强度和孔径大小。通常用 T 表示两种单体的总百分浓度，即 100ml 溶液中两种单体的克数；C 表示交联剂（Bis）重量占总单体重量的百分数。不同浓度单体对凝胶性质有影响：当 Acr<2%，Bis<0.5%时，单体不能凝胶化；两者均增加，则胶硬而脆而且不透明：两者均减小，则凝胶软而有弹性。由于两个极端都不好，因此在增加 Acr 的浓度的同时，应适当降低 Bis 的浓度。在 5%～20%的范围内，T 和 C 的数值可按下式选择：C=6.5–0.3T。

聚丙烯酰胺凝胶很少带有离子的侧基，电渗作用小，对热稳定，机械强度大，富有弹性，所以是区带电泳的良好介质。利用 SDS 不连续聚丙烯酰胺凝胶电泳测分子量，结果准确、重复性好、其分辨率至少在+ / –10%。

根据凝胶支柱形状不一，可分为盘状电泳和垂直板型电泳。盘状电泳是在直立的玻璃管内利用不连续的缓冲溶液、pH 和凝胶孔径进行的电泳。垂直板型电泳是将聚丙烯酰胺凝胶聚合成方形或长方形薄片状，薄片可大可小。其优点是：

（1）在同一条件下可同时做多个要比较的样品；

（2）一个样品在第一次电泳后可将薄片转 90° 角进行第二次电泳，即双向电泳，这样可提高分辨力；

（3）便于电泳后进行放射自显影的分析。其缺点是制备凝胶时较盘状电泳复杂，所需电压较高，电泳时间长。

不连续聚丙烯酰胺凝胶电泳由于同时兼有电荷效应、浓缩效应和分子筛效应，因此具有很高的分辨率。其分子筛效应主要由凝胶孔径大小决定，而决定凝胶孔径的大小主要是凝胶的浓度，例如 7.5%的凝胶孔径平均为 50Å，30%的为 20Å 左右。但交联剂对电泳泳动率亦有影响，交联剂重量对总单体重量的百分比愈大，则电泳泳动率愈小。不管交联剂是以何种方式影响电泳时的泳动率，总之它是影响凝胶孔径很重要的一个参数。为了使试验的重复性较高，在制备凝胶时对交联剂的浓度、交联剂与丙烯酰胺的比例、催化剂的浓度、聚胶所需时间等影响泳动率的因子都应尽可能保持恒定。

（四）高效毛细管电泳

1. 基本原理 高效毛细管电泳（high performance capillary electrophoresis，HPCE）和一般电

泳法的区别在于使用毛细管柱。在熔融石英毛细管内壁覆盖一层硅氧基阴离子，由于吸引了溶液中的阳离子，由此在毛细管内壁形成表面带阴离子的双电层。层外缘扩散层中富集的阳离子被电场阴极吸引导致溶液向阴极流动，这种效应称为电渗(electroosmosis)。电渗流的速度和电场强度成正比。

HPCE 的毛细管容易冷却，故可以使用 20～30kV 的高电压，由于管内径只有 25～100μm，无涡流扩散，使传质阻抗趋于零，因此，有很高的分辨率。电解质液由毛细管阳极端进入毛细管，携带被分离的组分可以从毛细管阴极端流入检测器的比色池，电泳过程与结果分析均容易自动化。因此 HPCE 已成为效率极高的现代分析仪器，在生物化学与分子生物学中得到日益广泛的应用。

2. 类型及应用

(1)毛细管区带电泳：毛细管区带电泳法(capillary zone eletrophoresis，CZE)的分离基于组分淌度的区别，一般毛细管内壁带负电荷。电渗流从阳极移动至阴极，流出顺序是阴离子＜中性分子＜阳离子。若毛细管内壁涂上一层阳离子表面吸附剂，则极性颠倒，流出顺序是阳离子＜中性分子＜阴离子。

毛细管区带电泳具有分离方便、快速、样品用量小的特点，在无机离子、有机物、氨基酸、蛋白质及各种生物样品的测试中有着广泛的应用。

(2)胶束电动毛细管色谱：毛细管区带电泳法(CZE)主要用于分析带电荷的离子，对中性分子的测试主要是依靠电渗的作用，分离比较困难。此时可应用胶束电动毛细管色谱(micellar electrokinetic capillary chromatography，MECC)进行分离分析。

MECC 是在缓冲溶液中加入表面活性剂，当表面活性剂浓度超过临界胶束浓度时，则形成荷电胶束。而当无胶束存在时，所有中性分子将同时到达检测器，有胶束时带负电荷的胶束在电场作用下向相反方向泳动，溶质分子在胶束和水相间形成平衡，在溶液的电渗流和胶束的电泳流的共同作用下分离。溶质分子在胶束内停留时间越长，其迁移所需时间即保留时间越长。

最常用的表面活性剂是十二烷基硫酸钠(SDS)。各种阴阳离子表面活性剂和环糊精等添加剂使得本法有相当多的选择余地，可广泛用于各种类型的样品，在手性分离中也有成功的应用。

(3)毛细管凝胶电泳：毛细管凝胶电泳(capillary gel electrophoresis，CGE)是在毛细管中填充具线状缠结聚合物结构的物理凝胶，使样品中各组分通过净电荷差异和分子大小差异双重机制得以分离。CGE 在蛋白质、多肽、DNA 序列分析中得到成功应用，已成为生命科学基础和应用研究中有力的分析工具。

近年来，其他类型的毛细管电色谱法(capillary electrochromatography，CEC)发展很快。其中填充毛细管电色谱法(packed column，CEC)是将细粒径固定相填充在毛细管柱中，开管毛细管电色谱法(Open tubular，CEC)是把固定相的功能团键合在毛细管内壁表面而形成的色谱柱。CEC 是很有前途的分析方法。

(师　岩)

第四节　透析和浓缩

透析(dialysis)是通过小分子经过半透膜扩散到水(或缓冲液)的原理，将小分子与生物大分子分开的一种分离纯化技术。透析疗法是使体液内的成分(溶质或水分)通过半透膜排出体外的治疗方法，一般可分为血液透析和腹膜透析两种。

为了从所要的胶体溶液中除去无机离子(例如从蛋白质溶液中除去无机盐)，可将液体置于透析袋内(使用前应检查透析袋是否漏水)进行透析。一般先对自来水透析，再对蒸馏水透析(或对所用的缓冲溶液透析)。为了防止透析过程中有沉淀析出，可放在冰箱内或慢慢地减少对缓冲溶液透析的缓冲溶液的离子强度。在透析时可用电磁搅拌器搅拌或电动搅拌机慢慢搅拌，使透析完全。

经过透析的液体若体积太大，可进行浓缩。浓缩是从溶液中除去部分溶剂的单元操作，是溶质和溶剂部分分离的过程。浓缩过程中，水分在物料内部借对流扩散作用从液相内部到达液相表面后除去，最终水分质量分数约 30%，一般为稳定状态。使溶剂蒸发而提高溶液的浓度，泛指不需要的部分减少而需要部分的相对含量增高。常用的浓缩剂有蔗糖、聚乙二醇、聚乙烯吡咯烷酮(PVP)、葡聚糖凝胶等。也有用减压或电吹风方法进行浓缩的。有条件时可采用超滤膜代替透析或进行浓缩。超滤膜由火棉胶、黏胶或醋酸纤维素等制成，孔径数微米至数纳米，加正压或负压过滤。

(王丽萍)

第五节　盐 析 技 术

在蛋白质分离纯化过程中常用到盐析法。蛋白质分子在水溶液中借其分子表面所形成的水化层和所带的不同电荷，而形成稳定的亲水胶体颗粒分散于水相中。在一定浓度的中性盐作用下，蛋白质分子表面的水化层被盐脱去，表面的电荷被盐离子中和，从而导致蛋白质胶体溶液的稳定性丧失，蛋白质沉淀析出，称为盐析。由盐析生成的沉淀蛋白质，用水稀释或用透析方法减少或除去盐后，能再溶解并恢复其生物活性。

用于盐析的中性盐有硫酸盐、磷酸盐、氯化物等，其中硫酸铵、硫酸钠用得最多。由于蛋白质分子颗粒大小、亲水程度不同，故盐析时所需中性盐的浓度也不同，如球蛋白在半饱和硫酸铵溶液中即能析出，而清蛋白则在饱和硫酸铵溶液中才能析出。此外盐析条件还应根据 pH 和温度来选定。

(杨秀珍)

第四章　生物化学实验

实验一　蛋白质的盐析与透析

【实验目的】

(1) 了解蛋白质的盐析与透析的原理和意义。

(2) 掌握盐析与透析的实验方法。

【实验原理】　中性盐的亲水性大于蛋白质分子的亲水性，所以加入大量中性盐后，夺走了水分子，破坏了水膜，暴露出疏水区域，同时又中和了蛋白质的表面电荷，破坏了亲水胶体，蛋白质分子的溶解度降低，即形成沉淀。

血清中的蛋白质，用盐析的方法，可以分离出清蛋白、α-球蛋白、β-球蛋白和 γ-球蛋白四种。由于蛋白质分子颗粒大小、亲水程度不同，故盐析时所需中性盐的饱和度亦不相同。

透析即用半透膜(透析袋)将大分子蛋白质分离出来。适宜孔径的半透膜，使蛋白质分子被截留，小分子的中性盐透出而达分离的目的。本实验分别用双缩脲试剂和 Nessler 试剂检验蛋白质和 NH_4^+的存在。

【实验器材】

1. 仪器材料

离心管，试管及试管架，2ml 刻度吸管，玻璃棒，小烧杯，透析袋，离心机。

2. 试剂药品

(1) 饱和硫酸铵溶液。

(2) 硫酸铵粉末。

(3) 双缩脲试剂：称取 $CuSO_4 \cdot 5H_2O$ 2.5g，加蒸馏水少许，微热溶解后稀释至 100ml。另取酒石酸钾钠($NaKC_4H_4O_6 \cdot H_2O$) 10g 和 KI 5g，溶于 500ml 蒸馏水中，再加入 20%氢氧化钠 300ml，混匀后，慢慢加入硫酸铜溶液中，加蒸馏水至 1000ml。此液可长期储存。

(4) Nessler 试剂：称取 150g 碘化钾置于三角烧瓶中，加蒸馏水 100ml 使之溶解，再加入 110g 碘，待完全溶解后加 140～150g 汞，用力振摇 10min 左右，此时产生高热，须将三角烧瓶放入水中继续摇动，直至棕红色的碘转变成带绿色的碘化汞钾为止。将上清液倾入 2000ml 容量瓶中，并用蒸馏水洗涤瓶内的沉淀数次，将洗涤液一并倒入容量瓶内，用蒸馏水稀释至刻度，此为贮存液，储于棕色瓶中备用。

取贮存液 150ml，加 10%氢氧化钠 700ml，混匀后加蒸馏水 150ml，混匀，此为应用液，储于棕色瓶中，如混浊可过滤或静止数天后取上清液使用。本试剂需有适宜的 pH，调节至用 $1mol \cdot L^{-1}$ 盐酸 20ml 滴定时，需本试剂 11.0～11.5ml 时为宜。

(5) 血清样本。

【实验步骤】

1. 离心　取 2ml 血清加入离心管中，再加入 2ml 饱和硫酸铵溶液，用玻璃棒搅匀，静置 5～10min 后，用 2000rpm 离心 5min，将上清液移至另一离心管中，分次加入少量硫酸铵粉末，并用玻璃棒搅拌至有少量硫酸铵不再溶解为止，静置 5～10min 后，同上离心，得沉淀和上清液。

2. 透析　取在蒸馏水中煮沸约 1 小时的 15mm×60mm 透析袋一条，一端打结后检查是否漏水，不漏则将水倒掉，加入用 3ml 蒸馏水溶解的第二次沉淀液，挂于盛有蒸馏水的小烧杯中，使袋内外的液面处于同一水平，透析约 30min，每隔 10min 更换一次透析液。

3. 检查 取 6 支试管，按表 4-1 操作。

表 4-1 蛋白质盐析与透析操作表

试剂（滴）	管号					
	1	2	3	4	5	6
袋内液	10	10	—	—	—	—
透析液	—	—	10	10	—	—
蒸馏水	—	—	—	—	10	—
饱和硫酸铵	—	—	—	—	—	10
双缩脲试剂	10	—	10	—	—	10
Nessler 试剂	—	10	—	10	10	—

混匀后观察并记录结果。

【注意事项】

(1) 盐的饱和度：盐的饱和度是影响蛋白质盐析的重要因素，不同蛋白质的盐析要求盐的饱和度不同。分离几个混合组分的蛋白质时，盐的饱和度常由稀到浓渐次增加，每出现一种蛋白质沉淀进行离心或过滤分离后，再继续增加盐的饱和度，使第二种蛋白质沉淀。

(2) pH：在等电点时，蛋白质溶解度最小容易沉淀析出，因此，盐析时除个别情况外，pH 常选择在被分离的蛋白质等电点附近。

(3) 蛋白质浓度：在相同盐析条件下，蛋白质浓度越大越易沉淀，使用盐的饱和度的极限愈低，如血清球蛋白的溶度从 0.5%增到 3.0%时，需用中性盐的饱和度的最低极限从 29%递减至 24%。蛋白质浓度高些虽然对沉淀有利，但浓度过高也容易引起其他杂蛋白的共沉作用，因此，必须选择适当浓度，尽可能避免共沉作用的干扰。

(4) 温度：由于浓盐液对蛋白质有一定保护作用，盐析操作一般可在室温下进行，至于某些对热特别敏感的酶，则宜维持低温条件。虽然蛋白质在盐析时对温度要求不太严格，但在中性盐下结晶纯化时，温度影响则比较明显。

(5) 在进行盐析时，为了防止硫酸铵一次性加入或搅拌不均匀造成的局部过饱和影响盐析的效果，一定要边滴加边搅拌。也不能过于剧烈，以免产生过多泡沫，致使蛋白质变性。

(6) 所添加的硫酸铵应为化学纯或更高纯度，否则夹带的杂质会使硫酸铵的浓度不准确，甚至引起蛋白质和酶的变性。

(7) 蛋白质、酶用盐析法沉淀分离后，常需脱盐才能获得纯品。最常用的脱盐方法是透析法，但也有以下注意事项：

1) 某些化学物质会破坏透析袋微孔且不可逆转。计有：

烃、卤代烃、醇、酮、酯、胺、丙酮、甲基乙基酮、二氧杂环乙烷、环己烷等。酸（甲酸、乙酸、稀强酸如 5%HCl），10%苯酚，30%双氧水。甲醇、乙醇：浓度小于 5%时，透析功能在，而截留分子量（molecular weight cutoff，MWCO）变化。

2) 蛋白质吸附量 1μg 蛋白/克透析袋，（以透析袋干重计）。正常使用 pH 5～9（可重复使用）。极限使用 pH 2～12（一次性使用）。

3) 前处理：煮沸 5min 后用蒸馏水 60℃洗冲 2min，置 4℃蒸馏水中待用。

长期保存液：0.05%～0.1%叠氮钠，1mmol · L^{-1}EDTA 或 50%甘油，温度（4℃），使用前以

蒸馏水洗净。

4)即用型透析袋毋须前处理，使用前用蒸馏水洗净即可。

5)透析袋装液时应留 1/3～1/2 空间，以防透析过程中，袋外的水和缓冲液过量进入袋内将袋涨破(含盐量高的蛋白质溶液透析过夜时，体积增加 50%系正常情况)。

6)使用时应佩戴手套。

(8)透析时正负离子透过半透膜的速度不同，如硫酸铵中的 NH_4^+的透出较快，膜内 SO_4^{2-}剩余而生成 H_2SO_4，而使膜内蛋白质溶液呈酸性，足以达到使蛋白质变性的酸度。因此在用盐析法纯化蛋白质做透析去盐时，开始应用 0.14 $mol \cdot L^{-1}$ 的 NH_4OH 透析。

【思考题】

(1)透析时如何防止蛋白质变性?

(2)两次沉淀的蛋白质各为何种蛋白质?

（徐　晶）

实验二　凝胶层析法分离蛋白质

【实验目的】

(1)掌握凝胶层析法分离蛋白质的原理和方法。

(2)了解核酸蛋白检测仪和部分收集器的工作原理和使用。

【实验原理】　凝胶层析(gel chromatography)主要是根据混合物中各种分子的分子量不同，通过固定相凝胶时，分子的扩散移动速度各异而使大小不同的分子得到分离的方法。凝胶颗粒内部具有多孔网状结构，被分离的混合物流过层析柱时，此凝胶孔径大的大分子量物质不能进入凝胶孔内，在凝胶颗粒之间的空隙向下移动，凝胶对其阻滞作用小、流程短、而移动速度快因此最先被洗脱出来；比网孔小的分子能不同程度的自由出入凝胶孔内外，其阻滞作用大，在柱内经过的路程较长移动速度较慢，最后被洗脱出来。

本实验用葡聚糖凝胶 G-75 分离牛血清清蛋白(分子量 67 000)与溶菌酶(分子量 13 930)两种蛋白质，用核酸蛋白检测仪进行检测或用双缩脲反应观察结果。

【实验器材】

1. 仪器材料

(1)试管及试管架。

(2)层析柱：1.5 cm×20cm 的玻璃管柱。

(3)大、小烧杯和玻璃棒，吸管，滴管，滤纸。

(4)部分收集器和核酸-蛋白质检测仪。

2. 试剂药品

(1)葡聚糖凝胶 G-75(商品名为 Sephadex G-75)。

(2)洗脱液：称取 Tris 12.12g，KCl 15g，先用少量蒸馏水溶解，再缓缓加入 6.67ml 浓 HCl，定容至 2000ml，此为 0.05 $mol \cdot L^{-1}$ Tris-HCl 缓冲液，其 pH 为 7.5。

(3)样品：取牛血清清蛋白和溶菌酶各 5.0mg，溶于 1ml 洗脱液中。

(4)10%NaOH 和 0.5%$CuSO_4$ 溶液。

【实验步骤】

1. 葡聚糖凝胶 G-75 的制备　取适量葡聚糖凝胶 G-75 加入 0.05 $mol \cdot L^{-1}$ Tris-HCl 缓冲液

中，充分混匀后，置沸水浴中 1 小时或室温下 5 小时，使其充分溶胀，倾除漂浮的细颗粒，再加入少量缓冲液，轻轻搅动后倾除剩余的细颗粒，备用。

2. 装柱 将 1.5cm×20cm 的玻璃管柱垂直固定于铁架上，下端铺垫棉花或玻璃棉，先用少量洗脱液将气泡赶净，然后将下端活塞关闭，再将凝胶悬液倾入柱中，同时微启活塞，在管中凝胶下沉的同时继续加入凝胶悬液，待沉至约 15cm 高时，加入 2 倍柱体积的洗脱液平衡，然后在柱床表面放一滤纸片，以防加样时凝胶被冲起。

注意：在装柱和层析过程中，不得使液面低于凝胶床表面，否则，空气进入凝胶床中将严重影响分离效果。

3. 加样 微启下端活塞，使柱上的洗脱液面刚好下降到凝胶床表面时，关紧活塞，用滴管吸取待分离的样品，缓慢地加到凝胶床表面上，微启下端活塞，使样品进入凝胶床，关闭活塞；再按同样方式，反复加入少量洗脱液，以洗净柱内壁上的样品溶液，然后加入适量的洗脱液，约高出床表面 3～5cm。

4. 洗脱 用洗脱液连续洗脱，流速为 25 滴/min。用 280nm 紫外光监测，用部分收集器从加样开始每 3 分钟收集 1 管洗脱液，至记录仪出现二个峰及基线平稳后，停止洗脱并关机。

5. 双缩脲反应观察结果 每个收集管加入 10% NaOH 10 滴，0.5% $CuSO_4$ 2 滴，观察并记录结果。

【注意事项】

(1) 整个操作过程中凝胶必须处于溶液中，不得暴露于空气，否则将出现气泡和断层，应当重新装柱。

加样时应小心注入床面中央，注意切勿冲动胶床。

(2) 层析柱粗细必须均匀，柱管大小可根据试剂需要选择。一般来说，细长的柱分离效果较好。若样品量多，最好选用内径较粗的柱，但此时分离效果稍差。柱管内径太小时，会发生“管壁效应”，即柱管中心部分的组分移动慢，而管壁周围的移动快。柱越长，分离效果越好，但柱过长，实验时间长，样品稀释度大，分离效果反而不好。

(3) 装柱要均匀，不要过松也不要过紧，流速不宜过快，避免因此而压紧凝胶。但也不要过慢，使柱装得太松，导致层析过程中，凝胶床高度下降。

(4) 凝胶回收再利用：用过的凝胶经 $0.5mol \cdot L^{-1}$ 的 NaOH 和 HCl 溶液分别处理后可以恢复其性能；凝胶可以用 0.02%叠氮钠或 0.002%双氯苯双胍己烷保存。

【思考题】

(1) 洗脱过程中为何要控制流速？

(2) 第一次分离结束后，能否利用原层析柱继续进行分离？为什么？

（徐　晶）

实验三　酶作用的特异性和影响酶促反应速度的因素

【实验目的】

(1) 了解酶的催化特异性。

(2) 了解温度、pH、激动剂和抑制剂对酶促反应速度的影响。

【实验原理】 酶是生物催化剂(biological catalyst)，具有高度的特异性，如唾液淀粉酶只能催化水解 α-1，4-葡萄糖苷键，而不能水解 α-吡喃葡萄糖-1，2-β-呋喃果糖苷键，故只能水解淀粉而不能水解蔗糖。淀粉和蔗糖均无还原性，对班氏试剂呈阴性反应；而他们水解后的产物则为还原糖，与班氏试剂共热时可产生红棕色的氧化亚铜沉淀，据此可检验他们有无水解。

上述诸因素对唾液淀粉酶催化淀粉水解反应速度的影响，可用定性或定量反应来观察。以稀释的唾液作为淀粉酶液。唾液内的淀粉酶可将淀粉逐步水解成各种不同大小的糊精分子，最终产物为麦芽糖和少量的葡萄糖。他们遇碘呈不同的颜色。直链淀粉(即可溶性淀粉)遇碘呈蓝色；糊精按分子从大到小的顺序，遇碘可呈蓝色、紫色、暗褐色和红色，最小的糊精和麦芽糖遇碘不显颜色：

淀粉→紫色糊精→红色糊精→麦芽糖+葡萄糖

（蓝色）（紫色）（红色）（黄色）

利用碘与淀粉及其不同程度水解产物反应的颜色，来衡量酶促反应的速度，颜色由蓝变黄，表示酶促反应速度由低到高，由于在不同温度，不同 pH，或者在有激活剂或抑制剂存在的条件下唾液淀粉酶的活性高低不同，则淀粉被水解的程度不同，所以，可由酶反应混合物遇碘所呈现的颜色来判断，从而可了解上述诸因素对酶活性的影响，此为定性观察；亦可利用夏弗尔-哈德曼试剂测定淀粉水解物中还原糖含量，来定量观察酶促反应的速度。夏弗尔-哈德曼试剂中含有硫酸铜、碘酸钾和草酸钾，在碳酸氢钠和碳酸钠所构成的碱性环境中加热，还原糖可使硫酸铜中的 Cu^{2+}还原成 Cu^{+}；当加入硫酸后，试剂中碘化钾所含的碘离子被碘酸氧化为自由单质碘；而 I_2 可将生成 Cu^{+}的氧化成 Cu^{2+}，后者被试剂中的草酸钾络合，从而使上述反应不能逆行，剩余的碘可用标准硫代硫酸钠溶液滴定；按同样方法作空白滴定，所消耗硫代硫酸钠量代表溶液中总碘量。空白滴定时与有还原糖存在滴定时所消耗的硫代硫酸钠之差，代表氧化 Cu^{2+}所消耗 I_2 的量，亦即相当于被糖还原生成的 Cu^{+}数量，此 Cu^{+}的量与还原糖的量呈正比，故滴定数据的差数可以定量地代表还原糖的数量。反应如下：

$$Cu^{2+} \rightarrow Cu^{+}$$

$$+$$

$$I^{-} + IO_3^{-} + H^{+} \rightarrow I_2 + H_2O$$

$$\downarrow$$

$$I^{-} + Cu^{2+} \rightarrow \text{草酸钾络合}\downarrow$$

$$Na_2S_2O_3 + I_2 \rightarrow NaI + Na_2S_4O_6$$

【实验器材】

1. 仪器材料

试管及试管架和烧杯，1ml、2ml、5ml 刻度吸管及滴定管，沸水浴，恒温水浴器。

2. 试剂药品

(1) 1%淀粉溶液和 1%蔗糖溶液。

(2) 14 $mol \cdot L^{-1}$ 氯化钠溶液。

(3) 磷酸盐缓冲溶液：pH5.8、pH6.2、pH6.6、pH7.0、pH7.4。(参见附录)

(4) 夏弗尔-哈德曼试剂：取结晶硫酸铜 6.5g，溶于 100ml 蒸馏水中，为甲液。取酒石酸钾钠 12g、无水碳酸钠 20g、碳酸氢钠 25g 溶于 500ml 蒸馏水中，为乙液。取碘化钾 10g、碘酸钾 0.8g、草酸钾 18g 溶于(200～300) ml 蒸馏水中，为丙液。将乙液加入甲液中混匀后，再将其加入丙液中，混匀后稀释至 1000ml。

(5) 14 $mol \cdot L^{-1}$ 硫酸：取蒸馏水约 250ml，置于 1000ml 容量瓶内，缓缓加入比重 1.84 的浓硫酸 28ml，随加随摇，混匀后定容至 1000ml。

(6) 0.0054 $mol \cdot L^{-1}$ 硫代硫酸钠溶液：取硫代硫酸钠($Na_2S_2O_3 \cdot 5H_2O$)约 25g，溶于已沸过的蒸馏水中，稀释至 1000ml。此溶液浓度约为 0.1 4 $mol \cdot L^{-1}$，其准确浓度用下述方法标定。

用分析天平准确称取碘酸钾(0.15～0.18)g，溶于 50ml 蒸馏水中，加入 15%碘化钾 10ml 及 64$mol \cdot L^{-1}$ 硫酸 10ml，放置 3 分钟后稀释至 150ml。

用以上配制的硫代硫酸钠溶液滴定至溶液呈黄色时，加 1%淀粉溶液 5ml 作指示剂，继续滴定至蓝色完全褪去，即为终点，记录所用硫代硫酸钠溶液的体积。用 15%碘化钾溶液 10ml 作一空白滴定，用此结果校正上述滴定的结果。用下列公式计算所配制硫代硫酸钠溶液的浓度，并将其浓度调整至 0.14$mol \cdot L^{-1}$。

硫代硫酸钠的标定浓度(4$mol \cdot L^{-1}$)＝

碘酸钾的克数/所用硫代硫酸钠毫升数×碘酸钾分子量×6000。

用前取调整好的标准 0.14$mol \cdot L^{-1}$ 硫代硫酸钠溶液 50ml，稀释至 1000ml，即为硫代硫酸钠应用液，其浓度为 0.0054$mol \cdot L^{-1}$。

(7) 碘液：称取碘 1g，碘酸钾 2g，溶于 300ml 蒸馏水中。

【实验步骤】

1. 酶作用的特异性

(1) 稀释唾液：实验者先用水漱口，然后含一口蒸馏水于口中，2min 后吐入小烧杯内，用滤纸过滤后，取滤液 1ml 加蒸馏水稀释至 50ml，混匀。

(2) 取 3 支试管，按表 4-2 操作。

表 4-2 酶作用特异性操作表

试剂(滴)	管标		
	1	2	3
1%淀粉溶液	10	10	—
1%蔗糖溶液	—	—	10
稀释唾液	5(煮沸 10′)	5	5

混匀后置 38℃恒温水浴中 30min。

(3) 取出各管，各加入煮沸的班氏试剂约 2ml，煮沸 2min，放试管架上冷却，观察并己录结果，解释之。

2. 定量观察温度、pH、激动剂和抑制剂对酶促反应速度的影响

(1) 稀释唾液：同上。

(2) 取 12 支试管，按表 4-3 操作。

表 4-3 定量影响酶反应因素的操作表

试剂	管号											
	0	1	2	3	4	5	6	7	8	9	10	11
1% 淀粉溶液(ml)	4	4	4	4	4	4	4	4	4	4	4	4
氯化钠溶液(ml)	2	2	2	2	2	2	2	2	2	2	—	2($CuSO_4$)
2 ml 缓冲溶液(pH)	6.6	5.8	6.2	6.6	7.0	7.4	6.6	6.6	6.6	6.6	6.6	6.6
蒸馏水(ml)	3	2.5	2.5	2.5	2.5	2.5	2.5	2.5	2.5	2.5	2.5	2.5
保温 10 分钟(℃)	38	38	38	38	38	38	38	38	38	38	38	38
稀释唾液(ml)	—	0.5	0.5	0.5	0.5	0.5	0.5	0.5	0.5	0.5	0.5	0.5

(3) 充分混匀后，各管在原温度下继续保温 20min。

(4) 在保温期间，另取 12 支试管同样标号，各加入 2ml 夏弗尔-哈德曼试剂，保温达 20min

时，立即由各管吸取 2ml 分别加入上述相应号码的试管中，混匀后向各管加入液体石蜡 5 滴置沸水浴中 15min，取出后冷却至室温，此过程切勿摇动。

(5) 向各管中加入 14 mol · L^{-1} 硫酸 2ml，轻摇至不产生气泡为止，此时，管内液体应为蓝色。若不呈蓝色，需加入淀粉溶液 2～3 滴作为指示剂。

(6) 经 2min 后，以 0.0054 mol · L^{-1} 硫代硫酸钠滴定各管至液体蓝色刚刚消退为止。

(7) 滴定空白管与滴定各管所消耗硫代硫酸钠溶液之差，即相当于各管的还原糖所还原铜的数量。以此差值为纵坐标，温度和 pH 为横坐标，分别绘制温度和 pH 对酶促反应速度影响的曲线图及激动剂和抑制剂对酶促反应速度的影响。

3. 定性观察温度、pH、激动剂和抑制剂对酶促反应速度的影响

(1) 稀释唾液：同上。

(2) 取 12 支试管，按表 4-4 操作。

表 4-4　定性影响酶反应的因素操作表

试剂	管号											
	0	1	2	3	4	5	6	7	8	9	10	11
1%淀粉溶液 (ml)	4	4	4	4	4	4	4	4	4	4	4	4
氯化钠溶液 (ml)	2	2	2	2	2	2	2	2	2	2	—	2 ($CuSO_4$)
2 ml 缓冲溶液 (pH)	6.6	5.8	6.2	6.6	7.0	7.4	6.6	6.6	6.6	6.6	6.6	6.6
蒸馏水 (ml)	3	2.5	2.5	2.5	2.5	2.5	2.5	2.5	2.5	2.5	2.5	2.5
保温 10 分钟 (℃)	38	38	38	38	38	38	38	38	38	38	38	38
稀释唾液 (ml)	—	0.5	0.5	0.5	0.5	0.5	0.5	0.5	0.5	0.5	0.5	0.5

(3) 充分混匀后，各管在原温度下继续保温 20min。

(4) 将各管取出，分别滴加碘液 1 滴，混匀后观察比较各管的颜色并记录。

【思考题】

(1) 实验中哪些条件必须准确一致？在实际操作中应注意哪些事项？

(2) 影响酶促反应速度的主要因素有哪些？

（潘洪明）

实验四　琥珀酸脱氢酶的作用及丙二酸的竞争性抑制作用

【实验目的】

(1) 了解在无氧情况下观察脱氢酶作用的简单方法和酶的竞争性抑制作用。

(2) 掌握竞争性抑制作用的原理。

【实验原理】　琥珀酸脱氢酶属于黄素酶类，其作用是催化琥珀酸脱氢生成延胡索酸。在生理情况下，脱下的氢经呼吸链传递，最后与氧结合成水，并释放出能量。但在体外隔绝空气的条件下可用甲烯蓝(美蓝，蓝色物质)作为受氢体，甲烯蓝接受琥珀酸脱下的氢被还原成甲烯白(美白，白色物质)。根据这种蓝色转变为无色的变化过程，就可以判断出琥珀酸脱氢酶起了催化作用。

而与琥珀酸的化学结构相似的丙二酸，能与琥珀酸竞争酶分子的活性中心，并与之结合，从而抑制酶的活性，升高其 K_m 值，抑制程度取决于琥珀酸和丙二酸两者的浓度比。本实验在隔绝空气的条件下，利用甲烯蓝接受氢后退色的程度，来判断肌肉组织中琥珀酸脱氢酶的作用和丙二酸对酶活性的抑制程度。甲烯蓝与琥珀酸的反应方程式(如图 4-1)。

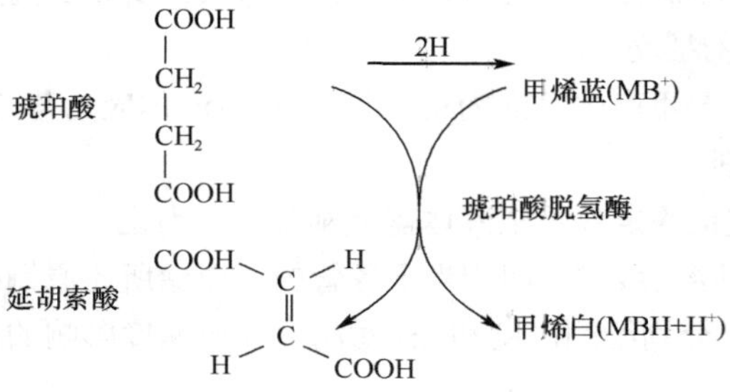

图 4-1 甲烯蓝与琥珀酸反应

【实验器材】

1. 仪器材料

试管及试管架，烧杯、乳钵、剪刀、镊子、纱布，上皿天平、恒温水浴，石英砂、冰块。

2. 试剂药品

(1) 0.24 mol · L^{-1} 和 0.024 mol · L^{-1} 琥珀酸溶液。

(2) 0.24 mol · L^{-1} 和 0.024 mol · L^{-1} 丙二酸溶液。

以上四种溶液均先用 0.054 mol · L^{-1} 氢氧化钠溶液调节至 pH7.0，再用 0.014 mol · L^{-1} 氢氧化钠溶液调节到 pH7.4，然后用蒸馏水稀释到所需浓度。

(3) 0.14 mol · L^{-1}pH7.4 磷酸盐缓冲溶液。

(4) 0.02%甲烯蓝溶液。

(5) 液体石蜡。

【实验步骤】

1. 肌肉提取液的制备 称取新鲜肌肉组织 10g，剪成小碎块，放入烧杯中，用冰冷的生理盐水洗 3 次，再用 0.14 mol · L^{-1} pH7.4 的磷酸盐缓冲液洗涤 1 次，弃去液体，移入置于冰块中的乳钵内，加适量的石英砂，研磨成糜状，然后加入 20ml 冰冷的上述缓冲液，混匀后用双层纱布过滤，滤液置冰浴中备用。

2. 添加试剂 取 5 支试管，按表 4-5 操作。

表 4-5 琥珀酸脱氢酶的作用操作表

试剂 (ml)	管号				
	1	2	3	5	6
肌肉提取液	30	30	30	30	—
0.24 mol · L^{-1} 琥珀酸	10	10	10	—	10
0.024 mol · L^{-1}L 琥珀酸	—	—	—	10	—
0.24 mol · L^{-1} 丙二酸	—	10	—	10	—
0.024 mol · L^{-1} 丙二酸	—	—	10	—	—
蒸馏水	10	—	—	—	40
甲烯蓝	4	4	4	4	4

3. 摇匀，观察 将各管摇匀，每管滴加（斜执试管，沿管壁缓缓加入）一层液体石蜡于溶液上，以隔绝空气。然后置 37℃水浴中保温，随时比较记录各管中甲烯蓝的褪色情况。

【注意事项】

(1) 加液体石蜡时宜斜执试管，沿管壁缓缓加入，不要产生气泡。

(2) 加完液体石蜡后，在观察结果的过程中，不要振摇试管，以防止溶液与空气接触而使甲烯蓝重新氧化变蓝。

【思考题】

(1) 为什么实验中要用液体石蜡隔绝空气？

(2) 丙二酸对琥珀酸脱氢酶的活性有何影响？

(3) 各管中的反应体系配好后为什么不能再摇动？

(4)什么是竞争性抑制作用？竞争性抑制作用的特点和应用意义？

（潘洪明）

实验五 酮体的生成和氧化

【实验目的】

(1)了解酮粉法测定酮体的原理和操作。

(2)验证酮体生成和氧化的部位。

【实验原理】 在肝脏中，脂肪酸β-氧化不完全生成的乙酰 CoA，经缩合可生成乙酰乙酸，然后进一步还原成β-羟丁酸或脱羧生成丙酮，乙酰乙酸、β-羟丁酸和丙酮统称酮体。酮体是机体代谢的中间产物，在正常情况下，其产量甚微；患糖尿病时，机体大量动员脂肪氧化，肝组织生成酮体的量会超过肝外组织利用率，便可出现酮尿症、酮血症，导致酸中毒。酮体主要在肝脏产生，在肝外组织被利用，如脑和肌肉组织等。乙酰乙酸及丙酮在碱性条件下与亚硝基铁氰化钠 $Na_2[Fe(CN)_5(NO)]$ 反应，生成紫色化合物，该法对乙酰乙酸的反应比对丙酮灵敏15～20倍。

本实验以辛酸钾为底物，分别与肝组织、肌肉组织和肝与肌肉组织的混合物在一起保温，然后用酮粉法分别测定其酮体。

【实验器材】

1. 仪器材料

试管及试管架，手术剪、表面皿、滤纸、滴管，0.5ml、1ml、5ml 刻度吸管，恒温水浴器。

2. 试剂药品

(1)0.154 $mol \cdot L^{-1}$ 氯化钠溶液。

(2)0.14 $mol \cdot L^{-1}$ 磷酸盐缓冲溶液：pH7.4。

(3)辛酸钾溶液：取 14 $mol \cdot L^{-1}$ 氢氧化钾溶液 10ml 加入 100ml 容量瓶中，然后再加入辛酸 1.58ml，使其充分混匀，加蒸馏水 50ml，再加上述缓冲液至刻度，混匀，即为贮备液(0.14 $mol \cdot L^{-1}$)。临用时将此贮备液用上述缓冲液稀释为 0.0024 $mol \cdot L^{-1}$。

(4)10%三氯乙酸溶液。

(5)酮粉：称取亚硝基铁氰化钠 1g，无水碳酸钠 20g 和干燥硫酸铵 20g，分别研细后充分混匀，干燥保存。

【实验步骤】

1. 制备肝、肌肉组织匀浆 取1只小白鼠，用手术剪断头处死，将血放尽，立即取出肝组织和肌肉组织，分别置于两个表面皿中，用冷的生理盐水反复冲洗，用滤纸吸干后将其剪成碎末备用。

2. 添加试剂、观察 取3支试管，按表 4-6 操作。

表 4-6 酮体的生成和氧化操作表

试剂	管号		
	1	2	3
肝组织碎末(g)	0.3	—	—
肌肉组织碎末(g)	—	0.3	—
混合组织碎末(g)	—	—	0.3
0.002mol · L^{-1} 辛酸钾溶液(ml)	3.0	3.0	3.0
混匀均后在37℃保温40分钟，需经常摇动			
10%三氯乙酸溶液(ml)	1.0	1.0	1.0

混匀并静置 10min 后，取各管中上清液各 10 滴，分别加入另 3 支内有 10 滴蒸馏水的试管中，混匀后各加入酮粉 0.3g，观察各管颜色并给予解释。

注：实验中用于肝和肌肉的手术剪不得混用；若 1 和 3 号管的颜色不能区分时，可再各加少许等量的酮粉。

【注意事项】

(1) 组织中血迹反复冲洗干净。

(2) 要充分煮组织。

(3) 在保温过程中经常摇动。

(4) 临床意义：酮体正常在血液中含量很低，约为 0.03～0.5mmol · L^{-1}，是脂肪酸在肝正常的代谢产物，是肝输出能源的一种形式。

在饥饿、高脂低血糖饮食、未经控制饮食的糖尿病人，酮体的生成大于肝外利用时，引起酮症酸中毒和酮尿。

【思考题】

(1) 为什么实验中的手术剪不能混用？

(2) 为什么说做好本实验的关键是制备新鲜的肝匀浆?

(3) 为什么脂肪酸在肝内正常中间代谢产生的酮体量很少?在什么情况下血中酮体含量升高，甚至导致酮症酸中毒?

（潘洪明）

实验六　精氨酸酶在尿素生成中的作用

【实验目的】 通过本实验来验证肝脏是生成尿素的主要器官。

【实验原理】 尿素生成的鸟氨酸循环中的精氨酸酶，能催化精氨酸水解生成尿素和鸟氨酸，尿素在脲酶的催化下可水解生成二氧化碳和氨，用 Nessler 试剂检验 NH_4^+的存在，即可测定精氨酸酶的活性。反应如下：

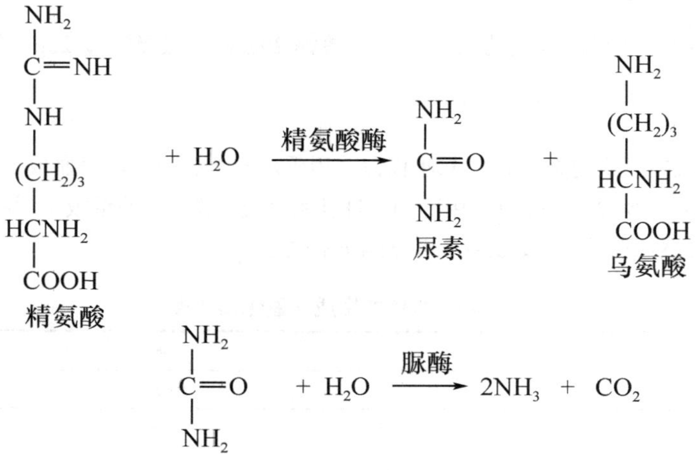

$$2NH_3 + H_2SO_4 \longrightarrow (NH_4)_2SO_4$$

【实验器材】

1. 仪器材料

扩散皿、0.5ml、1ml 刻度吸管，乳钵及手术剪、纱布、石英砂，恒温箱。

2. 试剂药品

(1) 0.014 mol · L^{-1} 硫酸溶液。

(2) 0.14 mol · L^{-1} pH7.4 磷酸盐缓冲溶液。

(3) 1%精氨酸溶液。

(4) 饱和碳酸钠溶液。

(5) Nessler 试剂：称取 150g 碘化钾置于三角烧瓶中，加蒸馏水 100ml 使之溶解，再加入 110g 碘，待完全溶解后加 140～150g 汞，用力振摇 10min 左右，此时产生高热，须将三角烧瓶放入水中继续摇动，直至棕红色的碘转变成带绿色的碘化汞钾为止。将上清液倾入 2000ml 容量瓶中，并用蒸馏水洗涤瓶内的沉淀数次，将洗涤液一并倒入容量瓶内，用蒸馏水稀释至刻度，此为贮存液，储于棕色瓶中备用。

取贮存液 150ml，加 10%氢氧化钠 700ml，混匀后加蒸馏水 150ml，混匀，此为应用液，储于棕色瓶中，如混浊可过滤或静止数天后取上清液使用。本试剂需有适宜的 pH，调节至用 14 mol · L^{-1} 盐酸 20ml 滴定时，需本试剂 11.0～11.5ml 时为宜。

(6) 脲酶溶液：取 30g 刀豆粉(或黄豆粉)，2g 硒铝酸钠，用 95%乙醇 16ml 和 84ml 蒸馏水溶解，震荡 10min，过滤，滤液即为脲酶溶液，冰箱中可保存 10～15 天。

【实验步骤】

1. 肝匀浆的制备　取 lg 新鲜的肝组织，置于洁净的乳钵中，加适量的石英砂，研磨成糜状，加 0.14 mol · L^{-1} pH7.4 磷酸盐缓冲液 50ml，搅拌后用双层纱布过滤，滤液即为含精氨酸酶的肝匀浆。将一部分肝匀浆煮沸后冷却，备用。

2. 肌匀浆　取 lg 新鲜的肌肉组织按上法制成匀浆。

3. 取 3 只扩散皿，按表 4-7 操作，勿使内室和外室试剂相混。

表 4-7　精氨酸酶操作表

试剂(ml)		皿号 1	2	3
内室	0.014 mol · L^{-1} 硫酸溶液	0.5	0.5	0.5
外室	0.014 mol · L^{-1} pH7.4 缓冲液	0.5	0.5	0.5
	1%精氨酸溶液	0.8	0.8	0.8
	肝匀浆	0.5	—	—
	煮沸肝匀浆	—	0.5	0.5
	肌匀浆	—	—	0.5
	脲酶溶液	0.5	0.5	0.5

在外室边缘上涂以凡士林，盖好磨砂盖玻片(磨砂面朝下)，使其密封，然后将扩散皿在实验台上轻轻地转动数次，使外室中的试剂混匀，置 37℃温箱中保温 30min 后，取出扩散皿，将盖移开一小角，向外室中加入 0.5ml 饱和碳酸钠溶液，立即加盖密封，在实验台上轻轻地转动数次，使之混匀，然后再置 37℃温箱中保温，20min 后取出，各加入 0.5ml Nessler 试剂于内室中，观察结果。

【思考题】

(1) 为什么扩散皿的内室和外室中的试剂不能相混？

(2)为什么要在外室边缘上涂以凡士林？

（潘洪明）

实验七 维生素C的性质及含量测定

【实验目的】

(1)了解维生素C的化学性质。

(2)掌握维生素C的测定原理和计算方法。

【实验原理】 维生素C(VitC)属水溶性维生素，维生素C在体内很不稳定，易被氧化成脱氢维生素C，后者在碱性条件下可继续被氧化成无活性的二酮古洛糖酸。维生素C、脱氢维生素C和二酮古洛糖酸合称为总维生素C。天然的抗坏血酸有还原型和脱氢型两种，还原型抗坏血酸分子结构中有烯醇(COH=COH)存在，故为一种极敏感的还原剂，它可失去两原子氢而氧化为脱氢型抗坏血酸。染料2，6-二氯酚靛酚钠盐($C_{12}H_6O_2NCl_2Na$)作为氧化剂，可以氧化抗坏血酸而其体身亦被还原成无色的衍生物。因此利用氧化型2，6-二氯酚靛酚可测定还原型维生素C的含量。

氧化型2，6-二氯酚靛酚在中性或碱性溶液中呈蓝色，在酸性溶液中呈红色。所以当溶从无色转变为红色时，即表示维生素C已全部被氧化，此为滴定终点。从2，6-二氯酚靛酚的消耗量即可计算出维生素C的含量。

【实验器材】

1. 仪器材料

小烧杯、乳钵、石英砂、纱布、微量滴定管、上皿天平、剪刀、玻璃棒。

2. 试剂药品

(1)0.1%VitC。

(2)2%草酸溶液。

(3)1 mol · L^{-1} 碳酸钠溶液。

(4)5%硫酸铜溶液。

(5)2，6-二氯酚靛酚溶液：称取2.5g氧化型2，6-二氯酚靛酚和2.1g碳酸氨钠，溶解于1000ml蒸馏水中，充分摇匀后装入棕色瓶内，置冰箱中过夜。临用前过滤，用标准VitC标定其浓度，置冰箱中可保存一周。

(6)VitC标准溶液：精确称取分析纯VitC 50mg，置于容量瓶中，用2%草酸溶液溶解并定容至100ml，此液每毫升含0.5mg VitC。

【实验步骤】

1. 维生素C的化学性质

(1)抗坏血酸氧化酶的制备：用玻璃片刮取黄瓜(或南瓜皮)，置于乳钵中，加少许石英砂，在冰浴中充分研磨至糜状，再加2倍体积的蒸馏水，研磨均匀后用纱布过滤，滤液置冰浴中备用。

(2)取2个小烧杯，按表4-8进行操作，依次观察各因素对维生素C的影响。

表 4-8　维生素 C 测定操作表

试剂	条件				
	酸	碱	加热	加铜加热	酶
0.1%VitC 溶液(ml)	0.5	0.5	0.5	0.5	0.5
蒸馏水(ml)	2	2	2	2	2
2%草酸溶液(ml)	3.5		—	—	—
1 mol · L^{-1} 碳酸钠溶液(滴)	—	3	—	—	—
5%硫酸铜溶液(滴)	—	—	—	5	—
抗坏血酸氧化酶液(滴)	—	—	—	—	10
室温下放置 10min，加热条件为 100℃水浴 10min					
2%草酸溶液(ml)	—	3.5	3.5	3.5	3.5

混匀后用 2，6-二氯酚靛酚滴定，至出现微红色半分钟不退为止。记录所消耗的 2，6-二氯酚靛酚的毫升数，取两次滴定的平均值，按式(4-1)计算 V itC 被破坏的百分率：

$$\text{VitC 被破坏的百分率} = (V_1 - V_2) / V_1 \times 100\% \quad (4\text{-}1)$$

式中 V_1 和 V_2 分别为酸性条件和其他条件下滴定消耗的 2，6-二氯酚靛酚的毫升数。

2. 维生素 C 含量的测定

(1) 2，6-二氯酚靛酚的标定：取小烧杯两个，各加 VitC 标准液 1 ml，2%草酸溶液 lml，用微量滴定管以 2，6-二氯酚靛酚滴定之。小心、缓慢滴定至终点，以微红色半分钟不消失为准，以两次消耗量的平均值，计算 1ml 2，6-二氯酚靛酚相当于多少毫克 VitC。

(2) 样品中 VitC 含量的测定：用上皿天平称取大头菜或白菜 10g，剪碎放入乳钵中，加 2%草酸 5～10 ml，研磨后倒入 50m1 量筒中，用少量 2%草酸冲洗乳钵 2～3 次，一并倒入量筒中，最后用 2%草酸加至刻度，混匀，纱布过滤后倒入锥形瓶中，取上清液二份，各为 10ml，用 2，6-二氯酚靛酚滴定至终点，记录结果，求出平均值(v)。

(3) 计算：

$$100\text{g 样品中 VitC 的含量(mg)} = c \times v \times 50 \times 100 / 10 \times 10 \quad (4\text{-}2)$$

式中 c 为 1ml　2，6-二氯酚靛酚相当于 VitC 的毫克数；

v 为 2，6-二氯酚靛酚的毫升数。

【注意事项】　抗坏血酸在许多因素影响下都易发生变化，因此，取样品时应尽量减少操作时间，并避免与铜、铁等金属接触以防止氧化。

【思考题】

(1) VitC 在什么条件下比较稳定？

(2) 此方法测得的 VitC 的含量是否准确？为什么？

(3) 该法测定抗坏血酸有何不足？

(4) 用 2%草酸提取样品的目的是什么？

（潘洪明）

实验八　血钙的测定

【实验目的】

(1) 掌握血清钙的测定原理和方法。

(2) 了解测定的临床意义。

【实验原理】 血清钙离子在碱性条件下，与钙指示剂结合成紫红色络合物，使钙指示剂由蓝色变成紫红色。用 EDTA 法测 Ca^{2+}时，因 EDTA-Na_2(乙二胺四乙酸二钠)对 Ca^{2+}的亲和力大，先与溶液中游离的 Ca^{2+}结合，后与钙-钙指示剂中的 Ca^{2+}结合，使钙指示剂游离，在碱性溶液中呈蓝色，即滴定时溶液由紫红色变成蓝色，此即为滴定终点。与标准钙溶液比较，即可求出血清钙的含量。

反应式如下：

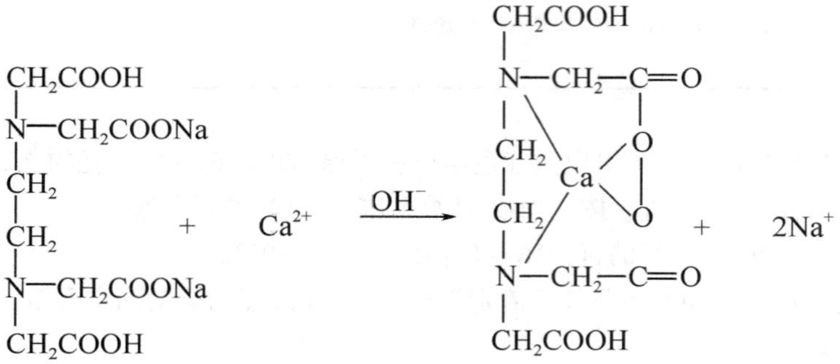

EDTA-Na_2　　　　EDTA-Ca

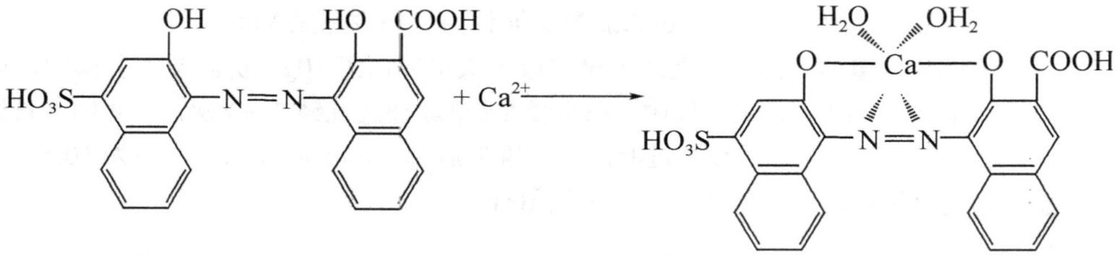

钙红指示剂　　　　钙-钙红络合物(紫红色)

$$Ca^{2+}\text{-钙红} + \text{EDTA-}Na_2 \xrightarrow{OH^-} \text{EDTA-Ca} + \text{钙红(蓝色)}$$

【实验器材】

1. 仪器材料

小烧杯、微量滴定管(1ml 刻度吸管)。

2. 试剂药品

(1)钙标准液(0.1mg · ml^{-1})：称取 250mg 在 110℃干燥 24 小时的分析纯无水 $CaCO_3$，加去离子水 100ml 及 1 mol · L^{-1} HCl 2.5ml，溶解后定容至 1000ml。

(2)EDTA 液：称取 0.1g EDTANa_2，加去离子水 50ml 及 2 mol · L^{-1} NaOH 1.5ml，溶解后用去离子水定容至 2000ml。

(3)0.2 mol · L^{-1} NaOH。

(4)钙指示剂：称取 0.1g 钙指示剂(2-萘酚-4-磺酸-1-偶氮-2-羟基-3-萘酸)，用去离子水溶解至 20ml。置冰箱中保存。

【实验步骤】 取 2 个小烧杯，分别加入 0.1 ml 血清和钙标准液，再各加入 0.2 mol · L^{-1} 氢氧化钠 1.0ml 和钙指示剂 1 滴，混匀后用 EDTA 滴定，先滴定标准液，由紫红色变成蓝色(滴定速度要慢，边滴边充分混合)，记录 EDTA 消耗的量(ml)。同法滴定血清，终点颜色应一致，记下 EDTA 的量(ml)。

100ml 血清中 Ca^{2+}的含量(mg)按式(4-3)计算：

Ca^{2+}mg%=测定液消耗 EDTA 量(ml) / 标准液消耗 EDTA 量(ml)×0.01×10×100 (4-3)

正常值：9 mg%～11mg%

【注意事项】

(1)本法的终点反应是由红变蓝，但不是突然变色，故终点判定比较困难。注意红色已褪去，由紫蓝色刚变蓝色时为终点，标准管的终点呈蓝色，测定管的终点则为浅蓝绿色。

(2)滴定速度与终点反应出现的快慢有一定关系。滴定太快，虽然已到终点，并不马上出现反应，需要数秒钟才出现，往往滴过量。滴定速度太慢，则整合充分，消耗量少。因此，标准管与测定管滴定的速度要一致。

(3)指示剂除钙红以外，尚有依来络黑、钙黄绿素、紫脲酸铵等，但以钙红为最好，终点明显，且不受镁的干扰。

(4)加入氢氧化钠和指示剂后，应尽快滴定，否则终点不明显。血清应新鲜，陈旧者终点也不明显。

(5)滴定时可用刻度不到底的 1m1 刻度吸管或用 2m1 微量滴管。

(6)临床意义：钙是动物体内含量最多的无机元素，血清中的钙主要有三种形式存在，即钙离子(约占 45%)、柠檬酸钙(约占 5%)、蛋白结合钙(约占 50%)。前两者称为可扩散钙，后者称为非扩散钙。血清钙增减的意义如下。

1)血清钙增高(Hypercalcemia)：内服和注射维生素 D 过多，马腹痛病，胃肠炎和由于脱水而发生酸中毒时，均见血清钙增高。

2)血清钙降低(Hypocalcemia)：牛、羊骨软病，青草搐搦症，生产瘫痪，幼畜佝偻病，贫血，白血病，肾炎及甲状旁腺机能减退时，均可见血清钙降低。

【思考题】

(1)血钙有何生理作用？

(2)血钙是如何维持恒定的？

(3)为什么实验中要用去离子水？

(潘洪明)

实验九 血清胆固醇总量的测定

【实验目的】

(1)了解血清胆固醇总量测定的原理及临床意义。

(2)掌握测定方法。

【实验原理】 血清中胆固醇可用无水乙醇抽提出来，然后加入硫铁磷试剂，胆固醇在浓 H_2SO_4 及三价铁的作用下生成稳定的紫红色化合物，与同样处理的标准液比色，即可测出胆固醇的含量。

【实验器材】

1. 仪器材料 试管及试管架，0.1ml、0.5ml、1ml、2ml 刻度吸管，离心管，离心机，722 型分光光度计。

2. 试剂药品

(1)硫铁磷试剂：取 10g $FeCl_3 \cdot 6H_2O$ 溶于磷酸，定容至 100ml，储于棕色瓶中，此为原液。

取原液 1.5ml 加浓硫酸至 100ml，此为应用液。

(2) 胆固醇标准液：称取胆固醇 80mg，溶于无水乙醇，定容至 100ml。储于棕色瓶中，此为原液，置冰箱中保存。

取原液稀释 10 倍即为应用液。

【实验步骤】

1. 胆固醇的提取　吸取血清 0.1ml 置干燥的离心管中，先加无水乙醇 0.4ml，摇匀后再加 2.0ml，摇匀，静置 10min 后离心 (3000rpm)，5min，留取上清液。

2. 比色测定　取 3 支试管，按表 4-9 操作。

表 4-9　比色测定

试剂 (ml)	管标		
	空白	标准	测定
上清液	—	—	1.0
胆固醇标准液 (0.08mg · ml^{-1})	—	1.0	—
无水乙醇	1.0	—	—
硫铁磷试剂 (沿管壁缓慢加入)	1.0	1.0	1.0

摇匀，10 分钟后比色 (λ=560nm)，测出 *A* 值。

3. 计算　100ml 血清中胆固醇含量 (mg)

$$A_{测}/A_{标} \times 0.08 \times 100/0.04 = A_{测}/A_{标} \times 200 \tag{4-4}$$

人血清胆固醇正常含量 1100mg%～220mg%。

【注意事项】

(1) 颜色反应与加硫磷铁试剂混合时的产热程度有关，因此，所用试管口径及厚度要一致，加硫磷铁试剂时必须与乙磷分成两层，然后混合，不能边加边摇，否则显色不完全，硫磷铁试剂要加一管混合一管，混合的手法、程度也要一致。

(2) 所用试管和比色杯必须干燥，浓硫酸的质量很重要，放置日久，往往由于吸收水分而使颜色反应降低。

(3) 空白管应接近无色，如为橙黄色，表示乙醇不纯，应做去醛处理。

【思考题】

1. 在胆固醇的提取过程中应注意的问题是什么？
2. 整个实验过程中，容器为何要保持干燥？

附一：快速微量法测定胆固醇

1. 实验操作　醋酐硫酸单-剂直接显色法。

(1) 取 3 支试管，按表 4-10 操作。

表 4-10　快速微量法测定胆固醇

试剂 (ml)	管标		
	空白	标准	测定
上清液	—	—	0.05
胆固醇标准液 (2mg · ml^{-1})	—	0.05	—
单一显色剂	3.0	3.0	3.0

混匀，置37℃水浴中10分钟。

(2)比色：λ=620nm，测定*A*值。(比色测定要求在5分钟内完成。)

(3)计算：100ml血清中总胆固醇含量(mg)

$$A_{测}/A_{标}\times0.05\times2\times1008/0.05=A_{测}/A_{标}\times200(mg\%)$$

人血清胆固醇正常含量101～227mg%。

2. 试剂

(1)单-显色剂：称取硫脲1.5g，溶于冰醋酸350ml与醋酐650ml的混合液中，然后慢慢加入浓硫酸100ml，边加边混合，不使发热高。冷却，置冰箱备用。

(2)胆固醇标准液($2mg\cdot ml^{-1}$)：精确称取纯化的胆固醇200mg，先用少量冰醋酸溶解后，再移入100ml容量瓶内，用冰醋酸准确稀释至100ml刻度。

附二：胆固醇氧化酶法测定血清(浆)总胆固醇

【实验目的】

(1)了解血清胆固醇总量测定的原理及临床意义。

(2)掌握测定方法。

【实验原理】　血清中胆固醇包括游离胆固醇(free cholesterol，FC)和胆固醇酯(cholesterot ester)游离脂肪酸(free fatty acid，CE)两部分。血清中CE可被胆固醇酯酶水解为FC和FFA。游离胆固醇在胆固醇氧化酶的作用下生成△4-胆甾烯酮和过氧化氢(H_2O_2)，H_2O_2在4-氨基安替比林(4-AAP)和酚存在时，经过氧化物酶 催化，反应生成最大吸收波长在470～550nm的苯醌亚胺非那腙的红色醌类化合物，其吸光度值与标本中TC含量成正比。

【实验器材】

1. 仪器材料

试管及试管架，0.1ml、0.5ml、1ml、2ml刻度吸管，离心管，离心机，721型分光光度计或自动生化分析仪。

2. 试剂药品

胆固醇氧化酶法测定血清总胆固醇试剂盒：

(1)胆固醇酯酶	≥800U·L^{-1}
(2)胆固醇氧化酶	≥500U·L^{-1}
(3)过氧化物酶	≥1000U·L^{-1}
(4)4-AAP	0.5mmol·L^{-1}
(5)苯酚	3.5mmol·L^{-1}
(6)胆酸钠	3mmol·L^{-1}
(7)聚乙二醇辛基苯基醚	3g·L^{-1}
(8)镁离子	10mmol·L^{-1}
(9)哌嗪-1，4-二乙基磺酸(PIPES)缓冲液(pH6.8)	75 mmol·L^{-1}

【实验步骤】

1. 自动分析法　按仪器和试剂盒说明书的要求进行测定。

2. 手工操作法　终点法检测TC，按下表依次加样，和酶试剂的比例是1:100，温育温度37℃，时间5min，光度分析波长500nm，如表操作(表4-11)。

表 4-11　胆固醇氧化酶法测定 TC 操作步骤

试剂（μl）	管标		
	空白	标准	测定
血清	—	—	20
标准液	—	20	—
蒸馏水	20	—	—
酶试剂	2000	2000	2000

摇匀，以空白管调零，读出各管吸光度。

3. 计算

$$血清\ TG(mmol \cdot L^{-1}) = \frac{测定管吸光度}{标准管吸光度} \times 标准液浓度 \tag{4-5}$$

【注意事项】

(1) 试剂中酶的质量会显著影响测定结果。

(2) 血浆标本需以肝素或EDTA-Na_2或EDTA-K_2抗凝。

【思考题】

(1) 血液标本采集和贮存方法。

(2) 本实验的影响因素有哪些？

（齐晓丹）

实验十　双缩脲法测定蛋白质

【实验目的】

(1) 掌握双缩脲法测定蛋白质的原理和方法。

(2) 了解蛋白质含量测定在医学科学中的应用。

【实验原理】　当尿素经加热至 180℃左右时，两分子尿素脱去一分子氨，进而缩合成一分子双缩脲。其在碱性条件下双缩脲与铜离子结合成红紫色络合物，此反应称为双缩脲反应。其反应过程如下：

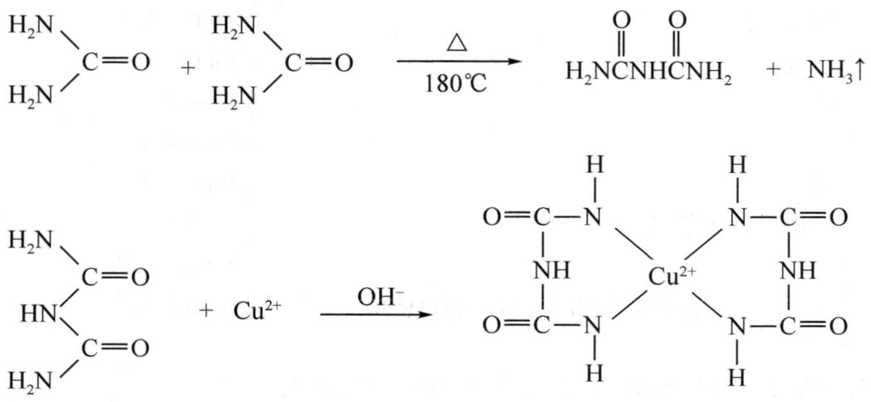

多肽及蛋白质分子结构中均含有许多肽键，其结构与双缩脲分子中的亚酰胺键相同。因此，

在碱性条件下与铜离子也能呈现出类似于双缩脲的呈色反应。其反应过程如下：

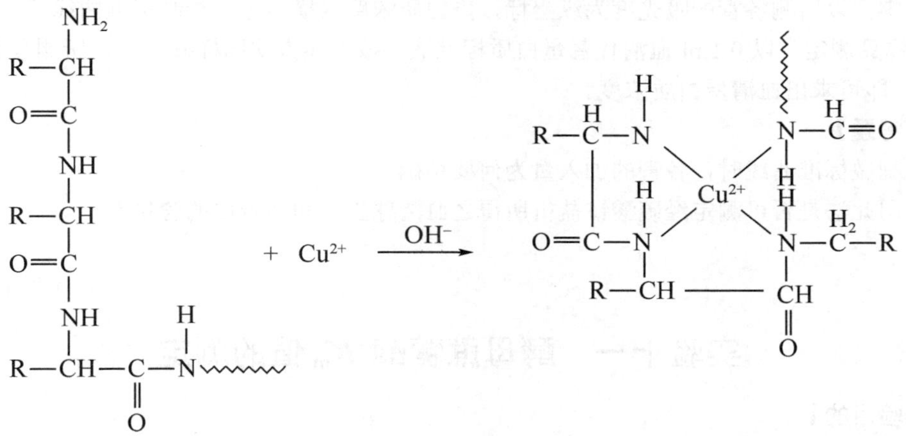

蛋白质与肽类物质与双缩尿试剂反应产生紫红色络合物，颜色的深浅与蛋白质浓度成正比。

由于参与该反应的是蛋白质的肽链结构，与组成蛋白质分子肽链氨基酸残基的侧链上功能基关系较小，因而用本法测定蛋白质的含量时，受蛋白质种类的影响较小，这是本法的优点之一。本法的缺点是灵敏度低，即蛋白质浓度在 0.5mg · ml^{-1} 以上时才能被测出。

本实验用双缩脲法测定血清总蛋白质浓度，正常值为(60～80) g · L^{-1}。

【实验器材】

1. 仪器材料

(1) 试管及试管架。

(2) 0.1ml、1ml、2ml、5ml 刻度吸管。

(3) 分光光度计和恒温水浴器。

2. 试剂药品

(1) 双缩脲试剂：称取 $CuSO_4 \cdot 5H_2O$ 2.5g，加蒸馏水少许，微热溶解后稀释至 100ml。

另取酒石酸钾钠($NaKC_4H_4O_6 \cdot H_2O$) 10g 和 KI 5g，溶于 500ml 蒸馏水中，再加入 20%氢氧化钠 300ml，混匀后，慢慢加入硫酸铜溶液中，加蒸馏水至 1000ml。此液可长期储存。

(2) 蛋白质标准液：精确称取牛血清清蛋白 1.0g，用 0.15 mol · L^{-1} 氯化钠溶液溶解并准确稀释至 100ml 刻度，使成 10g · L^{-1} 的标准溶液，此液临用前配制。

(3) 0.15 mol · L^{-1} 氯化钠溶液。

(4) 血清。

【实验步骤】

1. 标准曲线的制作

(1) 取 6 支试管，按表 4-12 操作。

表 4-12 标准曲线的制作

试剂(ml)	管号					
	1	2	3	4	5	6
蛋白质标准液	0.1	0.3	0.5	0.7	0.9	—
15mol · L^{-1} 氯化钠溶液	0.9	0.7	0.5	0.3	0.1	1.0
双缩脲试剂	4.0	4.0	4.0	4.0	4.0	4.0
蛋白质浓度(g· L^{-1})	1	3	5	7	9	0

(2) 混匀后置 37℃水浴中 20min，冷却至室温后用 540nm 波长进行比色测定，用第 6 号管（空白管）调零，以所测各管的吸光度为纵坐标，蛋白质浓度为横坐标，绘制标准曲线。

2. 样品测定 以 0.1ml 血清代替蛋白质标准液，按上述方法同样操作，以所测吸光度查标准曲线，即可求出血清蛋白质浓度。

【思考题】

(1) 制做标准曲线时，各管的加入量为何要精确？

(2) 用此法是否可测定经硫酸铵盐析所得之血清球蛋白和清蛋白的含量？

（齐晓丹）

实验十一 酵母蔗糖酶 K_m 值的测定

【实验目的】

(1) 掌握酶的测定原理和方法。

(2) 了解底物浓度对反应速度的影响及 K_m 值的意义。

【实验原理】 酶是由活细胞合成的对其特异底物起高效催化作用的蛋白质。酶分子中一些必需基团在一级结构上可能相距很远，但在空间结构上彼此靠近，组成具有特定空间结构的区域，能与底物特异的结合并将底物转化为产物，这一区域称为酶的活性中心。酶促反应具有极高的效率、高度的特异性和可调节性。其催化机制是酶与底物诱导契合形成酶-底物复合物，通过邻近效应、定向排列、多元催化及表面效应等使酶发挥高效催化作用。

在温度、pH 及酶浓度恒定的条件下，酶促反应的初速度随作用物浓度〔S〕增大而增大，但当作用物浓度增大到一定极限时，即使作用物浓度再增加，反应速度也不再增加，此时反应速度为最大速度 V_{max}。反应速度与作用浓度之间关系可用米-曼（Michaelis-Menten）推导的方程表示：

$$V = V_{max}[S]/(K_m + [S]) \tag{4-6}$$

式(4-6)中 K_m 为米氏常数，当 $V = 1/2V_{max}$ 时，$K_m = [S]$，其单位是 $mol \cdot L^{-1}$，是酶的特征性常数。测定 K_m 是研究酶的一种方法。

为了准确测得 K_m 值，Lineweaver-Burk 将式(4-6)两边取倒数，得下列方程：

$$1/V = K_m/(V_{max}[S]) + 1/V_{max} \tag{4-7}$$

式(4-7)称林-贝（Lineweaver-Burk）方程。以 $1/V$ 对 $1/(S)$ 作图，可得到一直线，其斜率是 K_m/V_{max}，纵轴上的截距为 $1/V_{max}$，横轴上的截距 $-1/K_m$。

本实验以酵母蔗糖酶为例，求其 K_m。蔗糖酶在 pH5.0 的缓冲溶液中，可使蔗糖水解而产生还原糖，后者在碱性溶液中可使 Cu^{2+} 还原成 Cu^{+}，Cu^{+} 又可使磷钼酸-磷钨酸试剂还原而成蓝色反应，经分光光度法测定，进而推断还原糖的生成量，以此代表反应的初速度，按林-贝方程作图，从横轴上的截距求出 K_m。在本实验条件下的 K_m 约为 2.8×10^{-2} $mol \cdot L^{-1}$。

【实验器材】

1. 仪器材料

试管及试管架，0.5ml、1ml、2ml、5 ml、10ml 刻度吸管，沸水浴及恒温水浴器，分光光度计和坐标纸。

2. 试剂药品

(1) 0.2 $mol \cdot L^{-1}$ pH5.0 乙酸缓冲液：参照附录。

(2) 0.1 mol · L^{-1} 蔗糖溶液：取蔗糖 3.423g，用上述缓冲溶液溶解并定容至 100ml。

(3) 甲苯饱和水：取甲苯 100ml，蒸馏水 50ml，用分液漏斗振荡，静止分层，下层为甲苯饱和水。

(4) 蔗糖酶液：称取鲜酵母 120g 放入 500ml 烧杯中，置 30℃水浴保温 10min 后，加入甲苯 100ml，用玻璃棒充分搅拌，30min 后加入 200ml 去离子水，充分混合，3000rpm 离心 10min，弃去上清，加入甲苯饱和水 100ml 和甲苯 10ml，混匀后置 30℃水浴过夜。次日取出后加入 150ml 去离子水并用低于 1 mol · L^{-1} 乙酸调节 pH3.5～4.0，用 3000rpm 离心 10min，将上清倒入烧杯中，用少量硅藻土过滤，滤液用氨水中和到 pH5.0，放冰箱中保存。实验前，需将 1∶300 稀释，并以操作中第 6、7 管作预实验，如吸光度大于 0.8 则需继续稀释酶液。

(5) 碱性铜试剂：取酒石酸 7.5g，用蒸馏水溶至 300ml（A），取无水碳酸钠 40g，用蒸馏水溶至 400ml（B），取结晶硫酸铜 4.5g，用蒸馏水溶至 200ml（C），将 A 加入 B 中，混匀后加入 C 中，稀释至 1000ml。

(6) 磷钼酸-磷钨酸试剂：取氢氧化钠 40g 溶于 100ml 蒸馏水中，再加钼酸 70g、钨酸钠 10g 和蒸馏水 400ml，煮沸 30min 后放冷，稀释至 750ml，再加 85%磷酸 250ml，混匀备用。

【实验步骤】

(1) 取 7 支试管，按表 4-13 操作。

表 4-13　蔗糖酶测定

试剂 (ml)	管号						
	1	2	3	4	5	6	7
0.1 mol · L^{-1} 蔗糖溶液	0.2	0.3	0.4	0.8	1.2	2.0	0
pH5.0 缓冲溶液	1.8	1.7	1.6	1.2	0.8	—	2.0
混匀后，30℃水浴 10mim，迅速准确加入已预温的蔗糖酶，每管间隔 1min							
蔗糖溶液	2.0	2.0	2.0	2.0	2.0	2.0	2.0
迅速混匀，置 30℃水浴 5min，迅速加入碱性铜试剂终止反应（每管仍间隔 1min）							
碱性铜试剂	1.0	1.0	1.0	1.0	1.0	1.0	1.0
将所得结果填入下表，并以 1/(s) 对 1/V 作图，求出 K_m 值							
管号	1	2	3	4	5	6	7
1/〔S〕							
1/V							

(2) 另取 7 支试管，同样标号，各管对应加入上述反应液 0.5ml，再各加入蒸馏水 1.5ml、碱性铜试剂 2.0ml，混匀后置沸水浴中 8min，取出冷却（勿摇）。

再各加入磷钼酸-磷钨酸试剂 2.0ml 后混匀，使气泡逸出，静置 5min，用 620nm 波长测定，以第 7 管为空白调零点，读记 A。

【实验结果】　计算和作图：测定管中蔗糖浓度（mol · L^{-1}）＝0.1×加入蔗糖的毫升数/4

反应速度 $V=A/5$

【思考题】

(1) 实验中可否用吸光度 A 来代表反应速度？为什么？

(2) 为什么应严格控制底物浓度、酶浓度、反应条件和时间？

（孙晓杰）

实验十二　饱食、饥饿和激素对小鼠肝糖原含量的影响

【实验目的】

（1）掌握饱食、饥饿和激素对小鼠肝糖原含量的影响。

（2）了解糖原测定的原理和方法。

【实验原理】　糖原是体内糖的储存形式，主要存在于肝和肌肉组织中，肝糖原的正常含量约占肝重的5%，许多因素可影响肝糖原的含量，如饱食、皮质醇可使其含量增加；而饥饿、肾上腺素可使其含量减少。

糖原在浓硫酸中水解生成的葡萄糖，在浓 H_2SO_4 作用下进一步脱水生成的5-羟甲基呋喃甲醛，与蒽酮作用生成蓝色化合物，与同样处理的标准葡萄糖进行比色测定，即可算出糖原含量。反应式如下：

糖原在浓碱溶液中非常稳定，因此，在显色之前先将肝组织放在浓碱中加热，以破坏其他成分而保留肝糖原。

【实验器材】

1. 仪器材料

试管及试管架，剪刀、镊子、天平、滤纸，0.5ml、2ml、5ml刻度吸管和容量瓶，1ml注射器，沸水浴和分光光度计。

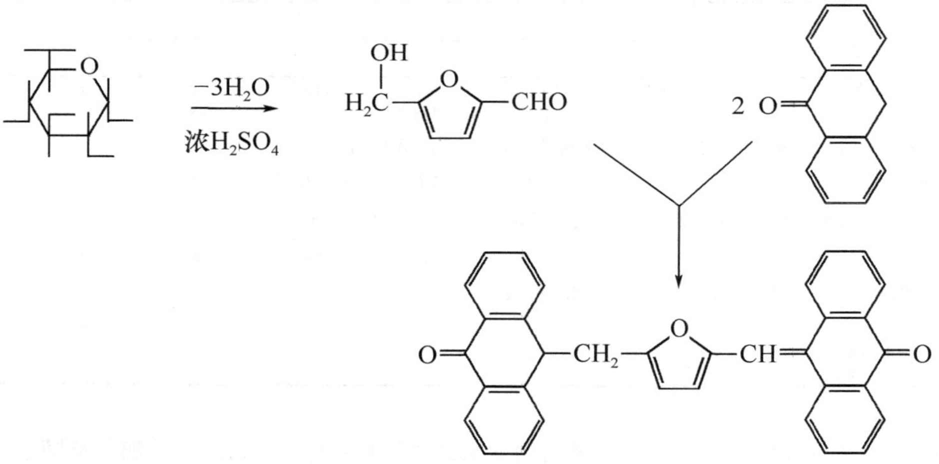

（蓝色）

2. 试剂药品

（1）30%氢氧化钾溶液（分析纯）。

（2）0.15 mol · L^{-1} NaCl 溶液。

（3）标准葡萄糖溶液：1ml约含0.05mg（分析纯）。

（4）蒽酮试剂：取6g市售蒽酮溶于300ml无水乙醇中，加热至完全溶解，加蒸馏水直到结晶不再析出为止，放冰箱中过夜，抽滤得淡黄色结晶，置棕色瓶内，放入干燥器中，备用。

取重结晶蒽酮0.05g，溶于66%硫酸100ml中，加热溶解，置棕色瓶中，放冰箱中可保存两星期。

（5）醋酸皮质醇溶液：用0.15 mol · L^{-1} NaC l溶液准确稀释至1.0mg · ml^{-1}。

(6) 肾上腺素注射液：用 0.15 mol · L^{-1} NaCl 溶液准确稀释至 20μg · ml^{-1}。

【实验步骤】

1. 动物准备 选取 4 只体重在 25g 以上的健康小白鼠，分为两组：一组给足量的食料；而另一组于实验前禁食 24 小时，只供给饮水。实验前 5 小时，给 1 只饥饿小鼠腹腔注射皮质醇 0.2mg · (10g 体重)$^{-1}$；实验前 30min，给 1 只饱食小白鼠腹腔注射肾上腺素 5μg · (10g 体重)$^{-1}$。

2. 提取糖原 将 4 只小白鼠断头处死，分别快速取出肝脏，用 0.15 mol · L^{-1} 氯化钠溶液冲洗净残存的血液，然后用滤纸吸干，准确称取 0.5g 肝组织，分别放入盛有 1.5ml 30%氢氧化钾溶液的试管中，编号后置沸水浴中煮沸 20min(肝组织必须至全部溶解为止，否则影响比色)，取出后冷却，按定量转移法将各管内容物分别移入 4 个 100ml 的容量瓶中并加蒸馏水至刻度，混匀后备用。

3. 糖原的测定 取 6 支试管，按表 4-14 操作。

表 4-14 糖原的测定

试剂 (ml)	管号					
	饱食	肾上腺	饥饿	皮质醇	标准	空白
糖原提取液	0.5	0.5	0.5	0.5	—	—
标准葡萄糖液	—	—	—	—	2.0	—
蒸馏水	1.5	1.5	1.5	1.5	—	2.0
0.05%蒽酮试剂	4.0	4.0	4.0	4.0	—	2.0

摇匀后置沸水浴中 10min，取出后冷却，用 620nm 波长进行测定，以空白管调零点，读记 *A*。

此法测定肝糖原含量范围为 1.5%～9%，若低于 1%时，蛋白质可干扰蒽酮反应，须改用间接法测定，即肝组织消化后，用 95%乙醇沉淀肝糖原，离心分离后，用蒸馏水 2ml 溶解肝糖原，再按表 4-14 操作。

【计算】 肝糖原 g/100g 肝组织 $= A_{测}/A_{标} \times 0.1 \times 100/0.5 \times 100/0.5 \times 1/1000 \times 1.11$

$$= A_{测}/A_{标} \times 4.44$$

式中 1.11 为本实验中将葡萄糖换算为糖原含量的换算常数。

【思考题】

(1) 取出肝脏后为什么要迅速用 KOH 消化？

(2) 分析实验结果，并解释计算公式。

(孙晓杰)

实验十三 转氨基作用与血清谷丙转氨酶活性的测定

【实验目的】

(1) 了解纸层析的基本原理和操作，并用之验证氨基酸的转氨基作用。

(2) 了解测定血清谷丙转氨酶的方法和临床意义。

【实验原理】 氨基酸通过转氨基、氧化脱氨基及联合脱氨基等方式脱去氨基生成 α-酮酸和游离的氨。转氨基作用是在转氨酶的催化下，可逆地把 α-氨基酸的氨基转移给 α-酮酸，结果是氨基酸脱去氨基生成相应的 α-酮酸，而原来的 α-酮酸则转变成另一种氨基酸。

体内存在着多种转氨酶，在各种转氨酶中，以 *L*-谷氨酸和 *α*-酮酸的转氨酶最为重要。例如谷丙转氨酶(GPT)和谷草转氨酶(GOT)，在体内广泛存在，但各组织中含量不同。正常时，转氨酶主要存在于细胞内，血清中的活性很低。肝组织中 GPT 的活性最高，心肌组织中 GOT 的活性最高。当某种原因使细胞膜通透性增高或细胞破坏时，转氨酶可大量释放入血，使血清中转氨酶活性明显升高。

谷丙转氨酶(GPT)主要存在于肝脏，可催化谷氨酸和丙酮酸反应生成 α-酮戊二酸和丙氨酸，反应是可逆的，反应生成的丙酮酸，可用纸层析法(原理详见层析法)检出，从而验证氨基酸的转氨基作用。反应如下：

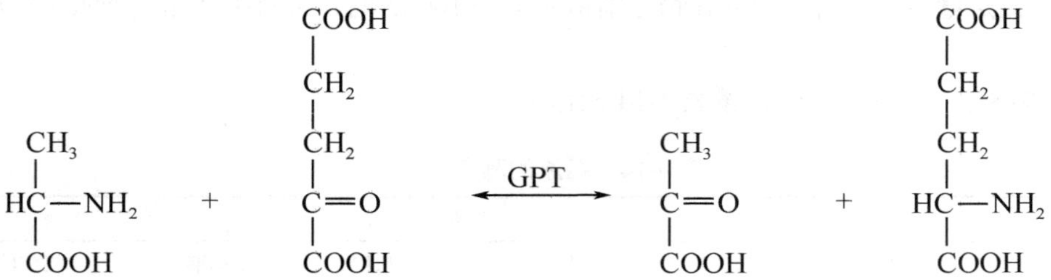

丙氨酸　　α-酮戊二酸　　丙酮酸　　谷氨酸

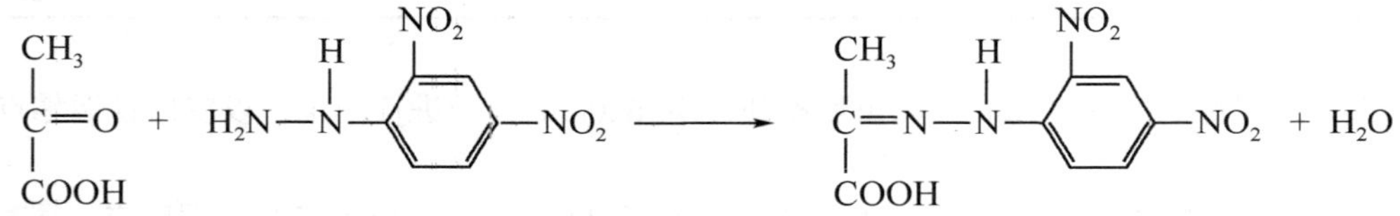

丙酮酸　　2,4-二硝基苯肼　　丙酮酸二硝基苯腙

若以 *α*-酮戊二酸和丙氨酸为基质液，反应生成的丙酮酸可与 2,4-二硝基苯肼作用生成丙酮酸二硝基苯腙。此化合物在碱性溶液中呈棕色，利用比色法测定一定时间内丙酮酸的生成量，与同样处理过的标准丙酮酸比较，即可推算出血清 GPT 的活性。

【实验器材】

1. 仪器材料 ①实验步骤“1.转氨基作用”所用：试管及试管架，手术器械及天平，表面皿和平皿，三棱针、点样器、圆形滤纸、铅笔、直尺，恒温水浴器及电吹风。

②实验步骤“2.血清 GTP 活性的测定”所用：试管及试管架，0.1ml、0.5ml、5ml 刻度吸管，恒温水浴器和分光光度计。

2. 试剂药品

(1) 0.1 mol · L^{-1} pH7.4 磷酸盐缓冲液。

(2) 1%丙氨酸、1%谷氨酸、1%丙酮酸溶液：均用上述缓冲液配制。

(3) 展开液：取 4 体积酚与 1 体积蒸馏水混匀，宜当天配制，此液有腐蚀性。

(4) 0.1%茚三酮显色液：称取 0.1g 茚三酮溶于 100ml 95%乙醇中。

以上为实验步骤“1.转氨基作用”所用；以下为实验步骤“2.血清 GTP 活性的测定”所用。

(5) 0.1 mol · L^{-1} pH7.4 磷酸盐缓冲液。

(6) 丙酮酸标准液(2.0μmo1 · ml^{-1})：取丙酮酸钠 11.0mg，用上项缓冲液溶解并准确稀释至 50rnl，临用前配制。

(7)基质液：α-酮戊二酸 29.2mg、*D-L*-丙氨酸 1.70g，用上项缓冲液溶解并稀释至 100ml 前，以 1 mol · L^{-1} NaOH 校正到 pH7.4，并加氯仿数滴防腐；储于冰箱中保存。

(8)2，4-二硝基苯肼溶液：取 2，4-二硝基苯肼 20mg，用 1mo1 · L^{-1}HCl 溶解并稀释至 100ml，棕色瓶中储存。

(9)0.4 mol · L^{-1} NaOH。

【实验步骤】

1. 转氨基作用

(1)制备肝匀浆：取新鲜的动物肝脏 1g，用冰冷的生理盐水洗去残留的血液，剪碎后置于匀浆器中，加 5m1 0.1 mol · L^{-1} pH7.4 的磷酸盐缓冲液，在冰浴中制成匀浆，取一部分置沸水浴中，5min 后冷却备用；另一部分置冰浴中备用。

(2)转氨基作用：取两支试管，分别加入 10 滴肝匀浆(待测)和煮沸肝匀浆(对照)，再各加 1%丙酮酸钠 10 滴，谷氨酸 10 滴，混匀后，同置 40℃水浴 30min 后取出，各加 5%三氯乙酸 2 滴，同置沸水浴 5min，取出冷却后以 2000rpm 离心 10min，上清液移入同样标记的小瓶中，备用。

(3)层析：取一张圆形定性滤纸，用铅笔过圆心作两条相互垂直的直线，在每条线上距圆心 1cm 处作点样标记，并在其边缘标明样品的名称，用三棱针在滤纸的圆心处开一小孔，用点样器分别在对应的点样标记处点上测定液、对照液、1%谷氨酸和 1%丙氨酸。每处点样 2～4 次，每次需吹干后再点下一次，样品斑点直径不宜超过 0.3cm。然后用同种滤纸条卷成小卷(如灯芯状)，从点样的背面插入滤纸的圆心小孔中，约高出滤纸面 0.5cm。

向平皿内的表面皿中加入适量的展开液，将滤纸平放在平皿上，并使灯芯没入展开液中，用另一同样大小的平皿反向盖于其上，展开液将沿灯芯向圆形滤纸的四周扩散，待其扩散至平皿边缘时，即可取出，并用铅笔划出展开液前缘后，将其吹干，然后用 0.1%茚三酮显色液将其喷湿，再用电吹风吹至有色斑出现为止。

(4)按下式计算各色斑的 R_f

$$R_f = \text{色斑中心至点样原点的距离/展开液前缘至点样原点的距离} \quad (4\text{-}8)$$

根据各色斑的 R_f值，解释实验结果。

2. 血清 GTP 活性的测定

(1)提取血清：取空腹静脉血 2ml，离心得血清，保存在冰箱中待用。并应注意防止溶血。

(2)比色测定：取 4 支试管，按表 4-15 操作。

表 4-15　GTP 活性测定

试剂 (ml)	管标			
	标准空白	标准	测定空白	测定
血清	—	—	—	—
丙酮酸标准液(2.0μmol · ml^{-1})	—	0.1	—	—
磷酸盐缓冲液	0.1	—	—	—
37℃水浴 5～10min				
基质液(加入前 37℃水浴 5～10min)	0.5	0.5	0.5	0.5
立即混均，37℃保温 60min				
2,4-二硝基苯肼	0.5	0.5	0.5	0.5
血清	—	—	1.0	—
混匀，37℃保温 20min				
4 mol · L^{-1}　NaOH	0.5	0.5	0.5	0.5

混匀后静置 10min。比色（λ=520nm），测出 *A* 值。

【计算】

$$100\text{ml 血清中 GPT 的含量(U，单位)}=(A_{测}/A_{标})\times 0.2\times 100/0.1\,(\text{U/dl}) \quad (4\text{-}9)$$

用 King 单位表示：100U 以下为“正常”；（100～150）U 为“可疑”；150U 以上为“异常”。

【思考题】

（1）血清中 GPT 的测定有何临床意义？

（2）测定中应注意什么？为何要避免溶血？

（孙晓杰）

实验十四　赖氏法测定血清丙氨酸氨基转移酶

【实验目的】

（1）掌握丙氨酸氨基转移酶测定的原理和方法。

（2）了解丙氨酸氨基转移酶活性测定的临床意义。

【实验原理】

$$L\text{-丙氨酸}+\alpha\text{-酮戊二酸}\xrightarrow{ALT}\alpha\text{-丙酮酸}+L\text{-谷氨酸}$$

$$\alpha\text{-丙酮酸}+2,4\text{-二硝基苯肼}\xrightarrow{\text{碱性条件下}}2,4\text{-二硝基苯腙（红棕色，}\lambda=505\text{nm）}$$

利用比色分析原理将样品显色与丙酮酸标准品配制成的系列标准液比较，求出样品中 ALT 活性。

【实验器材】

1. 仪器材料　试管及试管架，0.1ml、1ml、2ml、5ml 刻度吸管，分光光度计和恒温水浴器。

2. 试剂药品：

（1）0.1mol · L^{-1} 磷酸二氢钾溶液：KH_2PO_4 13.61g，溶于蒸馏水，加水至 1000ml，4℃保存。

（2）0.1mol · L^{-1} 磷酸氢二钠溶液：$Na_2HPO_4$14.22g，溶于蒸馏水，加水至 1000ml，4℃保存。

（3）0.1mol · L^{-1} 磷酸盐缓冲液（pH7.4）：取 420ml 0.1mol · L^{-1} 磷酸氢二钠溶液和 80ml 0.1mol · L^{-1} 磷酸二氢钾溶液，混匀，即为 pH7.4 的磷酸盐缓冲液。加氯仿数滴，4℃保存。

（4）基质缓冲液：精确称取 *D-L*-丙氨酸 1.79g，*α*-酮戊二酸 29.2mg，先溶于 0.1mol · L^{-1} 磷酸盐缓冲液约 50ml 中，用 1mol · L^{-1} NaOH 调 pH 至 7.4，再加磷酸盐缓冲液至 100ml，4～6℃保存，该溶液可稳定 2 周。每升底物缓冲液中可加入麝香草酚 0.9g 或加氯仿防腐，4℃保存。配成 200mmol · L^{-1} 丙氨酸与 2.0mmol · L^{-1} α -酮戊二酸基质缓冲液。

（5）1.0mmol · L^{-1} 2,4-硝基苯肼溶液：称取 2,4-二硝基苯肼（AR）19.8mg，溶于 1.0mol · L^{-1} 盐酸 100ml，置棕色玻璃瓶中，室温中保存，若有结晶析出，应重新配制。

（6）0.4mol · L^{-1} NaOH 溶液：称取 NaOH 1.6g 溶解于蒸馏水中，并加蒸馏水至 100ml，置具塞塑料试剂瓶内，室温中可长期稳定。

（7）2.0mmnol · L^{-1} 丙酮酸标准液：准确称取丙酮酸钠（AR）22.0mg，置于 100ml 容量瓶中，加 0.05mol · L^{-1} 硫酸至刻度。丙酮酸不稳定，开封后易变质（聚合），相互聚合为多聚丙酮酸，需干燥后使用。

（8）待测标本：病人血清或质控血清。

【实验步骤】

1. ALT 标准曲线绘制

(1)按表 4-16 向各管加入相应试剂。

表 4-16　ALT 各标准管的配制方法

加入物(ml)	1	2	3	4	5
0.1mol · L^{-1} 磷酸盐缓冲液	0.1	0.1	0.1	0.1	0.1
2.0mmol · L^{-1} 丙酮酸标准液	0	0.05	0.10	0.15	0.20
基质缓冲液	0.50	0.45	0.40	0.35	0.30
2,4-二硝基苯肼溶液	0.5	0.5	0.5	0.5	0.5
混匀，37℃水浴 20min					
0.4mol · L^{-1}NaOH 溶液	5.0	5.0	5.0	5.0	5.0
相当于酶活性浓度(卡门单位)	0	28	57	97	150

(2)混匀，放置 5min，在波长 505nm 处，以蒸馏水调零，读取各管吸光度，各管吸光度均减“0”号管吸光度为该标准管的吸光度值。

(3) 以吸光度值为纵坐标，对应的酶卡门活性单位为横坐标，各标准管代表的活性单位与吸光度值作图，即成标准曲线。

2. 标本的测定

(1)在测定前底物溶液和待测血清，37℃水浴预温 5min 后使用；操作按表 4-17。

表 4-17　赖氏法测定 ALT 操作步骤

加入物(ml)	对照管	测定管
血清	0.1	0.1
基质缓冲液	—	0.5
混匀后，置 37℃保温 30min		
2,4 二硝基苯肼溶液	0.5	0.5
基质缓冲液	0.5	—
混匀后，置 37℃保温 20min		
0.4mol · L^{-1} NaOH 溶液	5.0	5.0

(2)室温放置 5min，在波长 505nm 处以蒸馏水调零，读取各管吸光度。

3. 计算　测定管吸光度减去样本对照管吸光度的差值为标本的吸光度。该值在标准曲线上查得 ALT 的卡门单位。

【注意事项】

(1)丙酮酸标准液的配制：丙酮酸不稳定，见空气易发生聚合反应，生成多聚丙酮酸，而失去其化学性质。在配制标准曲线时，不会出现显色反应。此时应将变性的丙酮酸放在干燥箱(40～55℃)2～3 小时，或干燥器中过夜后再使用。

(2)基质液中的 α-酮戊二酸和显色剂 2,4-二硝基苯肼均为呈色物质，称量必须很准确，每批试剂的空白管吸光度上下波动不应超过 0.015A，如超出此范围，应检查试剂及仪器等方面问题。

(3) 血清中 ALT 在室温（25℃）可以保存 2d，在 4℃冰箱可保存 1 周，在–25℃可保存 1 个月。一般血清标本中内源性酮酸含量很少，血清对照管吸光度接近于试剂空白管（以蒸馏水代替血清，其他和对照管同样操作）。所以，成批标本测定时。一般不需要每份标本都作自身血清对照管，以试剂空白管代替即可，但对超过正常值的血清标本应进行复查。严重脂血、黄疸及溶血血清可增加测定的吸光度；糖尿病酮症酸中毒病人血中因含有大量酮体，能和 2,4-二硝基苯肼作用呈色，也会引起测定管吸光度增加。因此，检测此类标本时，应作血清标本对照管。

(4) 赖氏法考虑到底物浓度不足，酶作用产生的丙酮酸的量不能与酶活性成正比，故没有制定自身的单位定义，而是以实验数据套用速率法的卡门单位。赖氏法标准曲线所定的单位是用比色法的实验结果和卡门分光光度法实验结果作对比后求得的，以卡门单位报告结果。卡门法是早期的酶偶联速率测定法，卡门单位是分光光度单位。定义为血清 1ml，反应液总体积 3ml，反应温度 25℃，波长 340nm，比色杯光径 1.0cm，每 min 吸光度下降 0.001A 为一个卡门单位（相当于 0.48U）。赖氏原法的测定温度为 40℃，标准曲线只到 97 个卡门单位，后来改用 37℃测定将标准曲线延长至 150 卡门单位。赖氏比色法测定由于受底物 α-酮戊二酸浓度和 2,4-二硝基苯肼浓度的不足以及反应产物丙酮酸的反馈抑制等因素影响，标准曲线不能延长至 200 卡门单位。当血清标本酶活力超过 150 卡门单位时，应将血清用 0.145mol · L^{-1} 氯化钠溶液稀释后重测，其结果乘以稀释倍数。

(5) 加入 2,4-二硝基苯肼溶液后，应充分混匀，使反应完全。加入 NaOH 溶液的方法和速度要一致，如液体混合不完全或 NaOH 溶液的加入速度不同均会导致吸光度读数的差异。呈色的深浅与 NaOH 的浓度也有关系，NaOH 浓度越大呈色越深。NaOH 溶液＜0.25mol · L^{-1}时，吸光度下降变陡，因此 NaOH 浓度要准确。

(6) 赖氏法是比色法中比较合理的方法。可以理解为它最大限度地减小了比色法所固有的缺点，使测定结果能较好地反映酶的真实活性。但从总体上说，由于设计原理的不足，使赖氏法不能成为 ALT 的理想测定方法并终将被连续监测法或其他先进方法所取代。

【思考题】

(1) ALT 检测的临床意义？

(2) 该方法的线性范围是多少？

（齐晓丹）

实验十五　碘-淀粉比色法测定血清淀粉酶

【实验目的】

(1) 掌握碘-淀粉比色法测定血清淀粉酶测定的原理和方法。

(2) 了解碘-淀粉比色法测定血清淀粉酶测定在医学科学中的应用。

【实验原理】 血清（血浆）中 α-淀粉酶催化淀粉分子中 α-1，4 糖苷键水解，产生葡萄糖、麦芽糖及含有 α-1，6 糖苷键支链的糊精。在底物过量的条件下，反应后加入碘液与未被水解的淀粉结合成蓝色复合物，其蓝色的深浅与未经酶促反应的空白管比较、从而推算出淀粉酶的活性。

【实验器材】

1. 仪器材料 试管及试管架，0.1ml、1 ml、2ml、5ml 刻度吸管，分光光度计和恒温水浴器。

2. 试剂药品

(1) 0.4g · L^{-1} 缓冲淀粉溶液：于蒸馏水约 500ml 中，溶解氯化钠 9g，无水磷酸氢二钠 22.6g(或 Na_2HPO_4，$12H_2O$ 56.94g) 和磷酸二氢钾 12.5g，加热至沸，另取一小烧杯，精确称取可溶性淀粉 0.4g，加入蒸馏水约 10ml，使溶液呈糊状后，加入上述沸腾之溶液中，水洗烧杯一并倒入，冷至室温后，加入 37%甲醛溶液 5ml，用蒸馏水稀释至 1000ml，该溶液 pH 为 7.0±0.1，置冰箱保存。

(2) 0.1mol · L^{-1} 碘贮存液：于蒸馏水约 400ml 中，溶解碘酸钾 1.7835g 及碘化钾 22.5g，缓慢加入浓盐酸 4.5ml，边加边搅拌，用蒸馏水定容至 500ml，充分混匀，贮存于棕色瓶中，塞紧，置冰箱保存。

(3) 0.01mol · L^{-1} 碘应用液：取碘贮存液 1 份加蒸馏水 9 份，混匀，贮存于棕色瓶中，冰箱保存可稳定 1 个月。

【实验步骤】

(1) 血清先用生理盐水作 10 倍稀释，按表 4-18 操作。

表 4-18 淀粉酶测定操作步骤

加入物 (ml)	空白管	测定管
缓冲淀粉溶液 (37℃预温 5min)	1.0	1.0
稀释血清	—	0.2
	混匀，置于 37℃水浴保温 7.5min	
碘应用液	1.0	1.0
蒸馏水	6.2	6.0

混匀，以波长 660nm，蒸馏水调零，读取各管吸光度。

单位定义 100ml 血清中的淀粉酶，在 37℃15min 水解淀粉 5mg 为 1 个单位。

(2) 计算

$$淀粉酶(U)=\frac{空白管吸光度-测定管吸光度}{空白管吸光度}\times\frac{0.4}{5}\times\frac{15}{7.5}\times\frac{100}{0.02}$$

$$=\frac{空白管吸光度-测定管吸光度}{空白管吸光度}\times 800$$

【注意事项】

(1) 酶活性在 400U 以下时，与底物的水解量成线性。如测定管吸光度小于空白管吸光度一半时，应加大血清稀释倍数或减少稀释血清加入量，测定结果乘上稀释倍数。

(2) 草酸盐、枸橼酸盐、EDTA-Na_2 及氟化钠对 AMY 活性有抑制作用，肝素无抑制作用。

(3) 唾液含高浓度淀粉酶，须防止带入。

(4) 淀粉产品不同，其空白吸光度可有明显差异，一般空白吸光度应在 0.40 以上。

(5) 缓冲淀粉溶液若出现混浊或絮状物，表示缓冲淀粉溶液受污染或变质，不能再用，应重新配制。

(6) 本法亦适用于其他体液淀粉酶的测定。尿液先作 20 倍稀释后测定。

【思考题】

(1) 血清淀粉酶检测的临床意义？

(2)生化指标中还有哪些检测可以用于胰腺炎的诊断？

（齐晓丹）

实验十六　血清乳酸脱氢酶同工酶的电泳分离

【实验目的】 掌握电泳分离血清 LDH 的方法及原理和临床意义。

【实验原理】 同工酶是指催化相同化学反应，但酶蛋白的分子结构、理化性质乃至免疫学性质不同的一组酶。乳酸脱氢酶(LDH)是最先发现的同工酶。LDH 是四聚体酶。该酶的亚基有两型：骨骼肌型(M 型)和心肌型(H 型)。

乳酸脱氢酶(LDH)可催化乳酸与丙酮酸互相转变，LDH 共有五种同工酶，在碱性溶液中带负电荷，经醋酸纤维素薄膜电泳，可分为 5 条区带，由正极到负极依次为 LDH_1、LDH_2、LDH_3、LDH_4、LDH_5。

乳酸脱氢酶催化乳酸脱氯转变为丙酮酸时，其辅酶 NAD^+接受氢而还原为 $NADH+H^+$后者经中间递氢体吩嗪硫酸甲酯(PMS)的传递，可使受氢体 NBT(硝基四氮唑蓝)还原而呈蓝色，反应如下：

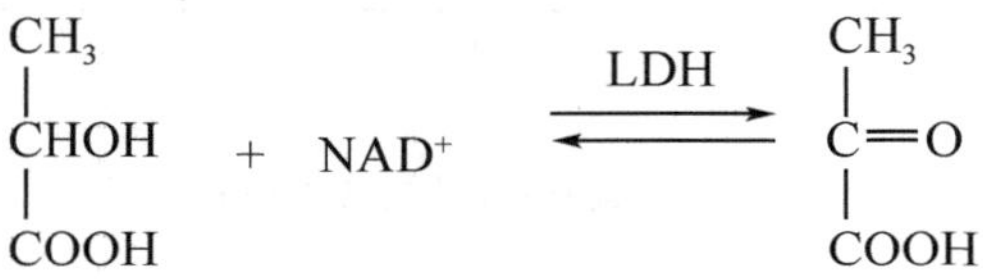

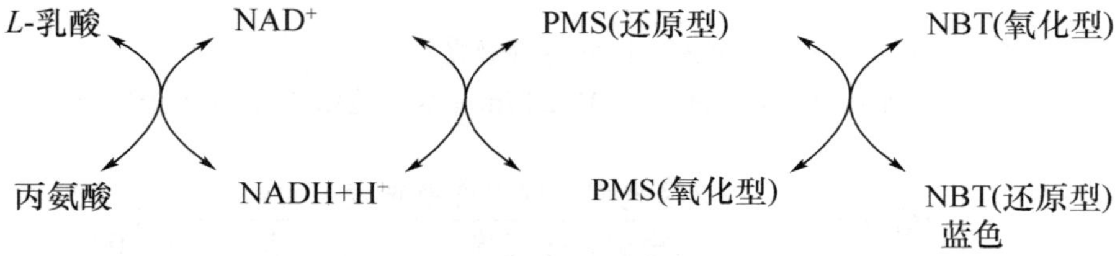

当电泳完毕，取出薄膜盖在用显色液处理过的另一薄膜上(勿使其间留有气泡)，一同保温，即可呈现出清晰的色带。

【实验器材】

1. 仪器材料 电泳仪(全套)，醋酸纤维煮薄膜和滤纸，载玻片和盖玻片，单面刀片、镊子，培养皿，恒温水浴器。

2. 试剂药品

(1)巴比妥-巴比妥钠缓冲溶液(pH8.6，$0.07mol \cdot L^{-1}$)：称取 1.66g 巴比妥和 12.76g 巴比妥钠，溶于少量蒸馏水后定容至 1000ml。

(2)待测血清(无溶血)。

(3)$0.1\ mol \cdot L^{-1}$ pH7.5 的磷酸缓冲液。

(4)乳酸钠溶液：取 5.625g 乳酸钠，溶于上述缓冲液中，定容 100ml。

(5)显色液：取吩嗪硫酸甲酯(PMS)16mg、硝基四氮唑蓝(NBT)177.7mg、辅酶I(NAD^+)120mg，分别用少量上述缓冲液溶解后，混合在一起，再加入乳酸钠溶液 12ml，用上述缓冲液定容至 100ml。

【实验步骤】

1. 电泳　选择厚薄一致的薄膜，将其切成 2.5cm×8cm 的条片，在无光泽面上距一端约 1.5cm 处用铅笔画一横线，作点样标记，然后用镊子轻压使其全部没入缓冲液内，待其充分浸透后取出，用滤纸吸去多余的水分，用盖玻片或 X 线软片蘸取少许血清样后，将边缘轻压在薄膜无光泽面的横线处，待血清渗入薄膜后，将膜的无光泽面向下，点样区在负极端，在预先平衡好的(即用平衡装置使两个电极槽内缓冲液的液面彼此处于水平的状态约 20min)电极槽支架上的滤纸桥上静置 10min。此滤纸桥是用缓冲液浸湿的四层滤纸，一端与支架的前沿对齐，另一端没入电极槽的缓冲溶液中，平铺在支架上构成。

电泳：10min 后，薄膜中的液体获得平衡，再仔细检查点样区确实在电泳仪的负极端，打开电源开关，调节电压至 140V 左右，此时电流为(0.4～0.6) $mA \cdot cm^{-1}$ 膜宽，通电 45～60min，停止电泳。

2. 显色　在电泳结束前 15min 配制显色液，另取一条薄膜，放入此显色液中浸泡，电泳结束前取出，用滤纸吸去多余的水分，毛面向上平贴于平皿底。电泳结束后，取出薄膜，使毛面相向盖于其上(勿使其间留有气泡，也不要再移动)，再盖上载玻片，置 37℃水浴中保温 30min 后，揭去上面的薄膜，将下面的薄膜放入 2%醋酸溶液中洗涤三次，用滤纸吸干，即可显色。

【思考题】

(1) 何为同工酶？

(2) 测定血清 LDH 同工酶有何临床意义？

(张春晶)

实验十七　血清蛋白质的凝胶等电聚焦电泳

【实验目的】　了解等电聚焦电泳原理和优点。

【实验原理】　蛋白质是两性电解质，当溶液的 pH＝pI 时，该蛋白质所带净电荷为零，在电场中的迁移率为零。因而，若在一个 pH 梯度环境中，具有不同等电点的蛋白质混合样品进行电泳时，各种蛋白质分子将按照它们各自的等电点，在 pH 梯度某一位置进行聚集，经过一定时间以后，不同的蛋白质组分便分隔在不同的区域之中，此种电泳称为等电聚焦电泳。

等电聚焦电泳利用一种两性电解质的载体产生 pH 梯度，常用的两性电解质是多羧基多氨基的脂肪族化合物，分子量为 300～1000(商品名为 Ampholine)，是由丙烯酸和多乙烯多胺加合而成的多种异构体和同系物的混合物，具有很多既不相同又互相接近的 pH，其结构式如下：

$$R_1—\overset{+}{N}H_2—(CH_2)_2—\overset{+}{\underset{\underset{R_2}{|}}{N}}H—CH_2—CH_2—COO^-$$

Ampholine

结构式中 R_1 和 R_2 为 H 或带有氨基的烷基。将载体两性电解质引入电泳管，并在电泳仪的正极槽中注入酸，负极注入碱。电泳开始前，电泳管中各段的 pH 相同，为两性电解质混合物的平均 pH(pH_0)，而正极酸液的 pH 很低(pH_a)，负极碱液中的 pH 很高(pH_b)，如图 4-2 所示。

电泳开始时，pI 最低的两性电解质带负电荷，向正极移动，其中 pI 最低者(pI_1)移至酸界面，pH 突然下降，即不能再向前移动；与此类似，$pI_2 > pI_1$，PI_2两性电解质定位于 pI 之后；

依此类推，经过一定时间后，载体两性电解质混合物中各成分按其等电点递增的次序，在电泳管中从正极到负极排成一个 pH 梯度。由于此种两性电解质具有一定的缓冲能力，能使其周围一定区域内介质的 pH 稳定地保持于其等电点范围内。而且此种两性电解质成分多，pI 又十分接近；因此形成的几乎是线性的连续 pH 梯度。与载体两性电解质类似，样品中蛋白质分子在正极端，由于所处的环境 pH 较低(偏酸)往往带正电荷，在电场作用下，可以向负极移动，直到电泳管中 pH 达到该蛋白质的 pI 时，蛋由质分子处于等电状态而停止泳动。电泳时间延长，区带越走越窄，在负极端与此类似。由于所建立的 pH 梯度近于连续，蛋白质分子的等电点相差 0.1～0.02pH 单位也能分开，故有很高的分辨率。

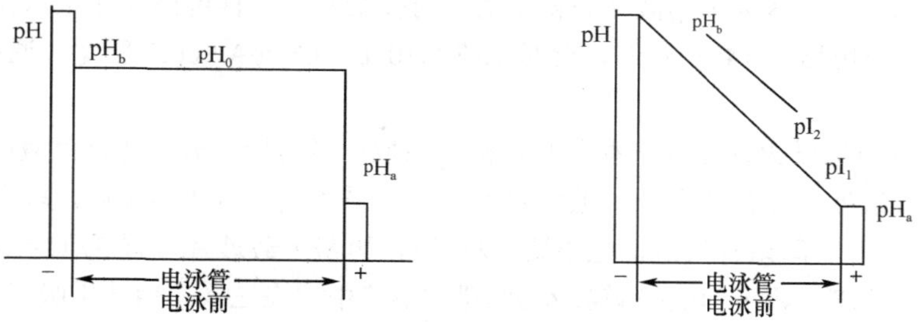

图 4-2 电泳管中 pH 梯度的建立

样品物质在溶液中聚焦后，由于分子的扩散、对流，往往破坏样品的聚焦作用，故采用聚丙烯酰胺凝胶以防止对流，从而使蛋白质样品在凝胶柱上可以分离出更多致密的区带。

本实验即在聚丙烯酰胺凝胶上对血清蛋白质进行等电聚焦电泳。其染色和脱色方法与一般凝胶电泳相同；但由于载体两性电解质 Ampholine 会干扰考马斯亮蓝对蛋白质的显色，必须在染色前洗去。

【实验器材】

1. 仪器材料 电泳仪及盘状电泳槽，12cm×4cm 玻璃管及橡皮垫，5 注射器、长针头 50ml 注射器，50μl 微量注射器，染色缸，分光光度计。

2. 试剂药品

(1)单体交联剂：取聚丙烯酰胺结晶 28.4g 及甲叉双丙烯酰胺 1.6g，加蒸馏水至 100ml。

(2)20%Ampholine pH(3～10)。

(3)混合催化剂：取维生素 B_2 2.5ml 及 TEMED 0.2ml 加蒸馏水至 20ml。

(4)覆盖液：取 20%Ampholine pH(3～10)0.5ml 及尿素 3g，加蒸馏水至 10ml。

(5)0.02 $mol \cdot L^{-1}$ NaOH。

(6)0.01 $mol \cdot L^{-1}$ 磷酸。

(7)固定液：12.5%三氯乙酸。

(8)其他试剂同盘状电泳。

【实验步骤】

1. 样品凝胶液的配制 按下列试剂在小烧杯中配制，总体积 100ml。

单体交联剂	2.5ml(最终浓度 7.5%)
20%Ampholine pH(3～10)	0.1ml
尿素	5.7g
混合催化剂	0.3ml

血清(样品)　　　　　　　　　　0.2ml

2. 电泳柱的制备

(1)取 12cm×0.4cm 的玻璃管垂直插入橡皮垫中，用滴管将刚配制好的样品凝胶沿管壁注入玻璃管 10cm 高度，注意排除气泡。

(2)用注射器经针头沿管壁缓缓加一层覆盖液(约 1cm 厚)，经光照催化聚合，约 30min 聚合完毕，吸去覆盖液，再加新覆盖液约 1cm 厚。

3. 电泳

(1)将制备好的电泳柱分别插入上电泳槽槽底的橡胶塞孔中，按管做好标记。

(2)电泳仪下槽中加入 0.0lmol · L^{-1} 磷酸，随后将带有电泳柱的上槽盖上。用弯头滴管排除电泳柱底的气泡。

(3)先用细滴管轻轻地在各电泳柱中加满 0.02mol · L^{-1} 的 NaOH 溶液，然后再向上槽中加足 0.02mol · L^{-1} NaOH。

(4)将上电泳槽的电极接至电泳仪的负极，下电泳槽的电极接至电泳仪的正极。接通电源。通电开始时，调节电流为(3～5)mA/管，随着聚焦过程的完成，电流逐渐下降，约在半小时内接近于零。再继续用 250V 通电 2～3 小时，结束电泳。

(5)用水冲洗电泳管两端后，取下电泳管。用带有 10cm 长针头的注射器，沿管壁插入管内，边插边注入蒸馏水，使凝胶柱与管壁分开，再用洗耳球压出凝胶柱。

4. 固定与染色

(1)将凝胶柱置试管或培养皿中，用固定液固定过夜。

(2)用考马斯亮蓝染色液在 60℃染色 15min。

(3)换以脱色液，在 60℃中脱色 30～60min，至背景基本无色。

(4)脱色完成后，保存于 7%醋酸中，仔细观察血清蛋白质的色带条数。

(5)用光密度计在 550nm 波长下对凝胶柱进行扫描，观察曲线的形状和波峰。

【思考题】

(1)在等电聚焦电泳中，两性电解质载体有何作用？

(2)为什么等电聚焦电泳时，电流逐渐下降而接近于零？

(3)如果配好凝胶而装柱后，再滴入血清样品进行等电聚焦电泳，结果是否相同？说明其理由。

(张春晶)

实验十八　血清蛋白质醋酸纤维素薄膜电泳定量测定

【实验目的】

(1)掌握电泳的基本过程。

(2)了解电泳后的定量分析方法。

【实验原理】　在溶液中，带电粒子在外加电场的作用下，向相反电极方向移动的现象，称为电泳。醋酸纤维素薄膜电泳是利用醋酸纤维素薄膜做固体支持物的电泳技术。

采用醋酸纤维素薄膜为支持物的电泳法称为醋酸纤维素薄膜电泳。该电泳比滤纸电泳时的电渗小、分离速度快、区带清晰、样品用量少、操作简便，因此已取代滤纸电泳而被广泛使用。

血清蛋白质的等电点一般低于 pH7.0，在 pH8.6 的条件下电泳时，由于其等电点、分子量和分子形状的不同，向正极移动的速度亦异，从而分离成数条区带。经染色后由正极向负极依次为清蛋白、α_1-球蛋白、α_2-球蛋白、β-球蛋白、γ-球蛋白五条带。将色带染料分别溶于碱溶液中即可进行定量测定，或直接用扫描光密度仪进行定量测定。

【实验仪器】

1. 仪器材料 电泳仪(全套)，醋酸纤维素薄膜和滤纸，载玻片和盖玻片，单面刀片、镊子，2ml、5ml 刻度吸管、培养皿，吹风机，恒温水浴器，722 型分光光度计。

2. 试剂药品

(1) 巴比妥-巴比妥钠缓冲溶液(pH8.6，0.07 mol · L^{-1})：称取 1.66g 巴比妥和 12.76g 巴比妥钠，溶于少量蒸馏水后定容至 1000ml。

(2) 染色液：称 0.5g 氨基黑 10g，加入蒸馏水 40ml、甲醇 50 ml 和乙酸 10ml，混匀后储于试剂瓶中。

(3) 漂洗液：取 95%乙醇 45ml、冰乙酸 5ml 和蒸馏水 50ml，混匀后量试剂瓶中储存。

(4) 透明液：甲液：取冰乙酸 15ml 和无水乙醇 85ml，混匀后储于试剂瓶中。乙液：取冰乙酸 25ml 和无水乙醇 75ml 混匀后储于试剂瓶中。

(5) 液状石蜡。

(6) 0.4 mol · L^{-1} 氢氧化钠溶液。

(7) 待测血清(无溶血)。

【实验步骤】

1. 点样 选择厚薄一致的薄膜，将其切成 2.5cm×8cm 的条片，在无光泽面上距一端约 1.5cm 处用铅笔划一横线，作点样标记，然后用镊子轻压使其全部没入缓冲液内，待其充分浸透后取出，用滤纸吸去多余的水分，用盖玻片或 X 线软片蘸取少许血清样后，将边缘轻压在潜膜无光泽面的横线处，待血清渗入薄膜后，将膜的无光泽面向下，点样区在负极端，在预先平衡好的(即用平衡装置使两个电极槽内缓冲液的液面彼此处于水平的状态约 20min)电极槽支架上的滤纸桥上静置 10min。此滤纸桥是用缓冲液浸湿的四层滤纸，一端与支架的前沿对齐，另一端没入电极槽的缓冲溶液中，平铺在支架上构成。

2. 电泳 10min 后，薄膜中的液体获得平衡，再仔细检查点样区确实在电泳仪的负极端，打开电源开关，调节电压至 140V 左右，此时电流为(0.4～0.6)mA/cm 膜宽，通电 45～60min，停止电泳。

3. 染色 取出薄膜后，将其放入染色液中约 3～5min，取出后在漂洗液中漂洗 3～4 次，至背景颜色刚刚脱去为止，用滤纸吸干薄膜或用电吹风吹干薄膜。

4. 透明 将吹干的薄膜放入透明液的甲液中，浸泡 2min 后立即取出，再放入透明液的乙液中，准确浸泡 1min，然后迅速取出，将其紧贴在光洁的玻璃板上(其间不得留有气泡)，放置 10～15min 后，用电吹风吹干，在流水下将透明的薄膜润湿，再用单面刀片从膜的一角撬起，并划开一端，然后用手捏往翘起的一角将透明的薄膜轻轻撕下，用滤纸吸干，放入液体石蜡中约 3min，取出后再用干净的滤纸吸干、压平，即成为色泽鲜艳而又透明的血清蛋白醋酸纤维素薄膜电泳图谱，可长期保存不褪色。

5. 定量 将未经透明处理的电泳图谱的各蛋白带剪下，另在空白部位剪下一小膜条，分别放入盛有 2ml 0.4 mol · L^{-1} 氢氧化钠的试管中(清蛋白管为 4ml)，摇匀，放在 37℃恒温水浴中浸提 30min，每隔 10min 摇动一次。该浸洗液的颜色在室温下 24 小时内无显著变化。以空白条捣浸洗液为空白对照，用 620nm 波长进行比色测定，读记各吸光度。按下列方法计算：

吸光度总和 $T=A+\alpha_1+\alpha_2+\beta+\gamma$ (4-10)

清蛋白%＝2×A/T×100

α_1-球蛋白%=α_1/T×100

α_2-球蛋白%＝α_2/T×100

β-球蛋白%＝β/T×100

γ-球蛋白%＝γ/T×100

正常值：清蛋白 54.0%～73.0%；α_1-球蛋白 2.8%～5.1%；α_2-球蛋白蛋 6.3%～10.6%；β-球蛋白 5.2%～11.0%；γ-球蛋白 12.5%～20.0%。

亦可将干燥的电泳图谱放入自动扫描光密度仪中进行测定。

【思考题】

(1) 为什么电泳时采用 pH8.6 的缓冲液？

(2) 醋酸纤维素薄膜作为电泳支持物的优点是什么？

（张春晶）

实验十九 聚丙烯酰胺凝胶盘状电泳分离血清蛋白质

【实验目的】

(1) 了解聚丙烯酰胺凝胶盘状电泳分离血清蛋白质的三种效应。

(2) 掌握聚丙烯酰胺凝胶盘状电泳的操作。

【实验原理】 聚丙烯酰胺凝胶盘状电泳(简称 PAGE)是以聚丙烯酰胺凝胶为支持物的电泳方法，根据凝胶装置形式可分为盘状电泳和板状电泳。盘状电泳是在直立的玻璃管内进行，通常利用不连续的缓冲液、pH 和凝胶孔径，使样品在不连续的两相间积聚浓缩成很薄的起始区带，然后再进行电泳分离，故称为不连续电泳。

聚丙烯酰胺凝胶是由丙烯酰胺(Acr)单体和交联剂甲叉双丙烯酰胺(Bis)在催化剂过硫酸铵的作用下，聚合成含酰胺基侧链的脂肪族长链，相邻的两条链之间通过甲叉桥交联成三维网状结构的凝胶。其聚合物的化学结构式如下所示。

聚合反应需要催化剂，常用的催化剂有过硫酸铵及核黄素。本实验中首先由过硫酸铵在水溶液中形成自由基 SO_4^-。后者可使丙烯酰胺单体的双键打开而活化成自由基丙烯酰胺，从而引发聚合反应。此聚合反应需在碱性条件下进行，并应在聚合前将溶液抽气以除去氧，避免氧对聚合反应的妨碍。作为加速剂的四甲基乙二胺(TEMED)也能以自由基的形式存在，而促进丙烯酰胺的聚合。聚合反应如下：

聚丙烯酰胺凝胶富含酰基，因而具有稳定的亲水性，又不带电荷，故在电场中几乎没有电渗作用，是一种比较理想的电泳支持物。

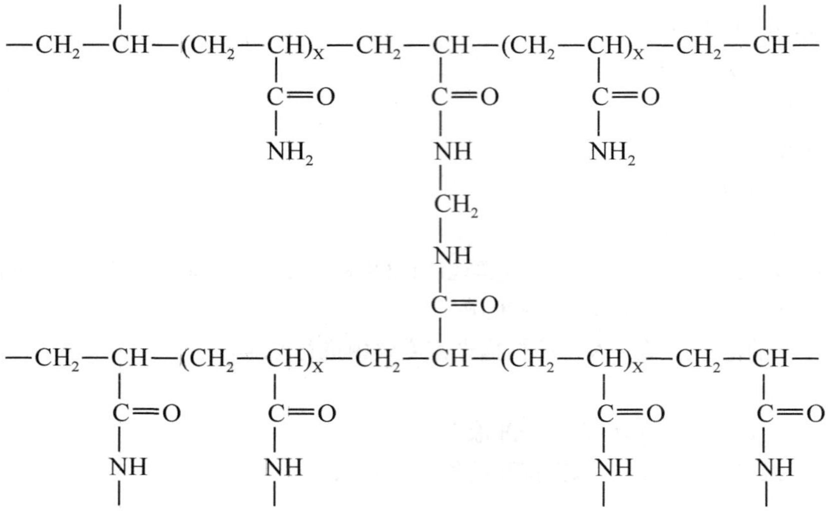

盘状聚丙烯酰胺凝胶电泳过程中存在三种物理效应，即：

1. 浓缩效应 在凝胶孔径较大的样品胶和浓缩胶中，其缓冲液为 pH6.7，在此条件下，样品胶中 Tris-HC1 缓冲液中的 HCl 几乎全部解离为 Cl^-，而电极槽 Tris-甘氨酸缓冲液中的甘氨酸分子仅有极少部分解离为 $H_2NCH_2COO^-$，等电点一般为 pH5.0 左右的血清蛋白质的解离度，则在 HCl 和甘氨酸之间。当电泳开始时，这三种离子同时向正极移动，其有效迁移率是 $Cl^- > Pr^- > H_2NCH_2COO^-$，故 Cl^-称为快离子，而 $H_2NCH_2COO^-$称为慢离子，此时，Cl^-很快超过蛋白质，在快离子的后边形成一离子浓度低的低电导区。因电导与电压梯度成反比，故低电导区具有较高的电压梯度，这种高电压梯度使蛋白质离子和慢离子在快离子后面加速移动，移动的结果，就使迁移率恰好介于快、慢离子之间的蛋白质离子被浓缩成一狭小的中间层，聚集在 Cl^- 和 $H_2NCFCH_2COO^-$之间，厚度由 1cm 可变为 0.25um。

$$S_2O_8^{2-} \longrightarrow 2SO_4^{-}\cdot$$

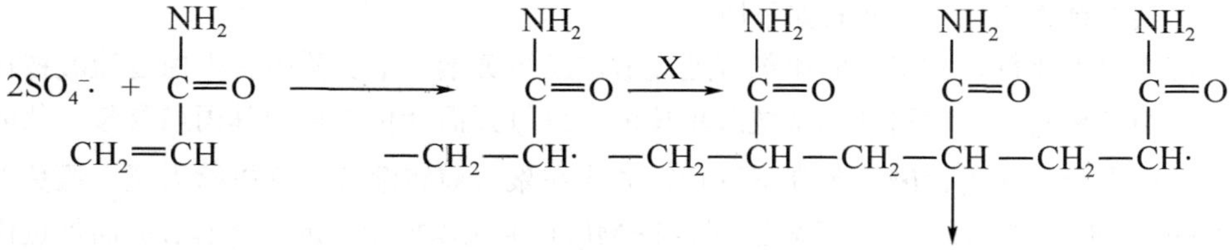

丙烯酰胺　　自由基丙烯酰胺　　聚丙烯酰胺凝胶　甲叉双丙烯酰胺

2. 电荷效应 蛋白质混合物在浓缩胶和分离胶的界面形成一狭小的高浓度蛋白质区，但由于每种蛋白质的有效电荷不同，迁移率也不同，通过此种电荷效应，各种蛋白质以一定的顺序在凝胶柱中排列成一个一个的圆盘状区带。

3. 分子筛效应 当夹在快慢离子之间的界面蛋白质离子进入分离胶时，pH 增大，凝胶孔径变小，而此条件下慢离子的解离度增大，有效迁移率也增加，超过了所有蛋白质的有效迁移率，从而赶上并超过了所有的蛋白质离子，以至高电压梯度不复存在。此时，蛋白质样品在均一的电压梯度条件下通过一定孔径的分离胶，所受摩擦力不同，因而其迁移率也不同，即使其所带净电荷相似，也会由于这种分子筛效应而被分离开。

血清蛋白质经此电泳一般可分出12～26条区带，可用考马斯亮蓝染色以显示蛋白质电泳区带。

【实验器材】

1. 仪器材料 电泳仪及盘状电泳槽，10cm×0.6cm玻璃管及橡皮垫，5ml注射器、长针头50ml注射器，40ul微量注射器，染色缸，分光光度计。

2. 试剂药品

(1)分离胶缓冲液：取三羟甲基氨基甲烷(Tris)36.3g 加入1 mol·L^{-1} HCl 48ml，再加蒸馏水到100ml，pH为8.9。

(2)单体交联剂：取丙烯酰胺30.0g及甲叉双丙烯酰胺0.8g，加蒸馏水到100ml。

(3)催化剂：取过硫酸铵lg加水至10ml，制成10%过硫酸铵，需临用前配制。

(4)加速剂：四甲基乙二胺(TEMED)。

(5)浓缩胶缓冲液：取三羟甲基氨基甲烷(Tris)6g 加 1mo1·L^{-1} HCl 48ml，再加蒸馏水到400ml，pH为6.8。

(6)电极缓冲液：取甘氨酸28.8g及三羟甲基氨基甲烷(Tris)6g，分别溶解后，加蒸馏水到100ml，pH为8.3。

(7)染色液：取考马斯亮蓝R-250，0.46g；溶于甲醇110ml中，加入冰醋酸28ml再加Triton X-100 22ml，溶解后，再加蒸馏水400ml，混匀。

(8)脱色液：于甲醇100ml中，加入冰醋酸28ml及Triton X-100 8m1，再加蒸馏水到100ml。Triton X-100可用聚乙二醇辛基苯基醚，即乳化剂OP代替。

(9)保存液7%冰醋酸。

(10)样品稀释液：浓缩胶缓冲液25ml加入蔗糖10g及0.05%溴酚蓝5ml，最后加水至100ml。

【注意事项】

(1)丙烯酰胺和甲基双丙烯酰胺是神经性毒剂，对皮肤有刺激作用，应避免直接接触。

(2)电泳完毕后，上下槽电泳缓冲液不能相混，因离子强度和pH都已发生改变。

(3)过硫酸铵溶液最好新鲜配制，最长不得超过一周。

(4)凝胶聚合的时间与温度有关，如室温＜10℃，聚合时间将延长。

【实验步骤】

1. 凝胶柱的制备

(1)10m×0.6cm的玻璃管，从一端量取7cm及7.5cm处，分别用铅笔划线。另一端管口则垂直插入橡皮垫中。

(2)按下表配制分离胶溶液，随即用滴管将其沿管壁注入玻璃管7cm处，如有气泡，必须设法排出。

(3)随即用5ml注射器经针头沿凝胶管壁缓缓加入蒸馏水约0.5crn，注意防止胶液表面的震动与扩散。

(4)静止约30min，在凝胶表面与水之间出现清晰的界面，表示聚合已完成，用滤纸条轻轻吸去凝胶表面水分，注意不能损伤已聚合的凝胶表面。

(5)按表4-19配制浓缩胶，立即将其加至玻璃管中分离胶上，至7.5cm划线平面，再沿管壁缓缓加入蒸馏水约0.5cm高，放置约30min左右，凝胶与水之间出现界面，说明聚合完毕，用滤纸条轻轻吸去水分待用。

表 4-19 凝胶溶液的配制

试剂	分离胶(ml)	浓缩胶(ml)
分离胶缓冲液	1.25	—
单体交联剂	2.5	0.5
浓缩胶缓冲液	—	0.62
蒸馏水	6.1	3.8
催化剂	0.1	0.05
TEMED2.5	1 滴	半滴
总体积(ml)	10	5.0
丙烯酰胺浓度(g%)	7.5	3.0

2. 样品配制 正常人血清 0.3ml，加入样品稀释液 1.7ml，内含溴酚蓝 0.005%为示踪染料。

3. 电泳

(1)将上述制备好的凝胶管分别插入上电泳槽槽底下的凝胶塞孔中，按管做好标记。

(2)加入 10 倍稀释的电极槽缓冲液于下电泳槽中，随后放入凝胶管及上槽，用弯头滴管排出凝胶管底的气泡。

(3)用微量注射器吸取样品液 50μl，沿管壁加在浓缩胶表面上，再用 10 倍稀释的电极槽缓冲液轻轻加在样品液上，装满上电泳槽，绝对不能冲散样品液。

(4)将上电泳槽的电极接至电泳仪的负极，下电泳槽的电极接至电泳仪的正极。接通电源，调节电流为 1rnA/管，10～20min 后再调节电流为(4～5)mA/管。待示踪染料迁移到管下口时，切断电源(电泳时间约 2.5 小时)。

(5)取下凝胶管，用带有 10cm 长针头的注射器，内盛蒸馏水(作为润滑剂)，沿管壁插入管内，边插入边注水，直至胶柱与管壁分开，然后用洗耳球轻轻在胶管的一端加压，使凝胶柱从管中慢慢滑出(防止滑出过快而冲断凝胶柱)。

4. 染色与脱色

(1)将凝胶柱置于小试管中或培养皿中，加入考马斯亮蓝染色液，60℃染色 15min。

(2)倒出染色液，换以脱色液，60℃中脱色 30～60min。

(3)脱色完成后，在 7%醋酸中保存，仔细观察血清蛋白质的色带条数。必要时用光密度计在 550nm 波长下扫描，观察曲线形状及波峰。

【思考题】

(1)为什么聚丙烯酰胺凝胶盘状电泳可以分离出较多的蛋白质区带？

(2)为什么要排出下电泳槽中凝胶管底部的气泡？

(张春晶)

实验二十 血清甘油三酯的测定

(异丙醇抽提，乙酰丙酮显色法)

【实验目的】

(1)了解异丙醇抽提、乙酰丙酮显色法测定血清甘油三酯的原理。

(2)掌握测定血清甘油三酯的方法。

【实验原理】 用异丙醇抽提血清中的甘油三酯，再以氧化铝吸附磷脂，经皂化后释放出的甘油用过碘酸钠氧化生成甲醛，甲醛与乙酰丙酮在有铵离子存在下生成黄色的 3,5-二乙酰-1,

4-双氢二甲基吡啶。再与同样处理的标准管比色计算出含量。

【实验器材】

1. 仪器材料 试管及试管架，0.1ml、0.5ml、1ml、2ml刻度吸管，离心管，离心机，721型分光光度计或自动生化分析仪。

2. 试剂药品

(1) 抽提液：正庚烷(AR)和异丙醇(AR)以4∶7(V/V)比例混合均匀。

(2) 40 $mmol \cdot L^{-1}$ H_2SO_4溶液：浓硫酸 2.24 ml (根据比重和百分含量而定)加蒸馏水稀释至1000 ml。

(3) 皂化剂：称取氢氧化钾6.0 g溶于蒸馏水60 ml中，再加异丙醇40 ml，混匀后置棕色瓶中室温保存。

(4) 氧化剂：称取过碘酸钠65 mg，溶于蒸馏水约50 ml中，再加入无水醋酸铵7.7 g，溶解后加冰醋酸6 ml，最后加蒸馏水至100 ml，置棕色瓶中室温保存。

(5) 显色剂：取乙酰丙酮0.4 ml加到异丙醇100 ml中，混匀后置棕色瓶室温保存。

(6) 三油酸甘油酯标准液2.26 $mmol \cdot L^{-1}$ (200 $mg \cdot dl^{-1}$) 准确称取三油酸甘油酯(平均分子量：885.4) 200 mg，溶于抽提剂，以100 ml容量瓶定容，分装后置4℃冰箱保存。

【实验步骤】

1. 按表4-20依次加入各物质。

表4-20 乙酰丙酮显色法测定甘油三酯的操作步骤

加入物	空白管	标准管	测定管
血清(ml)	—	—	0.2
标准液(ml)	—	0.2	—
蒸馏水(ml)	0.2	—	—
抽提剂(ml)	2.5	2.5	2.5
40mmol · L^{-1} H_2SO_4(ml)	0.5	0.5	0.5
边加边摇，使之充分混匀，静置分层后，分别准确吸取上清液于另外3支试管中			
上清液(ml)	0.3	0.3	0.3
皂化剂(ml)	1.0	1.0	1.0
加入皂化剂后，充分混匀各管，56℃水浴保温5min，然后再分别加入下列试剂			
氧化剂(ml)	1.0	1.0	1.0
显色剂(ml)	1.0	1.0	1.0

加试剂后充分混匀各管，56℃水浴保温25min，取出冷却，用分光光度计比色，于415 nm波长处，以空白管调零，测出各管的吸光度。

2. 计算

$$血清TG(mmol \cdot L^{-1}) = \frac{测定管吸光度}{标准管吸光度} \times 标准液浓度 \tag{4-11}$$

【注意事项】

(1) 血清 TG 易受饮食的影响，在进食脂肪后可以观察到血清中甘油三酯明显上升，2～4小时内即可出现血清混浊，8小时以后接近空腹水平。因此，要求空腹12小时后再进行采血，并要求 72 小时内不饮酒，否则会使检测结果偏高。

(2) 显色后吸光度随时间延长会有一定量的增高，故加样后要立即比色，当标本过多时，可置冰箱中逐管进行比色。

(3) 本方法所用试剂较稳定，室温下可保存半年，分装使用可避免因试剂污染而引起的空白值升高。

(4) 皂化、氧化及显色的时间和温度对吸光度均会有影响，所以每测定一批都应该同时做标准对照。

(5) TG 在 $12.93mmol \cdot L^{-1}$ 以下时，线性关系良好，当血清明显混浊时，可用生理盐水作倍比稀释后再测。

(6) 以血浆作标本时，还应注意抗凝剂的影响，通常使用 $EDTAK_2$ ($1\ mg \cdot ml^{-1}$) 作抗凝剂。

(7) 无论是使用血浆还是使用血清作为检测标本，取血后都应及时分离，以免红细胞膜磷脂在磷脂酶的作用下产生游离甘油 (free glycerol，FG)，或者抗凝剂存在时红细胞内水溢出而稀释血浆降低 TG 值。分离血浆前，标本最好放于冰水中，并尽快分离血浆，避免 TG 自发水解出现误差。

【思考题】

(1) 上清液包含哪些物质？

(2) 溶血标本对该结果有影响么？

（齐晓丹）

实验二十一　GPO-PAP 法测定血清（浆）甘油三酯

【实验目的】

(1) 了解血清胆固醇总量测定的原理及临床意义。

(2) 掌握测定方法。

【实验原理】　血清（浆）中甘油三酯经脂蛋白脂酶 (lipoprotein lipase，LPL) 作用，水解为甘油和游离脂肪酸 (free fatty acid，FFA)；甘油在三磷酸腺苷 (ATP) 和甘油激酶 (glycerokinase，GK) 的作用下。生成 3-磷酸甘油；经磷酸甘油氧化酶 (glycerophosphate oxidase，GPO) 作用氧化生成磷酸二羟丙酮和过氧化氢 (H_2O_2)；(H_2O_2) 与 4-氨基安替比林 (4-AAP) 及 4-氯酚在过氧化物酶 (peroxidase，POD)（以上三者合称 PAP）作用下，生成红色醌类化合物，其显色程度与 TG 的含量成正比。

【实验器材】

1. 仪器材料　试管及试管架，0.1ml、0.5ml、1ml、2ml 刻度吸管，离心管，离心机，721 型分光光度计或自动生化分析仪。

2. 试剂药品　GPO-PAP 法测定血清甘油三酯试剂盒：

(1) 脂蛋白脂酶	$\geqslant 5000U \cdot L^{-1}$
(2) 甘油激酶	$\geqslant 250U \cdot L^{-1}$
(3) 磷酸甘油氧化酶	$\geqslant 3000U \cdot L^{-1}$
(4) 过氧化物酶	$\geqslant 100U \cdot L^{-1}$
(5) ATP	$\geqslant 2.0mmol \cdot L^{-1}$
(6) 镁离子	$40mmol \cdot L^{-1}$

(7) 4-AAP　　$\geq$1.0mmol · L^{-1}

(8) 胆酸钠　　3.5mmol · L^{-1}

(9) 高铁氰化钾　　1μmol · L^{-1}

(10) 脂肪醇聚乙二醇醚　　0.65%

(11) 哌嗪-1,4-二乙基磺酸(PIPES)缓冲液(pH6)　　75mmol · L^{-1}

【实验步骤】

1. 自动分析法　按仪器和试剂盒说明书的要求进行测定。

2. 手工操作法　取3支试管按表4-21操作，血清和酶试剂的比例是1∶100，温育温度37℃，时间5分钟，光度分析波长500nm，按表4-21操作。

表 4-21　GPO-PAP 法测定 TG 操作步骤

试剂(μl)	管标		
	空白	标准	测定
血清	—	—	20
标准液	—	20	—
蒸馏水	20	—	—
酶试剂	2000	2000	2000

摇匀，以空白管调零，读出各管吸光度。

3. 计算

$$血清\ TG(mmol \cdot L^{-1}) = \frac{测定管吸光度}{标准管吸光度} \times 标准液浓度 \qquad (4\text{-}12)$$

【注意事项】

(1) 本方法没有抽提甘油三酯，而反应的中间产物中有甘油，所以血清中游离的甘油对TG测定结果有一定的影响。

(2) 标本4℃存放不宜超过3天，避免TG水解释放出甘油。

(3) 方法中所用酶试剂在4℃避光保存，至少可稳定3～7天，出现红色时不可再用，试剂空白的吸光度应$\leq$0.05。

【思考题】

(1) 简述磷酸甘油氧化酶法测定血清甘油三酯的基本原理。

(2) 如何去除本实验中游离甘油对检测结果的干扰？

（齐晓丹）

实验二十二　蛋白质含量的测定(凯氏定氮法)

【实验目的】

(1) 掌握凯氏定氮法的原理、操作过程及计算方法；

(2) 了解其实用意义。

【实验原理】　凯(Kyeldahl)氏定氮法是蛋白质含量测定的常用方法，它利用一般蛋白质含氮量较恒定，平均占16%左右，并且在一般生物组织中的氮主要存在于蛋白质中，因此测定生物组织中的含氮量可以计算出蛋白质的含量。

凯氏定氮法的定氮原理是将生物样品放在凯氏烧瓶中与硫酸共热进行消化，并加入硫酸钾以升高沸点，以硫酸铜作催化剂。样品中的C、H等元素全部氧化为CO_2及水汽挥发掉，有机氮转变为氨并与硫酸结合生成硫酸铵，然后以标准硫酸铵溶液为对照，用茚三酮法测定其含氮量，最后计算出蛋白质的含量。

以甘氨酸为例，化学反应过程如下：

$$CH_2NH_2COOH+3H_2SO_4 \longrightarrow 2CO_2+3SO_2+4H_2O+NH_3\uparrow$$

$$NH_3+H_2SO_4 \longrightarrow (NH_4)_2SO_4$$

【实验器材】

1. 仪器材料 试管及试管架，0.1ml、0.5ml、1ml、2ml刻度吸管，电炉，100ml凯氏烧瓶、25ml容量瓶、玻璃珠（3mm），721型分光光度计或自动生化分析仪。

2. 试剂药品

(1) 硫酸钾与硫酸铜混合物（K_2SO_4∶$C_uSO_4 \cdot 5H_2O$＝3∶1）研细混匀。

(2) 浓硫酸。

(3) 50%乙醇溶液。

(4) 醋酸盐缓冲液（pH5.5）：4mol·L^{-1}醋酸钠溶液与4mol·L^{-1}醋酸溶液按443∶57.5（V∶V）的比例混合。

(5) 茚三酮试剂：将2g茚三酮溶解于50ml乙二醇甲醚、25ml醋酸盐缓冲液（pH5.5）及25ml蒸馏水，再加0.08g的$SnCl_2 \cdot 2H_2O$（检查pH必须达到5.5）。

(6) 硫酸銨标准液（1mg氮·ml^{-1}）：取适量硫酸铵（AR）置于110℃烘箱内半小时，使其干燥，继置干燥器内冷却。准确称取此干燥的硫酸铵0.4716g，溶于少量蒸馏水中，将溶液全部转移入100ml容量瓶内，加浓硫酸1滴，并用蒸馏水稀释至刻度。

【实验步骤】

1. 蛋白质样品液的制备 取3个干净的凯氏烧瓶，标号为："样品A"（用于测定样品的总氮量N_1）；"样品B"（用于测定样品的非蛋白氮N_2）和"样品C"（作为空白对照）。

"样品A"为在0.2ml血清中加入0.8ml蒸馏水；

"样品B"为用0.2ml血清制备的血滤液，其方法是：在一个干净的离心管中加入0.3ml血清和0.7ml蒸馏水，摇匀，再加入5%三氯醋酸0.5ml，摇匀，静置10min后离心（3000rpm，5min）取上清液1m供测定用。

"样品C"为1 ml蒸馏水。

2. 蛋白质样品液的消化 在盛有样品的三个凯氏烧瓶里各加入固体硫酸钾与硫酸铜（3∶1）0.3g，浓硫酸5ml，玻璃珠二只，混匀。将凯氏烧瓶固定在铁架上置电炉或酒精灯加热（火力不可太旺）。消化架应放在通风橱中或用酸雾收集器收集酸雾。开始有水汽发出，后来冒出浓白烟（SO_2）时，调节热源使SO_2不致溢出过多。溶液逐渐变成棕色直至黑色，继续加热至瓶中消化液变成澄清的蓝绿色时，消化即完成。待冷却至接近室温时，小心沿管壁加水约10ml稀释消化液，将其倾入25ml容量瓶中，以少量蒸馏水冲洗消化瓶数次，全部倾入容量瓶内，然后用蒸馏水稀释至刻度，反复颠倒混匀。

3. 茚三酮反应　取干净大试管 4 只，按表 4-22 操作。

表 4-22　茚三酮反应操作步骤

管号	1	2	3	4
消化液(ml，下同)	C 0.5	–	A 0.5	B 0.5
$(NH_4)_2SO_4$标准液	–	0.3	–	–
pH5.5 醋酸盐缓冲液	1.5	1.7	1.5	1.5
茚三酮试剂	2	2	2	2
混匀，在沸水浴加热 30min，冷却后，各管加入 50%乙醇 6ml，选用 570nm 的单色光，用“1 号管”调零，测定 2～4 号管的吸光度，并记录在本表下一行				
吸光度(A)				

4. 计算

(1) 样品含氮量的计算：

N_1(mg · ml^{-1} 样品) = ($A_{3号管}$/$A_{2号管}$) × 0.3 × (1/0.2) × (0.5/25)

N_2(mg · ml^{-1} 样品) = ($A_{4号管}$/$A_{2号管}$) × 0.3 × (1/0.2) × (0.5/25)

(2) 样品蛋白质含量的计算：

蛋白质含量(g · dl^{-1}) = (N_1 − N_2) × 6.25 × 100/1000

【注意事项】

(1) 样品应是均匀的。固体样品应预先研细混匀，液体样品应振摇或搅拌均匀。

(2) 样品放入定氮瓶内时，不要沾附颈上。万一沾附可用少量水冲下，以免被检样消化不完全，结果偏低。

(3) 消化时如不容易呈透明溶液，可将定氮瓶放冷后，慢慢加入30%过氧化氢(H_2O_2) 2～3ml，促使氧化。

(4) 在整个消化过程中，不要用强火。保持和缓的沸腾，使火力集中在凯氏瓶底部，以免附在壁上的蛋白质在无硫酸存在的情况下，使氮有损失。

(5) 如硫酸缺少，过多的硫酸钾会引起氨的损失，这样会形成硫酸氢钾，而不与氨作用。因此，当硫酸过多的被消耗或样品中脂肪含量过高时，要增加硫酸的量。

(6) 加入硫酸钾的作用为增加溶液的沸点，硫酸铜为催化剂，硫酸铜在蒸馏时作碱性反应的指示剂。

(7) 混合指示剂在碱性溶液中呈绿色，在中性溶液中呈灰色，在酸性溶液中呈红色。如果没有溴甲酚绿，可单独使用0.1%甲基红乙醇溶液。

(8) 氨是否完全蒸馏出来，可用pH试纸试馏出液是否为碱性。

(9) 吸收液也可以用0.01当量*的酸代表硼酸，过剩的酸液用0.01N碱液滴定，计算时，*A*为试剂空白消耗碱液数，B为样品消耗碱液数，N为碱液浓度，其余均相同。

(10) 以硼酸为氨的吸收液，可省去标定碱液的操作，且硼酸的体积要求并不严格，亦可免去用移液管，操作比较简便。

(11) 向蒸馏瓶中加入浓碱时，往往出现褐色沉淀物，这是由于分解促进碱与加入的硫酸铜反应，生成氢氧化铜，经加热后又分解生成氧化铜的沉淀。有时铜离子与氨作用，生成深蓝色的结合物$[Cu(NH_3)_4]^{2+}$。

*为适应实验设备和教学条件，本书仍沿用当量概念，不做规范化处理

(12)这种测算方法本质是测出氮的含量，再作蛋白质含量的估算。只有在被测物的组成是蛋白质时才能用此方法来估算蛋白质含量。

【思考题】

(1)凯氏定氮法通常用于哪些蛋白质的测定？

(2)凯氏定氮法是否适用于所有含氮化合物的测定？

（齐晓丹）

实验二十三　溴甲酚紫法测定血清白蛋白

【实验目的】

(1)掌握白蛋白测定的原理和方法。

(2)了解白蛋白含量测定在医学科学中的应用。

【实验原理】　在 pH5.2 的缓冲液中，有 Brij-35 存在时，溴甲酚紫(bromocresol-puple，BCP)可与白蛋白结合形成绿色复合物，在 603nm 波长处的吸光度与白蛋白浓度成正比，与同样处理的白蛋白标准比较，便可计算血清中的白蛋白浓度。

【实验器材】

1. 仪器材料　试管及试管架，0.1ml、1ml、2ml、5ml 刻度吸管，分光光度计和恒温水浴器。

2. 试剂药品

(1)250g · L^{-1} Brij-35 溶液：见 BCG 法。

(2)50mmol · L^{-1} BCP 贮存液：称取 BCP 675mg 溶于无水乙醇 15ml 中，当溶液变为橙色透明时，用无水乙醇稀释至 25ml。置 4℃冰箱保存至少可稳定 3 个月。

(3)BCP 试剂：称取无水醋酸钠 6.03g(或三结晶水的醋酸钠 10g)溶于蒸馏水 950ml 中，加 Brij-35 液 1ml，BCP 贮存液 1ml，用 2.5mol · L^{-1} 醋酸溶液(AR 级的醋酸 150ml 用蒸馏水稀释到 1L)调 pH 至 5.20±0.03(约需 10ml)，加蒸馏水至 1L(BCP 贮存液也可在调好 pH 后再加)。在室温可稳定一周。

(4)0.154mol · L^{-1} NaCl 溶液：称取 NaCl 9g 用蒸馏水溶解到 1L。

(5)白蛋白标准液：采用人白蛋白或定值人血清，切不可用动物血清白蛋白。

【实验步骤】

1. 生化自动分析仪分析法　参数按仪器说明书的要求设定。

2. 手工法操作　取试管 3 支，按表 4-23 操作。

表 4-23　BCP 法测定白蛋白操作步骤

加入物(ml)	空白管	标准管	测定管
血清	—	—	0.02
白蛋白标准液	—	0.02	—
0.154mol · L^{-1} NaCl 溶液	0.02	—	—
BCP 试剂	4.0	4.0	4.0

混匀，1 分钟后在波长 603nm 处比色，用空白管调零，读取测定管和标准管吸光度。

3. 计算

$$血清白蛋白(g \cdot L^{-1})=\frac{测定管吸光度}{标准管吸光度}\times 白蛋白标准液浓度(g \cdot L^{-1}) \quad (4\text{-}13)$$

【注意事项】

(1) BCP 溶液 pH 须严格控制在 5.20±0.03 范围内。

(2) 严重脂肪混浊血清对测定有干扰，应加做标本空白管（血清 0.025ml 加 0.154mol · L^{-1} NaCl 溶液 5.0ml）予以校正。

【思考题】

(1) A/G 比值是多少？

(2) 白蛋白降低的临床意义？

（徐文弟）

实验二十四　胡萝卜素的柱层析分离

【实验目的】　了解柱层析法的原理及技术。

【实验原理】　维生素按其溶解性不同，可分为脂溶性维生素和水溶性维生素两大类。维生素 A 是由 β-白芷酮环和两分子异戊二烯构成的多烯化合物，天然维生素 A 有 A_1（视黄醇）和 A_2（3-脱氢视黄醇）。动物食品中的维生素 A 主要以酯的形式存在，在小肠内酶解生成游离的视黄醇。植物中不存在维生素 A，但含有称作维生素 A 原的多种胡萝卜素，其中以 β-胡萝卜素最为重要。

柱层析是层析法的一种，其原理是当某混合物流经吸附柱时，各组分被吸附剂吸附，此时，再用洗脱剂解吸附，由于混合物中各组分分子结构的差异，导致被吸附的牢固程度不同，故经过洗脱可使各组分分开。吸附剂与洗脱剂的选择要根据所分离的组分而定。

本实验以氧化铝为吸附剂，石油醚等为洗脱剂。采用柱层析法分离胡萝卜素，同其他色素比较，胡罗卜素的吸附力最小，洗脱时跑在最前面，因此将其与其他成分分离。

【实验器材】

1. 仪器材料　干试管、刻度吸管及试管架，层析柱：1cm×16cm 玻璃管柱，乳钵、漏斗、分液漏斗。

2. 试剂药品

(1) 95%乙醇。

(2) 石油醚。

(3) 1%丙酮石油醚。

(4) 氧化铝悬液：将 Al_2O_3（固体）加入石油醚中。

(5) Na_2SO_4（无水）。

(6) 鱼肝油。

(7) $SbCl_3$–氯仿试剂：称干燥 $SbCl_3$ 20g，溶于无水氯仿并稀释至 100ml，如混浊，可静置澄清，取上清液。

【实验步骤】

1. 提取样品　取干红辣椒皮 2g，剪碎放入研钵中，加 95%乙醇 4ml，研磨至提取液呈深红色。再加石油醚 6ml，研磨 3～5min，用双层纱布过滤，置提取液于（40～60）ml 的分液漏斗中，用 20ml 的蒸馏水洗涤数次，至水层透明为止，借以除去提取液中乙醇。将红色石油醚层倒入干燥试管中，加少量无水 Na_2SO_4 以除去水分，并用软木塞塞紧，以免石油醚挥发，备用。

2. 制备层析柱 取直径 1cm，高 16cm 的玻璃层析管，将管垂直夹在铁架台上，在其底部放少许棉花，然后将氧化铝悬液装入管内，使氧化铝高度达 10cm，上部铺一张圆形小滤纸。注意，不能让石油醚流干。

3. 层析分离 用细玻璃管吸取样品 1ml，沿管壁加入层析柱上端。待样品全部进入层析床中，立即加含 1%丙酮的石油醚洗脱，待出现数条不同颜色的色带时，观察其位置、宽度与颜色。最前面的即为胡萝卜素，用干试管收集之。

4. 定性反应 取干燥试管 2 支，按表 4-24 操作。

表 4-24 胡萝卜素定性步骤

试剂（滴）	管号	
	1	2
鱼肝油	1～2	—
胡萝卜素收集液	—	12
无水氯仿	10	10
$SbCl_3$ 氯仿液	10	10

【实验结果】 立即出现蓝色。

【思考题】

(1)氧化铝中如含水分，对层析法分离胡萝卜素有何影响？

(2)为何称胡萝卜素为维生素 A 原？

（徐文弟）

第五章　分子生物学基本理论

核酸是遗传物质。核酸被分为核糖核酸(RNA)和脱氧核糖核酸(DNA)。DNA 是一种由四种单核苷酸组成的高分子单链化合物，并由两条单链严格按 A 与 T 配对和 C 与 G 配对的规律组成双螺旋结构，该结构赋予其拥有将遗传信息从上一代传给下一代的能力，其分子中单核苷酸的排列顺序就决定了生物的遗传特性。RNA 作为遗传物质的作用主要是将储存于 DNA 分子中的遗传信息表达为相应的蛋白质，RNA 主要分为 mRNA、tRNA 和 rRNA。mRNA 是合成蛋白质时的模板，其核苷酸序列中三个连续的单核苷酸为一个密码，指导蛋白质合成时氨基酸的掺入，从而 mRNA 中的核苷酸序列就直接决定了蛋白质中的氨基酸序列。tRNA 作用是结合与其分子中反密码相对应的氨基酸，并将该氨基酸运送到正在合成中的蛋白质多肽链上，根据模板 mRNA 上的密码将正确的氨基酸掺入到正在合成中的蛋白质上。rRNA 与蛋白质共同组成核糖体，是蛋白质合成的场所。遗传物质至少应该具有两种功能，一种是将上一代的遗传信息传给下一代，另一种是将遗传信息以蛋白质的形式表达出来。DNA 担当了前一种功能，RNA 参与了后一种功能，之所以这样是因为 DNA 与 RNA 的结构赋予了其相应的功能。

基因工程大体可分为以下几个步骤：目的基因的制备，载体 DNA 的选择及制备，目的基因与载体 DNA 在体外重组，重组 DNA 分子导入受体细胞，筛选鉴定含有重组分子的受体细胞，扩增重组分子和目的基因的表达与鉴定。

第一节　分子生物学实验室需要的仪器配置

一、培　养　箱

在分子生物学试验中，有很多反应都是在特定温度下进行的，这时就需要一个控温的装置。例如：用于细菌的平板培养，我们通常设定为37℃于培养箱倒置培养；其他分子生物学实验如酶切等需要 25℃、30℃、37℃等条件。

二、冰　　箱

冰箱是实验室保存试剂和样品必不可少的仪器。分子生物学实验中用到的试剂有些要求是4℃保存，有些要求是–20℃保存，实验人员一定要看清试剂的保存条件，放置在恰当的温度下保存。具体来说，不同温度下保存的物品如下：

(1) 4℃适合储存某些溶液、试剂、药品等。

(2) –20℃适用于某些试剂、药品、酶、血清、配好的抗生素和 DNA、蛋白质样品等。

(3) –80℃适合某些长期低温保存的样品、大肠杆菌菌种、纯化的样品、特殊的低温处理消化液，感受态等的保存。

(4) 0～10℃的层析冷柜适合低温条件下的电泳、层析、透析等实验。

三、摇　　床

摇床是实验室常用仪器，一般有常温型和低温型两种。对于分子生物学实验室，如果能配置低温型摇床，就可以适应不同的实验需求。例如：用于大肠埃希菌，酵母菌等生物工程菌种的振荡培养及蛋白的诱导表达，培养通常为28℃和37℃，诱导表达需要20～37℃；在感受态的制备过程中，需要有18℃的温度控制；用于蛋白凝胶的染色脱色时振荡，常温使用；用于大肠埃希菌常规转化时振荡复苏，常为37℃。对于控制温度低于室温时，我们需要低温型摇床来控温。

四、水 浴 锅

水浴锅也是一种控温装置，水浴控温对于样品来说比较快速且接触充分。例如，用于42℃的大肠埃希菌转化时的热激反应；用于DNA杂交过程中水浴控温。

五、烘　　箱

烘箱是用于灭菌和洗涤后的物品烘干。烘箱有不同的控温范围，用户可以根据实验需求进行选择。例如，有些塑料用具只能在42～45℃的烤箱中进行烘干；用于RNA方面的实验用具，需要在250℃烤箱中烘干。

六、纯 水 装 置

纯水装置包括蒸馏水器和纯水机。蒸馏水器的价格便宜，但在造水过程中需要有人值守；纯水机价格高些，但是使用方便，可以储存一定量的纯水。纯水使用也有不同的级别，一般实验用水需要纯水，用于PCR、DNA测序、酶反应均需要超纯水。

七、灭 菌 锅

分子生物学所用到的大部分实验用具都应严格消毒灭菌。包括实验物品、试剂、培养基等。灭菌锅也有不同大小型号，有些是手动的，有些是全自动的。用户需要根据自己的需要选购。

八、天　　平

天平用于精确称量各类试剂。实验室常用的是电子天平，电子天平按照精度不同有不同的级别。

九、液 体 量 器

液体量器用于精密量取各类液体。常见的液体量器有量筒、移液管、微量取液器、刻度试管、烧杯。

十、pH　　计

用于配置试剂时精确测量pH，从而保证配置的溶液的精确性。有时也需要利用pH计测定样品溶液的酸碱度。

十一、分光光度计

分光光度计通过测定吸光值，从而用于分析样品核酸和蛋白的含量及纯度；同时也可以测定培养菌液的浓度。

十二、离 心 机

离心机有冷冻和常温之分。主要用于收集微生物菌体、细胞碎片以及其他沉淀物。有些样品由于在常温下不太稳定，需要低温环境。例如在感受态制备过程中必须保证低温环境，所以需要冷冻离心机。

十三、超净工作台

分子生物学中凡是涉及对细菌的操作均需在超净工作台下完成，还有感受态制备，转化反应等，都需要无菌的环境。

十四、电泳系统

实验室常用的电泳主要是三种：水平电泳用于核酸DNA/RNA的琼脂糖电泳检测；垂直电泳用于蛋白的聚丙烯酰胺凝胶电泳检测；转印电泳用于将蛋白转印到膜上做western检测。

十五、PCR仪

PCR仪有不同的类型，分别用于不同的实验。普通和梯度PCR仪用于基因克隆和基因检测过程中DNA/RNA的扩增。荧光定量PCR仪用于核酸定量分析、基因表达差异分析、单核苷酸多态性检测、甲基化检测。原位PCR仪用于鉴定和定位带有靶序列的细胞在组织中的位置。

十六、凝胶成像分析系统/紫外检测仪

凝胶成像系统用于对染色后的核酸琼脂糖电泳胶和蛋白聚丙烯酰胺凝胶的观察和拍照，有些可以进行切胶操作。紫外检测仪可以用于对染色后的核酸琼脂糖电泳胶的观察，胶回收时切胶操作，但是不能连接电脑拍照。

十七、制冰机

实验室常用的是雪花制冰机，制冰机一般是按每日制冰量分成不同型号。分子实验室中制造大多数核酸、蛋白质的实验操作所需的低温环境，以减少核酸酶或蛋白质酶的水解。感受态制备也需要长时间冰浴。

十八、磁力搅拌器

磁力搅拌器适用于搅拌或加热搅拌同时进行，适用于黏稠度不是很大的液体或者固液混合物。利用了磁场和漩涡的原理将液体放入容器中后，将搅拌子同时放入液体，当底座产生磁场后，带动搅拌子成圆周循环运动从而达到搅拌液体的目的。配合温度控制装置，可以根据具体的实验要求控制并维持样本温度，帮助实验者设定实验条件，极大地提高了实验重复性的可能。

在配置试剂过程中，有些试剂较难溶解，这时需要借助磁力搅拌器。磁力搅拌器可以加速溶解固体内容物。磁力搅拌器一般带加热功能。

十九、生物安全柜

生物安全柜是为操作原代培养物、菌毒株以及诊断性标本等具有感染性的实验材料时，用来保护操作者本人、实验室环境以及实验材料，使其避免暴露于上述操作过程中可能产生的感染性气溶胶和溅出物而设计的。

分子实验中涉及的试剂和样品很多是有毒的，对于操作人员来说伤害较大。为了防止有害悬浮微粒、气溶胶的扩散，可以利用生物安全柜对操作人员、样品及样品间交叉感染和环境提供安全保护。

二十、微波炉和电炉

用于溶液的快速加热，电泳琼脂糖凝胶的加热溶化配制，固体培养基的加热溶化。

二十一、液 氮 罐

液氮罐一般可分为液氮贮存罐、液氮运输罐两种。贮存罐主要用于室内液氮的静置贮存，不宜在工作状态下作远距离运输使用；液氮运输罐为了满足运输的条件，作了专门的防震设计。其除可静置贮存外，还可在充装液氮状态下，作运输使用，但也应避免剧烈的碰撞和震动。

分子生物学实验中感受态细胞的制备需要液氮处理。感受态的保存也可以存于液氮中。

二十二、微量移液器

微量移液器（micropipet)是进行生化实验或分子生物学实验的必备工具。微量移液器是一种在一定容量范围内可随意调节的精密取液装置(俗称枪)，基本原理是依靠装置内活塞的上下移动，气活塞的移动距离是由调节轮控制螺杆结构实现的，推动按钮带动推动杆使活塞向下移动，排除活塞腔内的气体。松手后，活塞在复位弹簧的作用下恢复原位，从而完成一次吸液过程。

微量移液器也有不同型号，是用于准确量取特定体积的溶液。微量移液器适用的液体：水、缓冲液、稀释的盐溶液和酸碱溶液。标准操作如下：

(1)按到第一挡，垂直进入液面几毫米。

(2)缓慢松开控制按钮，否则液体进入吸头过速会导致液体倒吸入移液器内部吸入体积减少。

(3)打出液体时贴壁并有一定角度，先按到第一挡，稍微停顿 1s 后，待剩余液体聚集后，再按到第二挡将剩余液体全部压出。

第二节 分子生物学实验基本操作技术

这里的实验基本操作技术是指在分子生物学实验中使用范围最广、使用频率最高、几乎所有实验都要应用的技术。器皿的清洗，试管、量筒(杯)、容量瓶、吸管及移液器、电子天平等量具的正确操作和使用、试剂配制等技术，应当都是基本操作技术，但这些内容已在分析化学、生物化学的实验课程中作了详细介绍。本章主要介绍与分子生物学实验有关的除(灭)菌技术、无菌操作技术和微量操作技术。

一、除(灭)菌技术

在进行分子生物学实验过程中，需要一个清洁的实验环境，所使用的器皿及溶液均需要进行除(灭)菌处理，一方面避免环境中微生物的污染，另一方面还可消除蛋白酶和核酸酶对实验的干扰和影响。在进行微生物及细胞的纯培养时要求更高，不能有任何外来杂菌。因此，对所有器材、培养基要进行严格灭菌，对工作场所进行消毒，保证工作顺利进行。

实验室常用的除灭菌方法主要有物理方法及化学方法两种。物理方法包括用湿热(高压蒸汽)、干热、紫外线、过滤、离心沉淀等方法除去微生物；化学方法是使用化学消毒剂、抗菌素等杀死或抑制微生物。根据被灭菌物品的材料性质和实验要求，可采取不同的消毒灭菌方法。

1. 物理灭菌法

(1)干热灭菌：干热灭菌包括火焰灼烧灭菌和热空气灭菌。

火焰灼烧适用于金属用具，如接种环、接种针和手术器械等，玻璃器皿的口颈，如试管口和瓶口，玻璃棒等的灭菌处理。这种方法灭菌迅速彻底。

热空气灭菌一般在烤箱中进行，利用高温干燥空气(160～170℃)加热灭菌 1～2 小时，适用于玻璃器皿和培养皿等。干热消毒后的器皿干燥，易于保存。缺点是干热传导慢，可能有冷空气存留于烤箱内，因此要求较高的温度和较长的时间才能达到消毒的目的。应当注意，干烤灭菌完毕后不得马上将烤箱门打开，须等温度降至 70℃以下时再开箱门，以免冷空气突然进入，影响消毒效果和损坏玻璃器皿或发生意外事故。在灭菌时，物品不能放的太挤。灭菌的玻璃器皿中不可有水，有水的玻璃器皿在干热灭菌时容易炸裂。培养基、橡胶制品、塑料制品不能用此方法消毒。

(2)湿热灭菌：在相同温度下，湿热的灭菌效力比干热灭菌好。原因是热蒸汽对细胞成分的破坏作用更强。水分子的存在有助于破坏维持蛋白质三维结构的氢键和其他相互作用弱键，更易使蛋白质变性。加热使蛋白质变性，与水的含量有关，当环境和细胞含水量越大，凝固越快。蛋白质含水量与其凝固温度成反比；热蒸汽比热空气穿透力强，能更有效地杀灭微生物；蒸汽存在潜能，当气体转变成液体时可放出大量热能，故可更迅速提高灭菌物体的温度。

湿热灭菌常用的方法有高压蒸汽灭菌、常压蒸汽灭菌和煮沸灭菌。其中高压蒸汽灭菌法最为常用，效果最好。常压蒸汽灭菌法不能在短时间内杀死细菌芽孢，必须采取间歇灭菌或持续灭菌的方法，才能达到完全灭菌。而煮沸灭菌仅用于注射器及某些用具的灭菌，被灭菌物品的湿度太大。所以，这两种方法较少使用。高压蒸气灭菌是在密闭的高压蒸汽锅中进行的。其原理是：将待灭菌的物体放置在盛有适量水的高压蒸汽灭菌锅内，将锅内的水加热煮沸，并把其中原有的冷空气彻底驱尽后将锅密闭，再继续加热就会使锅内的蒸汽压逐渐上升，从而使温度也随之上升到 100℃以上。

灭菌时，根据不同的物品选择不同压力和时间，一般物品(如布类、金属器械、玻璃器皿等)消毒的要求是 0.15MPa 下 15min，培养液和橡胶制品为 0.1MPa 下 10min。灭菌前在锅内加适量的水，加水过少，易将灭菌锅烧干，引起炸裂事故。加水过多有可能引起灭菌物品浸水。物品不能装得过满，以免影响消毒器内气体流通。导气管要伸至罐底并防止堵塞。在加热升压之前，先要打开排气阀门排放消毒器内的冷空气，冷空气排出后，关闭排气阀门，同时检验安全阀活动自如，开始升压，当达到所需压力时，开始计时，并控制压力恒定。灭菌过程中，操作者不能离开工作岗位，要定时检查压力及安全，防止意外事件发生。灭菌完毕后一定要先打开阀门放气，当灭菌锅内压力下降到“0”时，再打开灭菌锅的盖。也可在灭菌完毕后，关闭电源总阀，让灭菌物品自然冷却，待灭菌锅压力表降至“0”时，再取出灭菌物品。

(3)紫外线杀菌：紫外线的波长范围是 200～300nm，杀菌范围为 240～280nm，其中波长在 260nm 左右的紫外线杀菌作用最强。紫外灯是人工制造的低压水银灯，能辐射出 257.3nm 的紫外线，杀菌能力强且较稳定。紫外线杀菌作用是因为它可以被蛋白质(波长为 280nm)和核酸(波长为 260nm)吸收，造成这些分子的变性失活。紫外线穿透能力很差，不能穿透玻璃、衣物、纸张和大多数其他物体，但能穿透空气，主要用于实验室空气、操作台表面和不能使用其他方法进行灭菌的物品。紫外线直接照射方便、效果好，经一定的时间照射后，可以消灭空气中大部分细菌。培养室紫外线灯应距地面不超过 2.5 米，且消毒物品不宜相互遮挡，照射不到的地方起不到消毒作用。

紫外线照射可产生臭氧，污染空气，对试剂及培养液都有不良影响，对人皮肤也有伤害。

(4) 过滤除菌：很多液体不能采用高压灭菌的方法进行灭菌处理，如血清、合成培养液、酶及含有生物活性蛋白的液体等，可采用过滤的方法除去细菌等微生物。滤器有抽吸(抽滤)式及加压式两种类型；滤板(或滤膜)结构可分为石棉板、玻璃或微孔膜。常用的滤器有 Zeiss 滤器(蔡氏滤器)、玻璃滤器和微孔滤膜滤器，其中微孔滤膜滤器最为常用。

微孔滤膜滤器多为塑料结构，分为上下两部分，中间可放置纤维素滤膜。将待过滤液体吸入注射器内，慢慢注入滤器上部的孔中，通过中间的滤膜即可。可用于包括血清在内的各种培养液的过滤除菌，速度快，效果好。滤膜为一次性的特制混合纤维素滤膜，其孔径有 0.6μm、0.45μm、0.22μm 三种，用于过滤除菌时，最好选用 0.22μm 的滤膜(可以除去细菌和霉菌)。安装滤膜时要注意：先将滤膜在蒸馏水中浸湿再安装；滤膜薄且光滑，容易移动，千万不能装偏而使过滤失败；同时要注意滤膜的正反面，正面(光面)应朝上。由于滤膜薄，承受压力有限，压力不能过大、过猛，以免造成滤膜破裂。每次过滤后应打开滤器，核实滤膜是否移动和破裂，以保证有效过滤除菌。微孔滤膜滤器的清洗、消毒方法很简单，用完后去掉滤膜，用去离子水冲洗干净，再将新的滤膜正确放入其中，包裹后可高压灭菌处理，也可直接煮沸灭菌处理。现在也有一次性小滤器。

2. 化学灭菌法 应用化学制剂破坏细菌代谢机能。常用化学杀菌剂有：乙醇、醋酸、福尔马林、高锰酸钾、新洁尔灭等。最常见的是 75%乙醇溶液及 1‰的新洁尔灭，前者主要用于操作者的皮肤，操作台表面及无菌室内的壁面处理。后者则主要用于器械的浸泡及皮肤和操作室壁面的擦拭消毒。化学灭菌法操作简单、方便有效。

将高锰酸钾粉末与适量体积的福尔马林混合，会产生大量的甲醛气体，常用于无菌室的熏蒸消毒。

3. 抗生素灭菌法 主要用于培养用液灭菌或预防培养物污染。要注意不能完全依赖抗生素来达到消毒灭菌的目的，还应严格无菌操作。常用的抗生素是青霉素和链霉素。

二、无菌操作技术

无菌技术是指实验过程中，防止一切微生物侵入机体和保持无菌物品及无菌区域不被污染的操作技术和管理方法，是实验过程中预防和控制交叉污染的一项重要基本操作。在生化实验中经常涉及无菌操作技术，尤其是微生物的纯培养、细胞及胚胎的培养，更需要严格的无菌操作技术。在无菌操作过程中，任何一个环节都不得违反操作原则，否则就可能造成实验失败。因此，必须加强无菌观念，准确熟练地掌握无菌技术，严格遵守无菌操作规程。

无菌技术包括四部分内容：实验所用的玻璃、塑料制品及金属器械的处理；实验操作对象及试剂的无菌处理；工作环境及表面的处理；实验者的操作技术。前两部分已在前面介绍过，这里主要介绍后两部分内容。

1. 周密计划 在开始实验前要制定好实验计划和操作程序。有关数据的计算要事先做好。

2. 仔细准备 根据实验要求，准备各种所需的器材和物品，并选择适宜的方法进行包装和除(灭)菌处理，清点无误后将其放置操作场所(培养室、超净工作台)内。这样可以避免开始实验后因物品不全往返拿取而增加污染机会。

3. 严格操作 实验进行前，无菌室及超净工作台以紫外灯照射 30～60min 灭菌，以 70%乙醇溶液擦拭无菌操作台面，并开启无菌操作台风机运转 10min 后，再开始实验操作。实验操作应在超净工作台的中央无菌区域，不要在边缘的非无菌区域操作。

为拿取方便，工作台面上的用品要有合理的布局，原则上应是右手使用的东西放置在右侧，左手用品在左侧，酒精灯置于中央。

在利用超净台工作时，因整个前臂要伸入箱内，应着长袖的清洁工作服，并于开始操作前要用75%乙醇溶液擦手或用消毒液洗手。如果实验过程中手触及可能污染的物品和出入培养室都要重新用消毒液洗手。进入细胞培养室需彻底洗手，戴口罩、着消毒衣帽及鞋等。

在无菌环境进行培养或做其他无菌工作时，首先要点燃酒精灯或煤气灯。以后一切操作，如安装吸管帽、打开或封闭瓶口等，都需在火焰近处并经过烧灼进行。但要注意：金属器械不能在火焰中烧的时间过长，以防退火，烧过的金属镊要待冷却后才能夹取组织，以免造成组织损伤。吸取过营养液后的吸管不能再用火焰烧灼，因残留在吸管头中营养液能烧焦形成炭膜，再用时会把有害物带入营养液中。开启、关闭长有细胞或微生物的培养瓶时，火焰灭菌时间要短，防止因温度过高烧死细胞或微生物。另外胶塞过火焰时也不能时间长，以免烧焦产生有毒气体，危害培养细胞。进行无菌操作时，动作要准确敏捷，但又不必太快，以防空气流动，增加污染机会。不能用手触及已消毒器皿，如已接触，要用火焰烧灼消毒或取备用品更换。

工作由始至终要保持一定顺序性，组织或细胞在未做处理之前，勿过早暴露在空气中。同样，培养用液及其他溶液在未用前，不要过早开瓶；打开瓶盖进行操作时，瓶口朝上与台面呈45°角，减少落菌机会；用过之后如不再重复使用，应立即封闭瓶口。吸取营养液、PBS缓冲液、细胞悬液及其他各种用液时，均应分别使用吸管，不能混用，以防影响试剂的效果、扩大污染或导致细胞交叉污染。工作中不能面向操作台讲话或咳嗽，以免唾沫把细菌或支原体带入工作台面发生污染。手或相对较脏的物品不能经过开放的瓶口上方，瓶口最易污染，加液时如吸管尖部碰到瓶口，则应更换干净吸管。

对于微生物或细胞而言，每次操作只处理一种微生物或一个细胞株，即使培养基相同也不要共享培养基，以免微生物或细胞间污染。

4. 善始善终　实验完毕后，应及时将实验物品及废液带出工作台，关闭风机，以70%乙醇溶液擦拭无菌操作台面，关闭超净工作台的风机和照明灯，实验结束。尽管每次实验前都会进行工作台面的消毒处理，但建议实验结束后立即打开紫外灯进行消毒，特别是在夏季，以防细菌或霉菌孳生。

无菌操作工作区域应保持清洁及宽敞，必要物品，例如试管架、吸管吸取器或吸管盒等可以暂时放置，其他实验用品用完即取出，以利于空气流通。

三、微量操作技术

在过去的实验中，大家使用的重量和体积计量单位主要是克(g)和毫升(ml)及其以上者，而小于g和ml的单位如毫克(mg)、微克(μg)及微升(μl)等极少用到。从进入分子生物学实验开始，这些很小的计量单位都将经常使用，甚至更小者如纳克(ng)、皮克(pg)及纳升(nl)等也将用到。由相对宏观的操作突然转为微量操作，对初学者来讲需要有一个熟悉并熟练的过程，关键应当注意以下几个方面的问题。

(1)熟悉并掌握微量称量器具的正确使用方法。微量电子天平(最小感量 10^{-4}g)和微量移液器(最大2μl)是两种最常使用的器具，他们的使用方法请参考第2章有关内容。准确量取是微量操作的第一步，也是最重要的一步。

(2)添加。将一种或几种液体物质分别准确量取后添加到同一个Eppendorf管中，必须保证看到每一种液体都加入其中，而且在取出移液器时，Tip头的尖部不得带出任何可见的液珠。

(3) 混匀并集中。全部液体加完后，总体积只有 10 到几十微升，难以用常规混匀的方法将各种成分彻底混匀。微量混匀的方法有：旋涡震荡混匀和弹匀。将盛有液体的 Eppendorf 管盖紧，握紧并将其底部与旋涡振荡器接触，液体会在管内高速旋转而混匀；也可手持盖好的 Eppendorf 管上端（口部），另一只手反复弹动其底部，将其中的液体混匀。最后，用高速台式离心机将全部液体甩到 Eppendorf 管的底部。

(4) 有时将极微量的物质如 DNA 片段或质粒 DNA 溶解在几微升液体中，尽管看不见待溶解物质，但将液体加入后，用上述同样的方法进行操作，也可很好将其溶解并混匀。

(5) 由于微量操作，实验结果很难用肉眼直接观察到。为了保证实验的顺利进行，在分子生物学实验过程中，每一步实验的结果都必须利用相关的检测、鉴定方法显示出来，判定正确后再进行下一步反应。这是所有科学实验的共同要求，但在分子生物学实验中更应当强调和加以注意。

第三节　基因操作概述

一、聚合酶链式反应（PCR）

PCR（polymerase chain reaction，聚合酶链反应）是一种选择性体外扩增 DNA 或 RNA 的方法。它包括三个基本步骤：①变性（denature）　目的双链 DNA 片段在 94℃下解链；②退火（anneal）　两种寡核苷酸引物在适当温度（50℃左右）下与模板上的目的序列通过氢键配对；③延伸（extension）　在 Taq DNA 聚合酶合成 DNA 的最适温度下，以目的 DNA 为模板进行合成。由这三个基本步骤组成一轮循环，理论上每一轮循环将使目的 DNA 扩增一倍，这些经合成产生的 DNA 又可作为下一轮循环的模板，所以经 25～35 轮循环就可使 DNA 扩增达 10^6 倍。

（一）PCR 反应中的主要成分

1. 引物　PCR 反应产物的特异性由一对上下游引物所决定。引物的好坏往往是 PCR 成败的关键。引物设计和选择目的 DNA 序列区域时可遵循下列原则：

(1) 引物长度约为 16～30bp，太短会降低退火温度影响引物与模板配对，从而使非特异性增高。太长则比较浪费，且难以合成。

(2) 引物中 G+C 含量通常为 40%～60%，可按下式粗略估计引物的解链温度 $T_m = 4(G+C)+2(A+T)$。

(3) 引物 3′端最好与目的序列阅读框架中密码子第一或第二位核苷酸对应，以减少由于密码子摆动产生的不配对。

(4) 两引物之间尤其在 3′端不能互补，以防出现引物二聚体，减少产量。

(5) 引物 5′端对扩增特异性影响不大，可在引物设计时加上限制酶位点、核糖体结合位点、起始密码子、缺失或插入突变位点以及标记生物素、荧光素、地高辛等。通常应在 5′端限制酶位点外再加 1～2 个保护碱基。

(6) 引物不与模板结合位点以外的序列互补。一般 PCR 反应中的引物终浓度为 0.2～1.0μmol · L^{-1}。引物过多会产生错误引导或产生引物二聚体，过低则降低产量。

2. 四种三磷酸脱氧核苷酸（dNTP）　dNTP 应用 NaOH 将 pH 调至 7.0，并用分光光度计测定其准确浓度。dNTP 原液可配成 5～10mmol · L^{-1} 并分装，–20℃贮存。一般反应中每种 dNTP 的终浓度为 20～200μmol · L^{-1}。

3. Mg^{2+}　Mg^{2+}浓度对 Taq DNA 聚合酶影响很大，它可影响酶的活性和真实性，影响引物退火和解链温度，影响产物的特异性以及引物二聚体的形成等。通常 Mg^{2+}浓度范围为 0.5～2mmol · L^{-1}。对于一种新的 PCR 反应，可以用 0.1～5mmol · L^{-1} 的递增浓度的 Mg^{2+}进行预备实验，选出最适的 Mg^{2+}浓度。

4. 模板　PCR 反应必须以 DNA 为模板进行扩增，模板 DNA 可以是单链分子，也可以是双链分子，可以是线状分子，也可以是环状分子(线状分子比环状分子的扩增效果稍好)。就模板 DNA 而言，影响 PCR 的主要因素是模板的数量和纯度。一般反应中的模板数量为 10^2～10^5 个拷贝，对于单拷贝基因，这需要 0.1μg 的人基因组 DNA，10ng 的酵母 DNA，1ng 的大肠埃希菌 DNA。扩增多拷贝序列时，用量更少。灵敏的 PCR 可从一个细胞，一根头发，一个孢子或一个精子提取的 DNA 中分析目的序列。模板量过多则可能增加非特异性产物。DNA 中的杂质也会影响 PCR 的效率。

5. Taq DNA 聚合酶　一般 Taq DNA 聚合酶活性半衰期为 92.5℃ 130min，95℃ 40min，97℃ 5min。现在人们又发现许多新的耐热的 DNA 聚合酶，这些酶的活性在高温下活性可维持更长时间。Taq DNA 聚合酶的酶活性单位定义为 74℃下，30min，掺入 10 nmol · L^{-1} dNTP 到核酸中所需的酶量。Taq DNA 聚合酶的一个致命弱点是它的出错率，一般 PCR 中出错率为 2×10^{-4} 核苷酸/每轮循环。在 100μl PCR 反应中，1.5～2 单位的 Taq DNA 聚合酶就足以进行 30 轮循环。所用的酶量可根据 DNA、引物及其他因素的变化进行适当的增减。酶量过多会使产物非特异性增加，过少则使产量降低。

6. 反应缓冲液　反应缓冲液一般含 10～50 mmol · L^{-1}Tris-Cl(20℃下 pH8.3～8.8)，50 mmol · L^{-1}KCl 和适当浓度的 Mg^{2+}。Tris-Cl 在 20℃时 pH 为 8.3～8.8，但在实际 PCR 反应中，pH 为 6.8～7.8。50 mmol · L^{-1} 的 KCl 有利于引物的退火。另外，反应液可加入 5 mmol · L^{-1} 的二硫苏糖醇(DDT)或 100μg · ml^{-1} 的牛血清白蛋白(BSA)，他们可稳定酶活性。

(二)PCR 反应参数

1. 变性　在第一轮循环前，在 94℃下变性 5～10min 非常重要，它可使模板 DNA 完全解链，然后加入 Taq DNA 聚合酶(hot start)，这样可减少聚合酶在低温下仍有活性从而延伸非特异性配对的引物与模板复合物所造成的错误。变性不完全，往往使 PCR 失败，因为未变性完全的 DNA 双链会很快复性，减少 DNA 产量。一般变性温度与时间为 94℃1min。在变性温度下，双链 DNA 解链只需几秒钟即可完全，所耗时间主要是为使反应体系完全达到适当的温度。

2. 退火　引物退火的温度和所需时间的长短取决于引物的碱基组成，引物的长度、引物与模板的配对程度以及引物的浓度。实际使用的退火温度比扩增引物的 T_m 值约低 5℃。一般当引物中 GC 含量高，长度长并与模板完全配对时，应提高退火温度。退火温度越高，所得产物的特异性越高。通常退火温度和时间为 37～55℃，1～2min。

3. 延伸　延伸反应通常为 72℃，接近于 Taq DNA 聚合酶的最适反应温度 75℃。实际上，引物延伸在退火时即已开始，因为 Taq DNA 聚合酶的作用温度范围可从 20～85℃。延伸反应时间的长短取决于目的序列的长度和浓度。

4. 循环次数　当其他参数确定之后，循环次数主要取决于 DNA 浓度。一般而言 25～30 轮循环已经足够。循环次数过多，会使 PCR 产物中非特异性产物大量增加。通常经 25～30 轮循环扩增后，反应中 Taq DNA 聚合酶已经不足，如果此时产物量仍不够，需要进一步扩增。

二、质 粒 概 述

把一个有用的目的 DNA 片段通过重组 DNA 技术，送进受体细胞中去进行繁殖和表达的工具叫载体(vector)。细菌质粒是重组 DNA 技术中常用的载体。

质粒(plasmid)是一种染色体外的稳定遗传因子，大小从 1～200kb 不等，为双链、闭环的 DNA 分子，并以超螺旋状态存在于宿主细胞中。质粒主要发现于细菌、放线菌和真菌细胞中，它具有自主复制和转录能力，能在子代细胞中保持恒定的拷贝数，并表达所携带的遗传信息。质粒的复制和转录要依赖于宿主细胞编码的某些酶和蛋白质，如离开宿主细胞则不能存活，而宿主即使没有他们也可以正常存活。质粒的存在使宿主具有一些额外的特性，如对抗生素的抗性等。

质粒载体是在天然质粒的基础上为适应实验室操作而进行人工构建的。与天然质粒相比，质粒载体通常带有一个或一个以上的选择性标记基因(如抗生素抗性基因)和一个人工合成的含有多个限制性内切酶识别位点的多克隆位点序列，并去掉了大部分非必需序列，使分子量尽可能减少，以便于基因工程操作。大多质粒载体带有一些多用途的辅助序列，这些用途包括通过组织化学方法肉眼鉴定重组克隆、产生用于序列测定的单链 DNA、体外转录外源 DNA 序列、鉴定片段的插入方向、外源基因的大量表达等。一个理想的克隆载体大致应有下列一些特性：

(1)分子量小、多拷贝、松弛控制型；

(2)具有多种常用的限制性内切酶的单切点；

(3)能插入较大的外源 DNA 片段；

(4)具有容易操作的检测表型。

常用的质粒载体大小一般在 1kb 至 10kb 之间，如 PBR322、PUC 系列、PGEM 系列和 pBluescript(简称 pBS)等。

在细菌细胞内，共价闭环质粒以超螺旋形式存在。在提取质粒过程中，除了超螺旋 DNA 外，还会产生其他形式的质粒 DNA。如果质粒 DNA 两条链中有一条链发生一处或多处断裂，分子就能旋转而消除链的张力，形成松弛型的环状分子，称开环 DNA(open circular DNA，简称 ocDNA)；如果质粒 DNA 的两条链在同一处断裂，则形成线状 DNA(linear DNA)。当提取的质粒 DNA 电泳时，同一质粒 DNA 其超螺旋形式的泳动速度要比开环和线状分子的泳动速度快。

三、凝 胶 电 泳

琼脂糖凝胶电泳是分离鉴定和纯化 DNA 片段的标准方法。该技术操作简便快速，可以分辨用其他方法(如密度梯度离心法)所无法分离的 DNA 片段。当用低浓度的荧光嵌入染料溴化乙锭(ethidium bromide，EB)染色，在紫外光下至少可以检出 1～10ng 的 DNA 条带，从而可以确定 DNA 片段在凝胶中的位置。此外，还可以从电泳后的凝胶中回收特定的 DNA 条带，用于以后的克隆操作。

琼脂糖可以制成各种形状、大小和孔隙度。琼脂糖凝胶分离 DNA 片度大小范围较广，不同浓度琼脂糖凝胶可分离长度从 200bp 至近 50kb 的 DNA 片段。琼脂糖通常用水平装置在强度和方向恒定的电场下电泳。目前，一般实验室多用琼脂糖水平平板凝胶电泳装置进行 DNA 电泳。

琼脂糖主要在 DNA 制备电泳中作为一种固体支持基质，其密度取决于琼脂糖的浓度。在电场中，在中性 pH 下带负电荷的 DNA 向阳极迁移，其迁移速率由下列多种因素决定：

1. DNA 的分子大小 线状双链 DNA 分子在一定浓度琼脂糖凝胶中的迁移速率与 DNA 分

子量对数成反比，分子越大则所受阻力越大，也越难于在凝胶孔隙中蠕行，因而迁移得越慢。

2. 琼脂糖浓度 一个给定大小的线状 DNA 分子，其迁移速度在不同浓度的琼脂糖凝胶中各不相同。DNA 电泳迁移率的对数与凝胶浓度呈线性关系。凝胶浓度的选择取决于 DNA 分子的大小。分离小于 0.5kb 的 DNA 片段所需胶浓度是 1.2%～1.5%，分离大于 10kb 的 DNA 分子所需胶浓度为 0.3%～0.7%，DNA 片段大小介于两者之间则所需胶浓度为 0.8%～1.0%。

3. DNA 分子的构象 当 DNA 分子处于不同构象时，它在电场中移动距离不仅和分子量有关，还和它本身构象有关。相同分子量的线状、开环和超螺旋 DNA 在琼脂糖凝胶中移动速度是不一样的，超螺旋 DNA 移动最快，开环 DNA 移动最慢。如在电泳鉴定质粒纯度时发现凝胶上有数条 DNA 带难以确定是质粒 DNA 不同构象引起还是因为含有其他 DNA 引起时，可从琼脂糖凝胶上将 DNA 带逐个回收，用同一种限制性内切酶分别水解，然后电泳，如在凝胶上出现相同的 DNA 图谱，则为同一种 DNA。

4. 电源电压 在低电压时，线状 DNA 片段的迁移速率与所加电压成正比。但是随着电场强度的增加，不同分子量的 DNA 片段的迁移率将以不同的幅度增长，片段越大，因场强升高引起的迁移率升高幅度也越大，因此电压增加，琼脂糖凝胶的有效分离范围将缩小。要使大于 2kb 的 DNA 片段的分辨率达到最大，所加电压不得超过 $5V \cdot cm^{-1}$。

5. 嵌入染料的存在 荧光染料溴化乙锭用于检测琼脂糖凝胶中的 DNA，染料会嵌入到堆积的碱基对之间并拉长线状和带缺口的环状 DNA，使其刚性更强，还会使线状 DNA 迁移率降低 15%。

6. 离子强度影响 电泳缓冲液的组成及其离子强度影响 DNA 的电泳迁移率。在没有离子存在时（如误用蒸馏水配制凝胶），电导率最小，DNA 几乎不移动，在高离子强度的缓冲液中（如误加 10×电泳缓冲液），则电导很高并明显产热，严重时会引起凝胶熔化或 DNA 变性。

四、大肠埃希菌感受态细胞的制备和转化

转化（transformation）是将外源 DNA 分子引入受体细胞，使之获得新的遗传性状的一种手段，它是微生物遗传、分子遗传、基因工程等研究领域的基本实验技术。

转化过程所用的受体细胞一般是限制修饰系统缺陷的变异株，即不含限制性内切酶和甲基化酶的突变体（R^-，M^-），它可以容忍外源 DNA 分子进入体内并稳定地遗传给后代。受体细胞经过一些特殊方法（如电击法，$CaCl_2$，RbCl（KCl）等化学试剂法）的处理后，细胞膜的通透性发生了暂时性的改变，成为能允许外源 DNA 分子进入的感受态细胞（compenent cells）。进入受体细胞的 DNA 分子通过复制，表达实现遗传信息的转移，使受体细胞出现新的遗传性状。目前常用的感受态细胞制备方法有 $CaCl_2$ 和 RbCl（KCl）法，RbCl（KCl）法制备的感受态细胞转化效率较高，但 $CaCl_2$ 法简便易行，且其转化效率完全可以满足一般实验的要求，制备出的感受态细胞暂时不用时，可加入占总体积 15%的无菌甘油于−70℃保存（半年），因此 $CaCl_2$ 法为使用更广泛。

为了提高转化效率，实验中要考虑以下几个重要因素。

1. 细胞生长状态和密度 不要用经过多次转接或储于 4 ℃的培养菌，最好从−70℃或−20℃甘油保存的菌种中直接转接用于制备感受态细胞的菌液。细胞生长密度以刚进入对数生长期时为好，可通过监测培养液的 OD_{600} 来控制。DH5α 菌株的 OD_{600} 为 0.5 时，密度过高或不足均会影响转化效率。

2. 质粒的质量和浓度 用于转化的质粒 DNA 应主要是超螺旋态 DNA（cccDNA）。转化效率与外源 DNA 的浓度在一定范围内成正比，但当加入的外源 DNA 的量过多或体积过大时，转

化效率就会降低。一般情况下，DNA 溶液的体积不应超过感受态细胞体积的 5%。

3. 试剂的质量 所用的试剂，如 $CaCl_2$ 等均需是最高纯度的(GR 或 AR)，并用超纯水配制，最好分装保存于干燥的冷暗处。

4. 防止杂菌和杂 DNA 的污染 整个操作过程均应在无菌条件下进行，所有的试剂都要灭菌，且注意防止被其他试剂、DNA 酶或杂 DNA 所污染，否则均会影响转化效率或杂 DNA 的转入。

五、重组质粒的连接

外源 DNA 片段和质粒载体的连接反应策略有以下几种。

1. 带有非互补突出端的片段 用两种不同的限制性内切酶进行消化可以产生带有非互补的黏性末端，这也是最容易克隆的 DNA 片段，一般情况下，常用质粒载体均带有多个不同限制酶的识别序列组成的多克隆位点，因而几乎总能找到与外源 DNA 片段末端匹配的限制酶切位点的载体，从而将外源片段定向地克隆到载体上。也可在 PCR 扩增时，在 DNA 片段两端人为加上不同酶切位点以便与载体相连。

2. 带有相同的黏性末端 用相同的酶或同尾酶处理可得到这样的末端。由于质粒载体也必须用同一种酶消化，亦得到同样的两个相同黏性末端，因此在连接反应中外源片段和质粒载体 DNA 均可能发生自身环化或几个分子串连形成寡聚物，而且正反两种连接方向都可能有。

3. 带有平末端 是由产生平末端的限制酶或核酸外切酶消化产生，或由 DNA 聚合酶补平所致。由于平端的连接效率比黏性末端要低得多，故在其连接反应中，T4DNA 连接酶的浓度和外源 DNA 及载体 DNA 浓度均要高得多。通常还需加入低浓度的聚乙二醇(PEG8000)以促进 DNA 分子凝聚成聚集体的物质以提高转化效率。

六、限制性内切酶消化

限制性内切酶可特异地结合于一段被称为限制酶识别序列的 DNA 序列位点上并在此切割双链 DNA。绝大多数限制性内切酶识别长度为 4、5 或 6 个核苷酸且呈二重对称的特异序列，切割位点相对于二重对称轴的位置因酶而异。一些酶恰在对称轴处同时切割 DNA 双链而产生带平端的 DNA 片段，另一些酶则在对称轴两侧相对的位置上分别切断两条链，产生带有单链突出端(即黏端)的 DNA 片段。1 个单位限制性内切酶是指在最适条件下，在 50μl 体积 1 小时内完全切开 1μg λ 噬菌体 DNA 所需的酶量。不同的限制性内切酶生产厂家往往推荐使用截然不同的反应条件，甚至对同一种酶也如此。但是，几乎所有的生产厂家都对其生产的酶制剂优化过反应条件，因此购买的内切酶说明书上均有其识别序列和切割位点，同时提供有酶切缓冲液(buffer，10×、5×)和最适条件，使得酶切反应变得日益简单。

七、SDS-PAGE 蛋白质电泳

细菌体中含有大量蛋白质，具有不同的电荷和分子量。强阴离子去污剂 SDS 与某一还原剂并用，通过加热使蛋白质解离，大量的 SDS 结合蛋白质，使其带相同密度的负电荷，在聚丙烯酰胺凝胶电泳(PAGE)上，不同蛋白质的迁移率仅取决于分子量。采用考马斯亮蓝快速染色，可及时观察电泳分离效果。因而根据预计表达蛋白的分子量，可筛选阳性表达的重组体。

（姜　颖）

第六章　分子生物学基本实验

实验一　肝组织核酸的分离与鉴定

【实验目的】　验证核酸的分子组成，掌握核酸部分组分的鉴定方法。

【实验原理】　组织细胞中的核酸(RNA 和 DNA)大部分以核蛋白的形式存在，遇酸(三氯醋酸)后核酸和蛋白质均被沉淀下来，弃去上清液。沉淀中的核酸又可溶于热的 10%NaCl(生成核酸钠)，而蛋白质不溶，再弃去沉淀，在上清液中加入乙醇使核酸钠以沉淀形式析出。

RNA 与 DNA 均可被硫酸水解成磷酸、有机碱(嘌呤碱和嘧啶碱)及戊糖(核糖或脱氧核糖)，这三类化合物可用下述方法鉴定。

磷酸与钼酸铵作用生成磷钼酸，后者在氨萘酚磺酸作用下生成蓝色的钼蓝。

嘌呤碱与硝酸银产生灰褐色的嘌呤银化合物。

核糖经浓硫酸脱水生成糠醛，后者再与地衣酚(3,5-二羟基甲苯)缩合成绿色化合物。

脱氧核糖经浓硫酸脱水生成 ω-羟基-γ-酮基戊醛，它与二苯胺作用生成蓝色化合物。

【实验器材】

1. 仪器材料　匀浆器、剪刀、镊子、烧杯、10ml 离心管、15ml 试管、试管架、玻璃棒、培养皿、滤纸、离心机、电磁炉。

2. 试剂药品

(1) 2%三氯醋酸溶液

(2) 0.9%NaCl 溶液。

(3) 10%NaCl 溶液。

(4) 95%乙醇。

(5) 5% H_2SO_4。

(6) 5% $AgNO_3$。

(7) 钼酸铵试剂：在 20ml 蒸馏水中溶解 2.5g 钼酸铵，加 $5mol \cdot L^{-1}H_2SO_4$ 30ml，用蒸馏水稀释至 100ml。此试剂可在冰箱中保存 30 天。

(8) 氨[基]萘酚磺酸：取 15%$NaSO_3$ 溶液 195ml(必须透明)，加入 0.5g 纯化的氨[基]萘酚磺酸(纯白色)及 20%$NaSO_3$ 溶液 5ml。并在热水浴中搅拌使固体溶解(如不能全部溶解，再加 20%$NaSO_3$ 溶液数滴，但加入量不得超过 1ml)，置冷处可保存 2～3 周，如颜色变黄时，要重新配制。

氨[基]萘酚磺酸(1，2，4-Aminonaphthal-Sulfonic acid)的纯化方法：在 100ml 热水(90℃)中溶解 15g $NaHSO_4$ 及 1g Na_2SO_4，加 1.5g 商品氨[基]萘酚磺酸(暗红色)，搅拌使其大部分溶解(仅少量杂质不溶解)，趁热过滤，再迅速使滤液冷却。加 1ml 浓盐酸($12mol \cdot L^{-1}$)有白色氨[基]萘酚磺酸沉淀析出，过滤并用水洗涤固体数次，再用乙醇洗涤，直至纯白色为止，最后用乙醚洗涤，并将固体放置在暗处，使乙醚挥发，将此提纯的氨[基]萘酚磺酸置棕色瓶中保存。

(9) 二苯胺试剂：取纯化后的二苯胺 1g 溶于 100ml 冰醋酸(AR)中，加入 2.75ml 浓硫酸，混匀。此试剂见光变绿色，应装入棕色瓶置冰箱备用。此试剂须用前临时配制。

二苯胺的提纯方法：在70%乙醇中重结晶两次。

(10) 3，5-二羟甲苯试剂：取比重1.19 HCl 100ml加入$FeCl_3 \cdot 6H_2O$ 100mg及纯化后的二羟甲苯100mg，混匀溶解后，置于棕色瓶中备用。此试剂亦须用前临时配制。

3，5-二羟甲苯的提纯方法：将市售品溶于煮沸的苯中，加少量活性炭脱色，过滤，再加少量己烷重结晶。

【实验步骤】

1. 制备肝匀浆 将1只小白鼠用拉断颈椎的方法处死，剖腹取出全部肝组织，用清水洗净血污，并用滤纸吸干，然后用剪刀剪碎，加0.9%NaCl溶液2ml于匀浆器中制成匀浆。

2. 提取核酸 将全部匀浆置于小试管中，加入2%三氯醋酸2ml，用玻璃棒搅匀，静置3min。然后离心(3000rpm) 3min，弃上清液，于沉淀中加入10%NaCl溶液2ml，充分混匀，置沸水浴中加热8min，用玻棒边加热边搅拌(防止玻管底破裂)，使之充分生成核酸钠。取出放冷，离心(3000rpm) 3min。将上清液倒入另一试管内，逐滴加入95%冷乙醇2ml，边加边搅拌，待析出白色沉淀。静置5min后，再离心(3000rpm) 5min，倾去上清液，留沉淀备用。

3. 水解核酸 在上述沉淀(核酸钠)中加入5%H_2SO_4 4ml，用玻璃棒搅匀，在沸水中加热10min，即得核酸水解液。

4. 核酸组分的鉴定 取大试管8支，编号后依次加入表6-1所列各试剂，如表6-1操作。

表6-1

试剂(滴) \ 管号	1	2	3	4	5	6	7	8
核酸水解液	20		10		4		20	
5% H_2SO_4		20		10		4		20
浓氨水	10	10						
5% A_gNO_3	10	10						
钼酸铵试剂			5	5				
氨[基]萘酚磺酸			20	20				
3,5-二羟基甲苯					6	6		
二苯胺							30	30
摇匀后除3、4两管需放置3min后再置于沸水浴加热3min外，其他6管直接置于沸水浴5min。比较1管与2管、3管与4管、5管与6管、7管与8管颜色的差异，并予以解释								
颜色(记录)								

注：单号管为测定管，双号管为对照管

【思考题】

(1) 目前核酸分离和鉴定的方法是什么？

(2) 核酸分离和鉴定实验过程中应注意什么？

实验二 核酸的定量分析

【实验目的】 掌握核酸的简单定量原理及技术。

【实验原理】 核酸的定量一般是通过测定磷酸(平均含磷量为8.73%)或戊糖来推算出核

酸的含量，本实验采用戊糖方法。

组织匀浆先用酸处理将组织中的高分子物质如核酸及蛋白质等沉淀下来，再用热的有机溶剂除去脂类化合物。此时核酸及蛋白质均留在沉淀中，在弱酸性环境中加热则核酸即与蛋白质分开，因核酸溶解而蛋白质仍为沉淀。

核糖核酸和脱氧核糖核酸在强酸环境中加热即可水解产生核糖和脱氧核糖，然后分别用3，5-二羟基甲苯法、二苯胺处理法，通过与标准液比色计算出RNA和DNA的含量。

【实验器材】

1. 仪器材料　匀浆器、剪刀、镊子、烧杯、10ml离心管、15ml试管、试管架、玻璃棒、培养皿、滤纸、离心机、水浴锅。

2. 试剂药品

(1)新鲜鼠肝。

(2)15%三氯醋酸溶液。

(3)5%三氯醋酸溶液。

(4)95%乙醇。

(5)醇醚混合液：95%乙醇：乙醚＝3：1(V：V)。

(6)3,5-二羟甲苯试剂：(甲)6% 3,5-二羟甲苯无水乙醇溶液。(乙)取$FeCl_3 \cdot 6H_2O$ 100mg溶于6ml蒸馏水中，再加浓HCl 100ml。临用当天取3.5ml(甲)溶液和100ml(乙)溶液混匀。

(7)二苯胺试剂：取纯化后的二苯胺1g溶于100ml冰醋酸(AR)中，加入2.75ml浓硫酸，混匀，装入棕色瓶置冰箱备用。

(8)标准RNA溶液：称取RNA 40mg，加数滴0.1mol·L^{-1} NaHO使其溶解后，加蒸馏水至100ml，用前稀释10倍即为40μg·mL^{-1} RNA标准溶液。

(9)标准DNA溶液：称取DNA 40mg，加数滴0.1mol·L^{-1} NaHO使其溶解后，加蒸馏水至100ml，即为400μg·ml^{-1} DNA标准溶液。

(市售商品RNA、DNA不纯，配标准液前应用定磷法标定)。

【实验步骤】

1. 制备肝匀浆　取新鲜动物肝组织0.8g,用剪刀剪碎,放匀浆器中,并加15%三氯醋酸2ml,研磨成乳糜状后移入一刻度离心管，再用15%三氯醋酸1ml洗乳钵或匀浆器，重复两次，先后三次洗涤液尽可能全部倒入上述离心管(洗涤后的匀浆器应无残渣残留)，然后离心(3000rpm)3min。

2. 离心　将离心管中的上清液倾弃后，加95%乙醇3～4ml洗涤沉淀，离心，弃去上清液，再加入5ml醇醚混合液(醇：醚＝3：1)。

3. 水浴离心制备核酸、蛋白质　将沉淀与醇醚液混匀后，把离心管置于事先准备好的热水浴中(注意：操作过程应无明火，以免发生事故)，待醇醚混合液沸腾3min后，取出离心管，冷却，离心，弃去上清液。

4. 分离核酸、蛋白质　向离心管中加入5%三氯醋酸7ml，用玻璃棒搅动起沉淀，在90℃水浴锅中加热15min，取出冷却后再加5%三氯醋酸至10ml刻度处。然后混匀，离心，将上清液(即测定RNA、DNA的样品液)转移至一支干燥的试管中备用。

5. RNA定量

(1)取干净大试管3支，标号，依次加入表6-2中的各种试剂。

表 6-2

试剂(ml)	空白管	标准管	测定管
样品液	—	—	0.1
蒸馏水	2.0	—	1.9
RNA 标准液 40μg · ml^{-1}	—	2.0	—
3，5-二羟甲苯试剂	4.0	4.0	4.0

(2) 各管混匀后，至沸水浴中加热 25min，冷却后选用 670nm 的单色光，以空白管调零，测定其他两管的光密度(D)。

(3) 计算

RNA 含量[μg·$(100mg)^{-1}$]＝($D_{c\,测定管}/D_{标准管}$)×80×(10/0.1)×(0.1/0.8)

6. DNA 的定量

(1) 取干净大试管 3 支，标号，依次加入表 6-3 中的各种试剂。

表 6-3

试剂(ml)	空白管	标准管	测定管
样品液	—	—	0.1
蒸馏水	2.0	—	1.9
DNA 标准液 400μg · ml^{-1}	—	2.0	—
二苯胺试剂	4.0	4.0	4.0

(2) 各管混匀后，至沸水浴中加热 15min，冷却后选用 595nm 的单色光，以空白管调零，测定其他两管的光密度(D)。

(3) 计算

RNA 含量[μg·$(100mg)^{-1}$]＝($D_{c\,测定管}/D_{标准管}$)×800×(10/1)×(0.1/0.8)。

【思考题】

(1) 目前核酸的定量分析的方法是什么？

(2) 核酸的定量分析实验过程中应注意什么？

实验三　大肠埃希菌感受态细胞的制备

【实验目的】 掌握制备大肠埃希菌感受态细胞的方法。

【实验原理】 体外连接的重组 DNA 分子导入合适的宿主细胞中才能大量的进行复制、增殖和表达。细菌处于容易吸收外源 DNA 的状态叫感受态。

$CaCl_2$ 法是目前实验室常用的制备感受态细胞的方法，其原理是使细菌处于 0℃、$CaCl_2$ 低渗溶液中，细胞膨胀成球形，细胞膜的通透性发生改变，外源 DNA 附着于细胞膜表面，经 42℃短时间热冲击处理，促进细胞吸收 DNA 复合物。

本实验以 JM109 菌珠为受体细胞，用 $CaCl_2$ 处理受体菌使其处于感受态。

转化是指质粒 DNA 或以它为载体构建的重组子导入细菌的过程。利用 pBS-T 质粒转化制备的感受态菌，可用于所制备感受态菌的转化鉴定。pBS-T 质粒携带有氨苄青霉素，可使接受了该质粒的受体菌具有了氨苄青霉素抗性，将经过转化后的受体细胞经过适当稀释，在含氨苄青霉素的平板培养基上培养，只有转化子才能存活，而未受转化的受体细胞则因无抵抗氨苄青霉素的能力而死亡。

【实验器材】

1. 仪器材料 摇床、超净台、碎冰机、离心机、EP 管、微量移液器、高压灭菌锅、培养皿、-70℃冰箱。

2. 试剂药品

(1) LB 培养基：取胰蛋白胨 2g，酵母提取物 1g，氯化钠 2g，加水 160ml 溶解后用 1mol · L^{-1} 氢氧化钠调 pH 至 7.0，定容至 200ml，高压灭菌。

(2) 固体培养基：取胰蛋白胨 2g，酵母提取物 1g，氯化钠 2g，琼脂粉 1.2g，加水 160ml 溶解后用 1mol · L^{-1} 氢氧化钠调 pH 至 7.0，定容至 200ml，高压灭菌。临用前将固体培养基融化后倒入平皿中，待凝固后备用。

(3) 0.1mol · L^{-1} $CaCl_2$：取 $CaCl_2$ 1.11g 加双蒸水定溶至 100ml，然后用 0.22μm 微孔滤膜过滤除菌。

【实验步骤】

1. 感受态细胞的制备

(1) 从新活化的 JM109 菌平板上挑取单菌落，接种于 5ml LB 液体培养基中(不含 Amp)，37℃振荡培养 12 小时左右，至对数生长期，将该菌液以 1∶100～1∶50 转接于 100ml LB 培养基中，37℃振荡培养 2～3 小时(OD_{600} 约 0.2～0.4)。

(2) 将菌液冰浴 10 分钟后，转入离心管中，于 4℃离心 4000rpm，10min，去上清，收集菌体。

(3) 用 10ml 冰预冷的 0.1mol · L^{-1} $CaCl_2$ 悬浮细胞，冰浴 15～30min。

(4) 0～4℃，离心 4000rpm，10min。

(5) 弃上清液，每 50ml 初始培养物加入 2ml 冰预冷的 0.1mol · L^{-1} $CaCl_2$ 溶液，小心悬浮细胞，冰上放置 30min。

(6) 制备好的感受态细胞悬浮液可在冰上放置 24 小时内直接用于转化实验，也可加入 1/10 高压灭菌甘油，置-70℃冻存。

2. 感受态(JM109)转化鉴定(无菌操作)

(1) 取感受态细菌 100μl，加入 pUC18(或 pBR322)质粒(0.3mg · ml^{-1}) 10μl 混匀。

(2) 冰浴 30min 后，42℃水浴热休克 2min，再于冰浴 2min，加入 LB 液体培养基 0.5ml，37℃振荡培养 40min。

(3) 分别取菌液 30～100μl 加到含 Amp 的 LB 固体培养基平皿上，用三角玻璃刮刀铺板室温放置 2min，然后倒置放入 37℃恒温培养箱培养过夜，观察是否有菌落。

(4) 结果分析：在培养基平板上应可以观察到转化子形成的菌落。

【注意事项】

(1) 实验中所用的器皿均要灭菌，以防止杂菌和外源 DNA 的污染。

(2) 实验过程中要注意无菌操作，溶液移取、分装等均应在无菌超净工作台上进行。

(3) 应收获对数生长期的细胞用于制备感受态，OD_{600} 不应高于 0.6。

(4) 制备感受态细胞所用试剂如 $CaCl_2$ 等的质量要好。

(5) 整个实验一定要在冰浴条件下操作，温度时高时低会影响转化效率。

(6) 42℃热处理很关键，温度要准确，转移速度要快。

【思考题】

(1)何谓感受态细胞？

(2)制备感受态细胞时需注意什么？

实验四　DNA 的转化及阳性克隆的筛选

【实验目的】

(1)学习 DNA 体外重组技术及转化方法；

(2)了解蓝白斑实验筛选转化子的原理和方法。

【实验原理】　外源 DNA 与载体分子的连接就是 DNA 重组，这种重新组合的 DNA 叫做重组子。DNA 在体外的连接重组是基因工程操作的核心技术之一，其本质是一个酶促反应过程。即在一定的条件下，DNA 连接酶催化两个双链 DNA 片段的 5′端磷酸和 3′端羟基之间相互作用，形成磷酸二酯键的过程。常用的 DNA 连接酶有两种：T_4噬菌体 DNA 连接酶和大肠埃希菌 DNA 连接酶。其中 T_4噬菌体 DNA 连接酶对底物的要求低，能更有效地连接 DNA 的平末端，应用更广泛。T_4噬菌体 DNA 连接酶需要镁离子和 ATP 作为辅助因子，在一定的温度和 pH 条件下进行连接反应。

体外连接的重组 DNA 分子必须导入合适的宿主细胞中才能大量的进行复制、增殖和表达。本实验利用 pUC18 作为载体，经 T_4 DNA 连接酶作用，将外源基因插入其多克隆位点，构建重组质粒，转化到大肠埃希菌 JM109 感受态细胞中，利用蓝白斑实验筛选出转化子。

【实验器材】

1. 仪器材料　摇床、超净台、碎冰机、离心机、EP 管、微量移液器、高压灭菌锅、培养皿、−70℃冰箱。

2. 试剂药品

(1)载体 DNA，外源 DNA。

(2)T_4 DNA 连接酶。

(3)10×T_4 DNA 连接酶缓冲液。

(4)感受态细菌。

(5)LB 液体培养基。

(6)LB 固体培养基平皿(含 amp)。

(7)X-gal。

(8)IPTG。

【实验步骤】

(1)将冻存的感受态细胞置于冰上，缓慢解冻；

(2)加入待转化的质粒 DNA，轻轻混匀，冰浴 30 分钟；

(3)42℃热激 90 秒；

(4)立即置冰上 5 分钟；

(5)加入无抗性的 800 μl LB 液体培养基，37℃缓慢震荡活化 1～1.5 小时；

(6)活化好的菌体室温 5 000 rpm，5 分钟离心；

(7)弃上清，用 200 μl 没有抗性的 LB 液体培养基吹打悬浮菌体，蓝白筛选时，向悬浮的菌液中加入 16 μl 50 mg · ml^{-1} IPTG 和 40 μl 20 mg · ml^{-1} X-gal；然后将全部液体涂布于含有相应抗生素的 LB 固体培养基上；超净工作台上，将培养皿口半开，等培养基表面的液体完全蒸发后再完全盖好培养皿；

(8) 37℃倒置培养至菌体适当大小时，大约12～16小时，再进行下一步实验。

【注意事项】

(1) 根据具体情况调节酶的用量。平端连接效率比黏端连接低得多，因而应加大酶的用量。

(2) 正确调整载体DNA和外源DNA之间的比例有助于获得高产量的重组产物。一般外源DNA的摩尔数应控制在载体DNA摩尔数的3～10倍。

【思考题】

(1) 蓝白斑实验筛选转化子的原理是什么？

(2) DNA体外重组技术及转化方法都有哪些？

实验五　DNA的限制性酶切反应

【实验目的】　掌握DNA限制性内切酶酶切的基本原理。

【实验原理】　限制性内切酶能特异地识别、结合于一段被称为限制性酶序列的DNA序列之内或其附近的特异位点上，并切割双链DNA。它可分为三类，其中Ⅱ类限制性内切酶在分子克隆中得到了广泛应用，他们是重组DNA技术的基本工具酶。绝大多数Ⅱ类限制酶可识别长度为4至6个核苷酸的回文序列，其切割位点在识别序列中，有的在对称轴处切割双链DNA，产生平末端的DNA片段；有的切割位点在对称轴一侧，产生带有单链突出末端的DNA片段称黏性未端。

【实验器材】

1. 仪器材料　摇床、超净台、碎冰机、离心机、EP管、微量移液器、高压灭菌锅、培养皿、−70℃冰箱。

2. 试剂药品

(1) pBS-T质粒。

(2) *Hin*d Ⅲ 酶及其酶切缓冲液。

(3) *Eco*R Ⅰ 酶及其酶切缓冲液。

【实验步骤】

1. 以鉴定为目的的酶切

在无菌的1.5 ml Eppendorf 管中加入：

10×buffer	1 μl
质粒DNA	1 μl
限制性内切酶	0.2 μl（$10\ U\cdot\mu l^{-1}$）
加入dd H_2O 至总体积	10 μl

37 ℃温育2～4小时，通过琼脂糖凝胶电泳鉴定酶切结果，注意：质粒是以1.5 ml菌液所提质粒用10 μl ddH_2O溶解所得的。

2. 以回收酶切产物为目的的酶切

在无菌的1.5 ml Eppendorf管中加入：

10×buffer	5 μl
质粒DNA	3～10 μl
限制性内切酶	1～2 μl（$10\ U\cdot\mu l^{-1}$）
加入ddH_2O至总体积	50 μl

37℃温育过夜，通过琼脂糖凝胶电泳回收目的片段。

【注意事项】

(1) 限制性内切酶需保存于−20℃，操作时应将酶保持在冰浴中，避免长时间置于高温中。

(2) 在酶切反应中，应最后加入酶，尽量减少室温接触机会。

(3) 加样时吸头垂直进入试剂管，避免碰到管壁，加酶时吸头深入不可过深。每加完一样要换一个吸头，同时在已加的样品前做个记号以防止错加或漏加，避免污染。

(4) 注意酶的用量，加入的酶量按 1～3U · μg^{-1} DNA 计算，酶的体积应低于反应总体积的10%，以避免酶液中甘油干扰反应。酶量过大时，有产生星号活性的可能，即在识别序列以外的位点进行切割。

(5) 酶解消化反应温度及时间根据该酶使用说明书而定。

【思考题】

(1) 酶切时应注意什么？

(2) 如果一个 DNA 酶解液在电泳后发现 DNA 未被切动，可能是什么原因？

附：蓝白筛选的原理

【实验材料】

(1) 载体质粒和转化受体菌株：实验所使用的载体质粒 DNA 为 pBS，转化受体菌为 *E. coli* DH5α 菌株。

E. coli DH5α 菌株带有 *β*-半乳糖苷酶 C 端部分序列的编码信息。

载体质粒 DNA pBS 上带有 *β*-半乳糖苷酶基因 (lacZ) 的调控序列和 *β*-半乳糖苷酶 N 端 146 个氨基酸的编码序列。(这个编码区中插入了一个多克隆位点，但并没有破坏 lacZ 的阅读框架，不影响其正常功能。)

在各自独立的情况下，pBS 和 DH5α 编码的 *β*-半乳糖苷酶的片段都没有酶活性。但在 pBS 和 DH5α 融为一体时可形成具有酶活性的蛋白质。

这种 lacZ 基因上缺失近操纵基因区段的突变体与带有完整的近操纵基因区段的 *β*-半乳糖苷酸阴性突变体之间实现互补的现象叫 α-互补。

(2) 实验用显色方法：实验中使用 X-gal (5-溴-4 氯-3-吲哚-*β*-D-半乳糖苷) 和 IPTG (异丙基硫代-*β*-D-半乳糖苷) 而非直接使用 *β*-半乳糖。

X-gal 以及 *β*-半乳糖 均为 *β*-半乳糖苷酶底物，但是 X-gal 不能诱导 *β*-半乳糖苷酶操纵子。

实验中使用 IPTG 以诱导 *β*-半乳糖苷酶操纵子。

X-gal 在 *β*-半乳糖苷酶作用下生成深蓝色产物。

【实验原理】

1. 初步筛选 载体质粒 DNA pBS 上带有 Ampr 基因而外源片段上不带该基因，故转化受体菌后只有带有 pBS DNA 的转化子才能在含有 Amp 的 LB 平板上存活下来；而只带有自身环化的外源片段的转化子则不能存活。此为初步的抗性筛选。

2. 蓝白筛选 当外源片段插入到 pBS 质粒的多克隆位点上后会导致读码框架改变，表达蛋白失活，产生的氨基酸片段失去 α-互补能力，含重组质粒的转化子在生色诱导培养基上只能形成白色菌落。而没有重组质粒的转化子产生 α-互补，在生色底物 X-gal (5-溴-4 氯-3-吲哚-*β*-*D*-半乳糖苷) 下存在下被 IPTG (异丙基硫代-*β*-*D*-半乳糖苷) 诱导形成蓝色菌落。

【实验干扰】

在实际操作中，蓝白筛选出现是浅蓝色重组子的原因是：插入小片段时，质粒仍可以表达有缺陷N末端a肽与B连互补形成活力有缺陷的半乳糖苷酶 重组子形成浅蓝斑。既而出现假阴性。

实验六　多聚酶链式反应（PCR）技术

PCR（polymerase chain reaction 聚合酶链反应）是一种在体外大量扩增特异DNA片段的分子生物学技术。其利用合成的两段已知序列的寡核苷酸作为引物，将位于两引物之间的特定DNA片段进行复制，经过多次循环，是模板上特定DNA拷贝数呈指数级增长。PCR具有省时、操作简便、特异性强、灵敏度高、效率高、应用范围广等特点。PCR技术在医学、分子生物学领域得到广泛应用，可用于DNA扩增、DNA克隆、突变分析、基因融合、基因定量、遗传性疾病的诊断等。PCR技术与其他分子生物学技术相结合产生的反转录PCR（RT-PCR）、反向PCR（IPCR）、单引物PCR、不对称PCR等技术使PCR在科研及临床上的应用得到更大的发展。

【实验目的】　掌握PCR反应的原理和方法。

【实验原理】　PCR反应过程分三步：变性、退火、延伸，如图6-1所示。

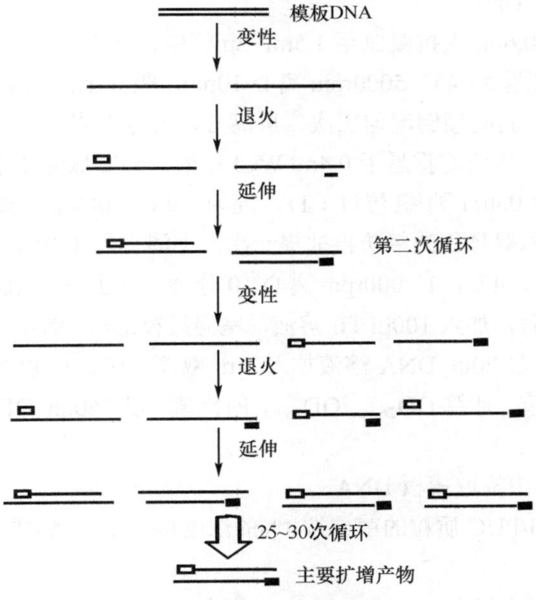

图6-1　PCR反应过程

本实验以人3-磷酸甘油醛（GAPDH）基因中一段300bp的DNA片段作为模板进行扩增，引物5′末端引入限制性内切酶位点，为以后DNA的重组做准备。

【实验器材】

1. 仪器材料　基因扩增仪（PCR仪）、台式冷冻离心机、电泳仪、电泳槽、恒温水浴箱、紫外分光光度计、紫外检测仪（手提式紫外灯）、制冰机、可调式取样器、取血用具。0.5ml、1.5mlEppendorf管（Ep管），tip头若干个。

2. 试剂药品

（1）红细胞裂解液（RCLB）：10mmol · L^{-1} NaCl，5mmol · L^{-1} $MgCl_2$，10mmol · L^{-1}Tris-Cl（pH7.6）。

(2) 白细胞裂解液(WCLB)：5mmol · L^{-1} NaCl，10mmol · L^{-1} EDTA，10mmol · L^{-1} Tris-Cl(pH 7.6)，用前加 1/50 体积的 10%SDS 和 1/200 体积的蛋白酶 K(200mg · ml^{-1})。

(3) 四种 dNTP 混合液(25mmol · L^{-1})。

(4) 引物。

(5) TaqDNA 聚合酶/10×Taq 酶缓冲液。

(6) Tris 平衡酚。

(7) 氯仿。

(8) 3M 乙酸钠(pH 5.2)。

(9) TE 溶液：10mMTris-Cl，1mmol · L^{-1} EDTA(pH8.0)。

(10) 质粒提取液(TELT)：2.5 mol · L^{-1} NaCl，50 m mol · L^{-1} Tris-Cl(pH8.0)，62.5 m mol · L^{-1} EDTA，4%TritonX-100。

(11) 其他试剂：10mg · ml^{-1} 溴化乙锭(EB)水溶液，5×TBE 电泳缓冲液，6×上样缓冲液，DNA 分子量标准，液体石蜡，75%乙醇，无水乙醇，琼脂糖，抗凝剂。

【实验步骤】

1．模板 DNA 的制备

(1) 从白细胞中提取 DNA

1) 裂解红细胞：取 0.6ml 人抗凝血至 1.5ml Ep 管中，加入 0.9ml 预冷的 RCLB，混匀，冰浴 15min，其间颠倒混匀四次，4℃ 5000rpm 离心 10min，吸弃上清，向沉淀中加入 1.5ml RCLB，混悬沉淀，冰浴 10min，其间颠倒混匀三次，再离心，去尽上清。

2) 裂解消化白细胞：将沉淀重悬于 0.4ml WCLB 中，55℃保温 3 小时。

3) 提取 DNA：假如 0.4ml 酚/氯仿(1∶1)，混匀，4℃ 5000rpm 离心 5min，转移上清至干净的 1.5mlEp 管中，加入等体积的氯仿再抽提一次。上清加入 1/10 体积的 3mol · L^{-1} 乙酸钠，2.5 体积无水乙醇，混匀，4℃，12 000rpm 离心 10 分钟，弃上清，加入 1ml 75%乙醇漂洗一下后晾干。待乙醇挥发尽后，加入 100μl TE 溶液，室温过夜溶解 DNA。

4) DNA 浓度测定：取 20μl DNA 溶液加入 1ml 双蒸水中，用紫外分光光度计测 260nm 和 280nm 波长处的光密度值，计算 OD_{260nm}/OD_{280nm} 的比值，以 260nm OD 值 1 相当于 50μg DNA，计算出 DNA 的含量。

(2) 从克隆好的菌株中提取模板 DNA

1) 将冻存的 GAPDH/PUC 质粒的菌株按 1%的浓度接种于含 AMP 60μg · ml^{-1} 的 LA 培养液中 37℃摇过夜培养。

2) 取 1.5ml 菌液至离心管中，4℃，8000rpm 离心 5min，弃上清；

3) 向沉淀中加入 400μl TELT 试剂，充分混悬(时间不要过长)；

4) 再加入 400μl 酚/氯仿。混匀(用手摇)，置 10min；

5) 4℃，10 000rpm 离心 10min；

6) 转移上层水相，加入 2 倍体积的无水乙醇，颠倒混匀后室温放置 10min；

7) 4℃，12 000rpm 离心 10min，弃上清；

8) 加入 1ml 75%乙醇，漂洗沉淀，4℃，12 000rpm 离心 5min，弃上清；

9) 待 DNA 干燥后，加入适量 TE，溶解待用。

2．PCR 反应及产物鉴定

(1) 取两只 0.5ml Ep 管，分别加入表 6-4 所列试剂，如表 6-4 操作。

表 6-4　PCR 反应及产物鉴定操作表

试剂	94℃	30s
10×TaqDNA 聚合酶缓冲液	5μl	5μl
dNTP 混合液	1μl	1μl
引物 1	1μl	1μl
引物 2	1μl	1μl
模板 DNA	1μl	—
双蒸水	40μl	41μl

(2)预变性：短暂离心，将液体收集于管底，置于沸水浴中 5～10min，冰浴冷却；

(3)加入 1μl TaqDNA 聚合酶(1U · μl^{-1})；

(4)混匀后短暂离心，将液体收集于管底，加入 50μl 液体石蜡；

(5)将离心管移入 PCR 仪，设置 PCR 反应参数为表 6-5。

表 6-5　设置 PCR 反应参数

步骤	温度	时间
变性	94℃	30s
退火	55℃	30s
延伸	72℃	45s

(6)进行 30 次循环，然后 72℃延伸 10min。

(7)PCR 产物电泳鉴定：制备含 1μg · ml^{-1}EB 的 1.0%琼脂糖凝胶，铺板，取 10μl PCR 产物，加入 2μl　6×上样缓冲液，上样后于 14V · cm^{-1} 电压电泳 1 小时，用紫外检测仪检查并分析结果。

【注意事项】

(1)使用酚和氯仿时注意勿腐蚀皮肤及取液器口。

(2)制备基因组 DNA 时避免剧烈操作，以免损伤大分子 DNA。

(3)DNA 干燥时不宜过干，否则很难溶解。

(4)PCR 反应操作中注意防止污染。

【思考题】

(1)PCR 反应的原理是什么？

(2)PCR 引物设计的原则是什么？

(3)PCR 实验应注意哪些问题？

实验七　RT-PCR 扩增目的基因

【实验目的】

(1)掌握真核生物细胞基因组 RNA 制备和定量的基本方法。

(2)掌握反转录 PCR 的原理及实验方法。

(3)掌握 PCR 技术原理和基本实验步骤。

【实验原理】　聚合酶链反应(polymerase chain reaction，PCR)是利用两已知序列的寡核苷酸作为上、下游引物，在耐热性 DNA 聚合酶(Taq 酶)作用下将位于模板 DNA 上两引物间特定

DNA 片段进行一种指数级增长的复制过程。PCR 反应体系由模板 DNA、引物、耐热性 DNA 聚合酶、底物（四种 dNTP）、缓冲液和 Mg^{2+}等组成。其操作过程为变性、退火、延伸等三个步骤循环进行。其中变性是加热条件下模板 DNA 双链间的解离，退火是降低温度使模板 DNA 与高浓度引物间的互补结合，延伸是在耐热性 DNA 聚合酶和 Mg^{2+}等存在下扩增特定的 DNA 片段。每次循环扩增产物又可作为下一循环的模板，因此理论上每经过一轮变性、退火、延伸三个步骤，特定 DNA 片段的分子数目增加一倍。耐热性 DNA 聚合酶的应用使 PCR 循环反应可自动进行，提高了反应的特异性和效率。引物设计是 PCR 技术的关键步骤，直接影响扩增的效率和特异性。同时，通过适当改变引物的设计可实现多种 PCR 技术，现在利用计算机软件可辅助设计某一已知序列基因的特定引物。

PCR 是一种体外大量扩增特异 DNA 片段的分子生物学技术，具有省时、操作简便、特异性强、灵敏度高、效率高、应用范围广等特点。PCR 技术在医学、分子生物学领域得到广泛应用，如应用于 DNA 克隆、突变分析、基因融合、基因半定量、遗传性疾病的诊断等方面。PCR 技术还可与其他分子生物学技术相结合发展产生新的技术，如反转录 PCR（RT-PCR）、反向 PCR（IPCR）、不对称 PCR 等，使 PCR 在科研及临床上的应用得到更大发展。

反转录（reverse transcription）也称为逆转录，是依赖 RNA 的 DNA 合成作用，以 RNA 为模版，由 dNTP 聚合成 DNA 分子。反应过程先以单链 RNA 的基因组为模板，催化合成一条单链 DNA。产物与模板生成 RNA：DNA 杂化双链，杂化双链中的 RNA 被 RNA 酶水解后，再以新合成的单链 DNA 为模板，催化合成第二链的 DNA。催化此反应的酶称为反转录酶，也称逆转录酶。

反转录-聚合酶链反应（reverse transcription-polymerase chain reaction，RT-PCR）是 PCR 技术的一种广泛应用的形式，原理是：提取组织或细胞中的总 RNA，以其中的 mRNA 作为模板，采用 Oligo（dT）或随机引物利用反转录酶反转录成 cDNA。再以 cDNA 为模板进行 PCR 扩增，而获得目的基因或检测基因表达。RT-PCR 使 RNA 检测的灵敏性提高了几个数量级，使一些极为微量 RNA 样品分析成为可能。该技术主要用于：分析基因的转录产物、获取目的基因、合成 cDNA 探针、构建 RNA 高效转录系统。

本实验通过提取培养细胞的总 RNA，以反转录酶进行反转录反应获得 cDNA，作为 PCR 的模板扩增人 3-磷酸甘油醛脱氢酶（GAPDH）基因中一段 300bp 的 DNA 片段，两个引物的 5'末端分别引入 EcoR I 和 BamH I 的酶切位点，为 DNA 重组实验做准备。

【实验器材】

1．仪器材料 PCR 仪、EP 管、微量移液器、枪头、冰盒、离心机、培养细胞、或组织。

2．试剂药品 Trizol，异丙醇，氯仿，70%乙醇，反转录酶，dNTPmix ，PCR buffer，Oligo（dT）或随机引物，Ribonuclease inhibitor，10×Taq DNA 酶缓冲液，Taq DNA 聚合酶（$5U \cdot \mu l^{-1}$）；DEPC 水 100ml 双蒸水中加入 DEPC 0.1ml，充分振荡，37℃孵育过夜。15 磅高压灭菌，4℃保存备用；对应目的基因的特异上下游引物；溴化乙锭（EB）：0.5mg/ml；5×TBE（pH8.3 电泳缓冲液）：Tris 5.4g、硼酸 2.25g、EDTA 0.46g、双蒸水定容至 100ml；6×上样缓冲液 0.25% 溴酚蓝、0.25%二甲苯青，40%（W/V）蔗糖水溶液；1%琼脂糖。

【实验步骤】

1．反转录反应

（1）于冰上将 3 μl 总 RNA，2 μl oligo18T（$0.5 \mu g \cdot \mu l^{-1}$）和 7 μl ddH_2O 按总体积 12 μl 混匀，瞬时离心收集液体；

(2) 70 ℃加热变性 5 min，置于冰浴中迅速冷却，瞬时离心收集液体；

(3) 在冰上按顺序加入下列组分，表 6-6。

表 6-6

试剂	体积(μl)
5×reaction buffer	5
dNTP mix（2.5 mmol · L^{-1} each）	5
RNase inhibitor (40U · μl^{-1})	0.4

(4) 轻轻混匀离心；

(5) 加入 M-MuLV 逆转录酶 (200 U · μl^{-1}) 1 μl，补水至 25 μl；

(6) 42 ℃温育 1 小时；

(7) 70 ℃加热 10min 以终止反应，冰上冷却。产物保存于−20 ℃备用。

2. PCR　以 cDNA 为模板，按顺序加入以下试剂，建立 20 μl PCR 反应体系如表 6-7。

表 6-7

试剂	体积(μl)
ddH_2O	13.0
10×PCR buffer	2
dNTP Mix（2.5 mmol · L^{-1} each）	2
Cdna	2
上游引物 (10 μM)	1
下游引物（10 μM）	1
Taq DNA polymerase（5 U · μl^{-1}）	0.5
Total	20

混合均匀后按下列条件进行反应：

Stage 1	94 ℃	5min	1 cycle
Stage 2	94 ℃	30s	
	53 ℃	40s	
	72 ℃	1min	35 cycles
Stage 3	72 ℃	7min	1 cycle
Stage 4	4 ℃	∞	

【结果分析】　1%琼脂糖凝胶电泳鉴定。取 10μl PCR 产物加入 6×上样缓冲液 2μl 混匀，同时以 DNA 分子量标准为对照，分别上样后在 0.5×TBE 电泳缓冲液中于 15V · cm^{-1} 电压下电泳 1 小时，用紫外检测仪检查，与 DNA 分子量标准对照分析。在相当于 PCR 产物大小的位置应出现橘红色荧光，肉眼可观察到清晰的条带。

【注意事项】

(1) 防止 RNA 酶污染的措施。

1) 所有的玻璃器皿均应在使用前于 180℃的高温下干烤 6h 以上。

2) 塑料器皿用 0.1% DEPC 水浸泡。

3) 有机玻璃的电泳槽等，可先用去污剂洗涤，双蒸水冲洗，乙醇干燥，再浸泡在 3%H_2O_2 中室温 10min，然后用 0.1%DEPC 水冲洗，晾干。

4) 配制的溶液应尽可能用 0.1% DEPC 在 37℃处理 12 小时以上。然后高压灭菌除去残留 DEPC。不能高压灭菌的试剂，应当用 DEPC 处理过的无菌双蒸水配制，然后经 0.22μm 滤膜过滤除菌。

5) 操作人员戴一次性口罩、帽子、手套，实验过程中手套要勤换。

6) 设置 RNA 操作专用实验室，所有器械等应为专用。

(2) 常用的 RNA 酶抑制剂。

1) 焦磷酸二乙酯(DEPC)：是一种强烈但不彻底的 RNA 酶抑制剂。它通过和 RNA 酶的活性基团组氨酸的咪唑环结合使蛋白质变性，从而抑制酶的活性。

2) 异硫氰酸胍：目前最有效的 RNA 酶抑制剂，它在裂解组织细胞的同时也使 RNA 酶失活。它既可破坏细胞结构使核酸从核蛋白中解离出来，又对 RNA 酶有强烈的变性作用。

3) 氧钒核糖核苷复合物：由氧化钒离子和核苷形成的复合物，它和 RNA 酶结合形成过渡态类物质，几乎能完全抑制 RNA 酶的活性。

4) RNA 酶的蛋白抑制剂(RNasin)：从大鼠肝或人胎盘中提取的酸性糖蛋白。RNasin 是 RNA 酶的一种非竞争性抑制剂，可以和多种 RNA 酶结合，使其失活。

5) 其他：SDS、尿素、硅藻土等对 RNA 酶也有一定抑制作用。

(3) 要避免沉淀完全干燥，否则 RNA 难以溶解。

(4) PCR 反应应该在一个没有 DNA 污染的干净环境中进行。

(5) 纯化模板所选用的方法对污染的风险有极大影响。一般而言，只要能够得到可靠的结果，纯化的方法越简单越好。

(6) PCR 试剂配制应使用最高质量的新鲜双蒸水，采用 0.22μm 滤膜过滤除菌或高压灭菌。

(7) 试剂或样品准备过程中都要使用一次性灭菌的塑料瓶和管子，玻璃器皿应洗涤干净并高压灭菌。

(8) 所有操作应在冰上完成。

【思考题】

(1) 简述 RT-PCR 的基本实验步骤。

(2) 经 30 轮 PCR 循环后，琼脂糖凝胶电泳并未发现有扩增产物，原因可能是什么？

实验八 实时 PCR 检测乙型肝炎病毒(HBV)核酸

【实验目的】

(1) 掌握实时荧光定量 PCR 检测乙肝病毒的原理及方法；

(2) 熟悉生物安全柜、移液器、高速冷冻离心机等仪器的使用；

(3) 了解 PCR 反应液配置原理及方法。

【实验原理】 HBV 是一种部分双链 DNA 病毒，基因组全长 3.2kb。HBV 携带者和乙型肝炎患者血清中存在的完整的具有感染性的 HBV 颗粒称为 Dane 颗粒。血清中 HBV 颗粒经裂解液处理后提取其基因组 DNA，用实时 PCR 技术对 HBV DNA 进行定性或定量检测，可以了解被检查者 HBV 感染情况。

本实验以水解探针方法对 HBV DNA 进行检测。在 PCR 反应体系中需要有一条萤火标记的能与模板中特异序列互补的探针，探针 5′端和 3′端分别标记报告基因 R 和淬灭基因 Q。但探针完整时，R 基因与 Q 基因通过探针连在一起，R 基因荧光被 Q 基因吸收，反应体系中检测不到荧光信号。扩增时 Taq DNA 聚合酶沿着模板合成新链，当移动到探针与模板的互补处时，Tap DNA 聚合酶具有的 5′外切核酸酶的作用使探针水解。一旦探针被水解，R 基团首先被解离下来，此时 Q 基团的抑制作用消失，R 基团便发射荧光。游离的 R 基团的荧光信号强弱与 PCR 产物量成正比。理论上，PCR 扩增时每增加一个循环，反应体系中荧光信号强度就增加一倍。当荧光信号强度超过仪器的检测灵敏度(阈值)时，即可被仪器检测到并被识别为阳性信号，到达阈值时的 PCR 循环数被称为预支循环数(threshold cycle，Ct)。值的大小与样本中模板 DNA 的拷贝起始数成反比，起始模板量越高，Ct 值越小，反之则越大。以值的形势判断检测结果仍然是定性分析。如果在实验体系中设置已知拷贝数的靶序列 DNA 作为标准品，将标准品经系列稀释与被检样品同时扩增，扩增完成后自动绘制出标准曲线。根据标准曲线可以对样品中 HBV DNA 进行定量分析。

【实验器材】

1. 仪器材料　荧光定量 PCR 仪，iCycler，LightCycler 或 PE7700；移液器及吸头，PCR 反应管，Eppendorf 管，离心机，超净工作台，干式加热模块(或电炉和水浴锅)。

2. 试剂药品　HBV-DNA 定量检测试剂盒，其中包括：样本裂解液，PCR 预混合液(含 $MgCl_2$，dNTP，PCR 反应缓冲液，引物，荧光标记的探针)，Taq DNA 聚合酶($U \cdot \mu l^{-1}$)，阳性对照血清，阴性对照血清，去离子水。标准品模板共 5 管，浓度分别为(1～5)×10^3、(1～5)×10^4、(1～5)×10^5、(1～5)×10^6 和(1～5)×10^7 拷贝/毫升。

【操作步骤】

1. 采集样本　采集被检者静脉血 1ml，尽快分离血清。

2. 制备带检样品及对照血清模板　取 30μl 血清加入等体积样本裂解液，混匀。置干式加热模块(约 100℃)中作用 10min 使病毒颗粒裂解，并使病毒核酸与蛋白质解离。

3. 离心　12 000rpm 离心 10min，上清液即为待测 DNA 溶液。阴性及阳性对照血清按相同方法制备模板。

4. 制备 PCR 反应液　将试剂盒中所有试剂取出作瞬时离心后，在每个 PCR 管中加入 22μl 预混合液和 1μl Taq DNA 聚合酶，混匀。12 000rpm 离心 15 秒后置于 4℃。

如果一次实验检测 N 份样本，可以在一个无菌 Eppendorf 试管中预先配制 N+7 份反应液(N=备件样本份数，7=标准品四份，阴性对照血清和阳性对照血清各一份，另一份用于补足分装所致体积误差)，混匀。12 000rpm 离心 15 秒。

5. 扩增反应　将上述制备好的待检和对照血清的模板 DNA 溶液个 2μl 分别加入相应 PCR 反应管中，各稀释度标准品管中分别加入 2μl 标准品模板 DNA。

PCR 扩增程序为：94℃变性 5min 后进入 PCR 循环，即 94℃变性 10 秒，55℃退火 30 秒，72℃延伸 40 秒，共进行 40 个循环反应。

6. 设定基线　荧光 PCR 检测仪 PE7700：把标准荧光定为 TAMRA。当没有 <16 的强阳性被检样品时，应选 3～15 个循环的平均荧光信号为基线分析 ；当有<16 的样本时，将此样本为强阳性，并将此样本从数据库中剔除，再以 3～15 个循环的平均荧光信号为基线分析 。

荧光 PCR 检测仪 iCycler：基线一般取自设置(2～10)。在实验结束后，点击“PCR baseline subtract”选项扣除基线值。若曲线出现无规则的起伏状跳动，应视为非正常现象，此时应将其从结果中剔除(点击“select　wells”，消除此孔彩色，然后选择”display　wells”)。注意调整坐标，使所有曲线都在坐标以内。

荧光 PCR 检测仪 Light Cycler：用荧光显示模式 F1/F2 读取结果。基线设定原则以刚好超过正常阴性对照片扩增曲线的最高点，并且 Ct 值不出现任何数值时为准(一般设定在 0.001～0.01 范围内，也可根据仪器本身的实际情况加以调整)具体设定请参照各仪器的操作说明。

7. 阈值设定 以刚好高于阴性对照品的扩增曲线的最高点且阴性对照品 =40 或 =0 为原则，调整起始阈值。

8. 设置标准曲线 扩增反应前将标准品模板的起始浓度分别设定为 1×拷贝/ml、1×拷贝/ml、1×拷贝/ml 和 1×拷贝/ml。反应结束后，仪器的数据分析软件将以标准品模板起始浓度的对数值为横坐标，以标准值为纵坐标绘制标准曲线。

【注意事项】

(1)实验中严格保证安全。

(2)严格按照 PCR 实验的有关规定进行操作。

1)加入试剂之前，把它混匀一下，以免放置时间长了浓度不均。

2)移液枪用完之后要归到最大计量的位置，防止久而久之弹簧失去弹性。

3)严禁吸头混用，吸头不要长时间暴露于空气中，避免气溶胶的污染。

4)严禁用嘴吸取液体。

5)操作人员戴一次性口罩、帽子、手套，实验过程中手套要勤换。

6)有机玻璃器具不能使用氯仿洗涤。

7)各工作区要有一定的隔离，操作器材专用，要有一定的方向性。

8)工作区域必须有明显的标记，避免不同工作区的物品仪器混用。

9)进入各工作区必须严格按单一方向进行，避免在不同工作区之来回走动造成气溶胶污染。

(3)应将样本视为有潜在的传染性，应严格遵守实验室的相关规定和操作要求；实验结束后必须对工作台面作彻底清洁和消毒，与样本有接触的任何耗材在丢弃之前都应做相应处理，防止污染。

【思考题】

(1)在进行实时荧光定量的退火温度一定要 60℃？还是根据引物定？每次的结果都有黄色的三角符号在上面，是引物出现的问题吗？

(2)实时荧光定量 PCR 污染问题？

（姜　颖）

第七章　综合性实验

第一节　综合性实验概述

综合性实验是指实验内容涉及本课程的综合知识或本课程相关课程知识点的实验。该类实验的目的在于通过实验内容、实验方法、实验手段的综合，牢固掌握本课程及相关课程的综合知识，培养学生综合处理问题的能力，达到能力和素质的综合培养与提高。

综合性实验是多个具有相关性的单一实验的综合，多角度、多学科的实验设计，有助于学生对所学知识更深刻、更全面的理解。综合性实验的各个分实验之间有平行、递进、互补关系。通过综合性实验，能够把原来相互独立的研究对象彼此联系起来，有助于提高本科生生物化学实验的质量，缩小实验课教学与理论课教学之间的差距。

综合性实验结束后，要求学生在查阅资料和对自己的实验结果进行统计学分析的基础上，作出相应的能说明问题的图表，严格按照撰写科技论文的规范撰写实验报告，改变验证性实验照搬照抄实验指导书中的目的、原理、方法和步骤的实验报告撰写模式。

（高　涵）

第二节　综合性实验

实验一　血清 γ-球蛋白的分离提纯

【实验目的】

(1) 掌握盐析法分离提纯 γ-球蛋白的原理与方法。

(2) 了解凝胶层析法脱盐的原理和操作。

(3) 熟悉醋酸纤维素薄膜电泳的基本原理和过程。

【实验原理】　分离和纯化蛋白质是研究蛋白质化学及其生物学功能的重要手段。可利用蛋白质分子量、溶解度和在一定 pH 条件下所带电荷不同等性质的差异，而分离和纯化，盐析法就是常用的方法之一。向蛋白质溶液中加入中性盐(如硫酸铵)，使溶液的离子强度发生改变，从而使蛋白质表面的电荷被大量中和，水化膜被破坏而沉淀析出。由于蛋白质的性质不同，故盐析时所需中性盐的饱和度亦异，用式(7-1)计算达到所需饱和度时应加入饱和中性盐溶液的体积：

$$V= V_0\ (S_2-S_1)/(S_1-S_2) \tag{7-1}$$

式中 V 和 V_0 分别代表需加入饱和中性盐溶液的体积和待盐析蛋白质溶液的体积，S_1 和 S_2 分别代表待盐析蛋白质溶液中该中性盐的原饱和度和所需达到的饱和度。

盐析法分离蛋白质多在低温下操作，所得蛋白质沉淀并不变性，但含有大量中性盐分子，可用凝胶层析法脱盐。由于中性盐分子的分子量较小，在凝胶层析过程中的阻滞作用较大，而蛋白质分子的分子量较大，阻滞作用较小，从而达到分离(参见实验凝胶层析法分离蛋白质)。

本实验采用中性盐硫酸铵进行盐析分离血清 γ-球蛋白，用葡聚糖凝胶 G-25 进行脱盐，用双缩脲试剂和 Nessler 试剂分别检验蛋白质和 NH_4^+，最后用醋酸纤维素薄膜电泳进行比较鉴定。

【实验器材】

1. 仪器材料

离心管、试管及试管架，2ml 刻度吸管、玻璃棒、烧杯，层析柱：1.1 cm×12cm 玻璃管柱及架，滴管、滤纸、反应板，离心机和全套电泳器材。

2. 试剂药品

(1)兔血清。

(2)PBS(磷酸盐生理盐水缓冲液)：0.2 mol · L^{-1}，pH7.2 的磷酸缓冲溶液中加入氯化钠至 0.15 mol · L^{-1}。

(3)葡聚糖凝胶 G-25(商品名为 Sephadex G-25)。

(4)pH7.2 饱和硫酸铵溶液　用氨水将饱和硫酸铵溶液调到 pH7.2。

(5)Nessler 试剂：称取 150g 碘化钾置于三角烧瓶中，加蒸馏水 100 ml 使之溶解，再加入 110g 碘，待完全溶解后加 140g～150g 汞，用力振摇 10min 左右，此时产生高热，须将三角烧瓶放入水中继续摇动，直至棕红色的碘转变成带绿色的碘化汞钾为止。将上清液倾入 2000ml 容量瓶中，并用蒸馏水洗涤瓶内的沉淀数次，将洗涤液一并倒入容量瓶内，用蒸馏水稀释至刻度此为贮存液，储于棕色瓶中备用。

取贮存液 150ml，加 10%氢氧化钠 700ml，混匀后加蒸馏水 150ml，混匀，此为应用液，储于棕色瓶中，如混浊可过滤或静止数天后取上清液使用。本试剂需有适宜的 pH，调节至用 1mol·L^{-1} 盐酸 20ml 滴定时，需本试剂 11.0～11.5ml 时为宜。

(6)双缩脲试剂：称取 $CuSO_4 \cdot 5H_2O$ 2.5g，加蒸馏水少许，微热溶解后稀释至 100ml。另取酒石酸钾钠($NaKC_4H_4O_6 \cdot H_2O$)10g 和 K 15g，溶于 500ml 蒸馏水中，再加 20%氢氧化钠 300ml，混匀后，慢慢加入硫酸铜溶液申，加蒸馏水至 1000ml。此液可长期储存。

(7)电泳缓冲液、染色液和漂洗液：同蛋白质醋酸纤维素薄膜电泳定量测定实验。

【实验步骤】

1. 盐析

(1)取 1 支刻度离心管，加入 2.0ml 血清，再加入 2.0ml PBS，混匀后滴加(边加边摇)2.0ml 饱和硫酸铵溶液，混匀后于室温下静置 10min，以 3000rpm 离心 10min，弃上清。

(2)向沉淀中加入 PBS，使其溶解并加至 1.0ml ，再滴加(边加边摇)0.5ml 饱和硫酸铵溶液，混匀后于室温下静置 10min，同上离心，弃去上清。重复本操作 2～3 次，沉淀物为初步纯化的 γ-球蛋白。

2. 脱盐

(1)装柱：称取 2.5g 葡聚糖凝胶 G-25，倒入 100ml 烧杯中，加蒸馏水 50ml，充分混匀后，置沸水浴中 1 小时或室温下 5 小时，使其充分溶胀，静置冷却后倾弃上清液，再加入 PBS 10ml，用玻璃棒轻轻搅拌，将 1.1cm×12cm 的玻璃管柱垂直固定于铁架上，下端铺垫棉花或玻璃棉，先用少量洗脱液将气泡赶净，然后将下端活塞关闭，再将溶胀后的葡聚糖凝胶 G-25 悬液倾入柱中，同时微启活塞，在管中凝胶下沉的同时继续加入凝胶悬液，待全部凝胶倾入柱内，且液面接近凝胶面时，关闭下端活塞。为使凝胶面平坦，可用手指轻轻弹动层析柱，然后小心开启下端活塞，以 10(滴 · min^{-1})的速度用 2 倍柱体积的洗脱液平衡，当液面恰好与凝胶面重合时，立即关闭活塞，然后在柱床表面放一滤纸片，以防加样时凝胶被冲起。

注意：在装柱和层析过程中，不得使液面低于凝胶床表面，否则，空气进入凝胶床中将严重影响分离效果。

(2)脱盐：向盛有γ-球蛋白的离心管内加入10滴PBS液，并用玻璃棒轻轻搅拌使其全部溶解，再用乳头吸管吸取γ-球蛋白液，小心地加到凝胶床表面上，使之缓缓滴入，微启下端活塞，使流速为(4～5)(滴·min^{-1})，待样品全部缓慢地进入凝胶床，关闭活塞。再按同样方式，反复加入少量PBS液，以洗净柱内壁上的样品溶液，然后加入适量的PBS液，约高出床表面3～5cm，进行连续洗脱。

(3)收集：用12支小试管收集洗脱液，每收集1ml更换试管，直到12支管都收集完，关闭活塞。

(4)检测：准备反应板两块，取每支试管内的洗脱液，分别加在两块反应板的各对应凹内一滴，再向一反应板各凹加双缩脲试剂一滴，向另一反应板各凹加Nessler试剂一滴，记录各凹颜色变化，以“－”或“＋”表示不呈色或呈色深浅。

3. 电泳　将双缩脲反应呈色最深一管中的洗脱液作为样品，与血清作对照，按血清蛋白质醋酸纤维素膜电泳定量测定实验中的操作，进行电泳，呈色后进行判断。

【思考题】

(1)盐析过程中各上清和沉淀中主要含何种蛋白质？

(2)盐析中所达到的硫酸铵饱和度各是多少？

(3)脱盐过程中，物质洗脱出来的顺序如何？为什么？

（高　涵）

实验二　糖尿病诊断实验

糖尿病是一组由于胰岛素分泌缺陷和/或胰岛素作用障碍所致的以高血糖为特征的代谢性疾病。目前糖尿病的诊断主要取决于生物化学检验结果，最新的诊断标准，除了血糖浓度的检测还增加了糖化血红蛋白的测定，因其在糖尿病病情监测上有重要意义，所以越来越受到人们的重视。

血糖测定是糖尿病(DM)诊断及治疗随访的必要手段，可以认为是DM患者“生命体征”之一。过去测定血糖多采用全血，但目前多采用血清或血浆。血糖的测定方法很多，可分为三大类：无机化学法(氧化还原法)、有机化学法(缩合法)以及酶法。国际上推荐的参考方法是已糖激酶法，但试剂比较昂贵，不适合在我国大面积推广使用。我国已淘汰氧化还原法，目前国内医院多采用葡萄糖氧化酶法和邻甲苯胺法测定血糖。葡萄糖氧化酶法特异性强、价格低廉、方法简单，邻甲苯胺法由于血中绝大部分非糖物质及抗凝剂中的氧化物同时被沉淀下来，因而不易出现假性过高或过低，结果较可靠，所以仍然有些基层单位在使用邻甲苯胺法，但近年已逐步被淘汰。

一、葡萄糖氧化酶法(GOD-POD)测定血清(浆)葡萄糖

【实验目的】

(1)掌握葡萄糖氧化酶法测定血糖的原理及操作过程；

(2)了解血糖测定的临床意义及应用。

【实验原理】　葡萄糖在葡萄糖氧化酶(glucose oxidase，GOD)的作用下与水和空气中的氧反应将葡萄糖氧化为葡萄糖酸，并释放过氧化氢。过氧化氢在过氧化物酶(peroxidase，POD)的作用下分解为水和氧，同时将无色的4-氨基安替比林和酚氧化缩合为红色醌类化合物，即Trinder反应。红色醌类化合物的生成量与葡萄糖含量成正比，与同样处理的标准液进行比较，即可求出样品中葡萄糖的含量。

$$C_6H_{12}O_6 + H_2O \xrightarrow[+O_2]{\text{葡萄糖氧化酶}} C_6H_{12}O_7 + H_2O_2$$

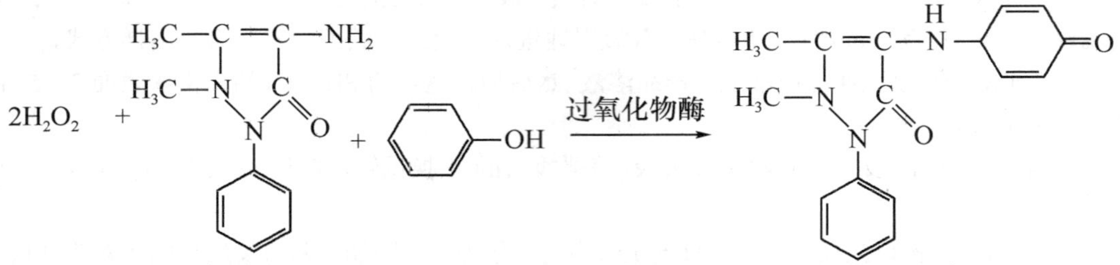

4-氨基安替比林　　　　　　红色醌化合物

【实验器材】

1. 仪器材料　试管及试管架，5ml 刻度吸管，微量移液器，水浴箱及分光光度计。

2. 试剂药品　0.1mol · L^{-1} pH7.0 磷酸盐缓冲液：取无水磷酸二氢钾 5.3g 及无水磷酸氢二钠 8.67g 溶于 800ml 蒸馏水中，用 1mol · L^{-1} 氢氧化钠（或 1mol · L^{-1} 盐酸）调 pH 至 7.0，蒸馏水定容至 1L；酶试剂：称取过氧化物酶 1200U，葡萄糖氧化酶 1200U，4-氨基安替比林 10mg，叠氮钠 100mg，溶于磷酸盐缓冲液 80ml 中，用 1 mol · L^{-1} NaOH 调 pH 至 7.0，用磷酸盐缓冲液定容至 100ml，置 4℃保存，可稳定 3 个月；酚溶液：称取重蒸馏酚 100mg 溶于蒸馏水 100ml 中，用棕色瓶贮存；酶酚混合试剂：酶试剂及酚溶液等量混合，4℃可以存放 1 个月；12mmol · L^{-1} 苯甲酸溶液：溶解苯甲酸 1.4g 于蒸馏水约 800ml 中，加温助溶，冷却后加蒸馏水定容至 1 L；100mmol · L^{-1} 葡萄糖标准贮存液：称取已干燥恒重的无水葡萄糖 1.802g，溶于 12mmol · L^{-1} 苯甲酸溶液约 70ml 中，以 12mmol · L^{-1} 苯甲酸溶液定容至 100ml。2 小时以后方可使用；5.5mmol · L^{-1} 葡萄糖标准应用液：吸取葡萄糖标准贮存液 5.5ml 放于 100ml 容量瓶中，用 12mmol · L^{-1} 苯甲酸溶液稀释至刻度，混匀。

【实验步骤】

1. 自动化分析　可按自动生化分析仪按使用说明书要求进行操作。

2. 手工操作　取 3 支试管，按表 7-1 操作。

表 7-1　葡萄糖氧化酶法测血糖操作步骤

加入物	空白管	标准管	测定管
血清（ul）	—	—	20
葡萄糖标准应用液（ul）	—	20	—
蒸馏水（ul）	20	—	—
酶酚混合试剂（ml）	3.0	3.0	3.0

混匀，置 37℃水浴 15min，λ=505nm 处比色，以空白管调零，分别读取标准管及测定管吸光度。

【计算】

$$\text{血清葡萄糖(mol/L)} = \frac{\text{测定管吸光度}}{\text{标准管吸光度}} \times 5.5 \qquad (7\text{-}2)$$

【参考范围】　空腹血清葡萄糖为 3.9～6.1mmol · L^{-1}。

【注意事项】

（1）GOD-POD 法可直接用于脑脊液葡萄糖含量测定，但不能用于尿液葡萄糖含量测定。因为尿液中尿酸等干扰物质浓度过高，可干扰 Trinder 反应，造成结果假性偏低。

(2) 血清标本最好以草酸钾-氟化钠为抗凝剂制备血浆。可使血液在 3～4 天内不凝固并有效抑制葡萄糖的分解。

(3) 血清标本如有严重黄疸、溶血或乳糜血应先制备无蛋白血滤液，然后再进行测定。

(4) 缓冲液中含叠氮钠作稳定剂，不要用嘴吸，避免与皮肤接触。酚试剂有毒，切勿吞咽，如果溢出，请用大量水冲洗被污染的部位。

本方法测定葡萄糖特异较好，从原理看第一步反应是特异性反应，第二步反应特异性则较差，误差也往往发生在第二步反应。一些还原性物质如胆红素、尿酸、谷胱甘肽和维生素 C 等，可与色原性物质竞争过氧化氢，从而消耗反应过程中所产生的过氧化氢，产生竞争性抑制，使测定结果偏低。溶血标本血红蛋白的浓度低于 $10g \cdot L^{-1}$，黄疸标本胆红素浓度低于 $342\mu mol \cdot L^{-1}$，维生素 C 小于 $30mg \cdot L^{-1}$，均不影响测定结果。

二、己糖激酶法测定血清(浆)葡萄糖

【实验目的】

(1) 掌握己糖激酶法测定血糖的原理及操作过程；

(2) 了解血糖测定的临床意义及应用。

【实验原理】

在己糖激酶(hexokinase，HK)催化下，葡萄糖和 ATP 发生磷酸化反应，生成葡萄糖-6-磷酸(G-6-P)与 ADP。G-6-P 在葡萄糖-6-磷酸脱氢酶(G-6-PD)的催化下脱氢，生成 6-磷酸葡萄糖酸(6-PGA)，同时使 $NADP^+$还原成 $NADPH+H^+$，根据反应方程式，还原型 $NADPH+H^+$的生成速度与葡萄糖浓度成正比，在波长 340nm 处监测吸光度升高速率，可计算样品中葡萄糖浓度。

【实验器材】

1. 仪器材料　试管及试管架，2ml 刻度吸管，微量移液器，水浴箱及分光光度计。

2. 试剂药品　酶混合试剂：己糖激酶测定葡萄糖，一般多用试剂盒。酶混合试剂的组成成分与浓度：三乙醇胺盐酸缓冲液(pH7.5) $50mmol \cdot L^{-1}$，$MgSO_4$ $2mmol \cdot L^{-1}$，ATP $2mmol \cdot L^{-1}$，NADP $2mmol \cdot L^{-1}$，HK＞1 500U/L^{-1}，G-6-PD　2500U/L^{-1}，根据试剂盒说明书配制，保存于 4℃冰箱；$100mmol \cdot L^{-1}$ 葡萄糖标准贮存液：称取已干燥恒重的无水葡萄糖 1.802g，溶于 $12mmol \cdot L^{-1}$ 苯甲酸溶液约 70ml 中，以 $12mmol \cdot L^{-1}$ 苯甲酸溶液定容至 100ml。2h 以后方可使用；$5.5mmol \cdot L^{-1}$ 葡萄糖标准应用液：吸取葡萄糖标准贮存液 5.5ml 放于 100ml 容量瓶中，用 $12mmol \cdot L^{-1}$ 苯甲酸溶液稀释至刻度，混匀。

【实验步骤】

1. 速率法　使用自动分析仪器。仪器的操作需按说明书进行。

2. 终点测定法　如表 7-2 操作。

表 7-2　己糖激酶法操作步骤

加入物	空白管	标准管	对照管	测定管
血清(ul)	—	—	20	20
葡萄糖标准应用液(ul)	—	20	—	—
生理盐水(ul)	20	—	2.0	—
酶混合试剂(ml)	2.0	2.0	—	2.0

混匀，在 37℃水浴，准确计时 10min，用蒸馏水调零，5mm 直径比色皿，340nm 波长处读

取各管吸光度。

【计算】

1. 速率法

$$(\Delta A_{测定管}/\min - \Delta A_{空白管}/\min)/(\Delta A_{标准管}/\min - \Delta A_{空白管}/\min)\times 系数 \tag{7-3}$$

min 表示时间，单位：分钟：空白管以蒸馏水代替血清。

2. 终点法

$$葡萄糖(\mathrm{mmol/L}) = \frac{A_{测定} - A_{对照} - A_{空白}}{A_{标准} - A_{空白}} \times 5.5 \tag{7-4}$$

【参考范围】 3. 9～6.1mmol · L^{-1}（空腹）。

【注意事项】

(1) HK 和 G-6-PD 是关键的工具酶，必须使用高纯度产品，Mg^{2+}为 HK 的激活剂，反应中应有 Mg^{2+}存在。

(2) NAD^+或 $NADP^+$的纯度要求达 98%以上。

己糖激酶法的特异性比葡萄糖氧化酶法高，是目前公认为测定血糖的参考方法，适用于自动分析仪。轻度溶血、脂血、黄疸、维生素 C、氟化钠、肝素、EDTA 和草酸盐等均不干扰本法测定。严重溶血(Hb 2～5.12g · L^{-1})致使红细胞内有机磷酸酯及一些酶类释放，消耗 $NADP^+$，可使葡萄糖测定值下降 6.6%～32%。

三、邻甲苯胺法测定血糖

【实验目的】

(1) 掌握邻甲苯胺法测定血糖的原理及操作过程。

(2) 了解血糖测定的临床意义及应用。

【实验原理】 血清或血浆中的葡萄糖在加热的有机酸溶液中能与某些芳香族胺类反应，生成有色化合物，如酸性介质中葡萄糖与邻甲苯胺共热脱水缩合生成蓝绿色的醛亚胺(Schiff 碱)，从而测定血糖值，其反应如下：

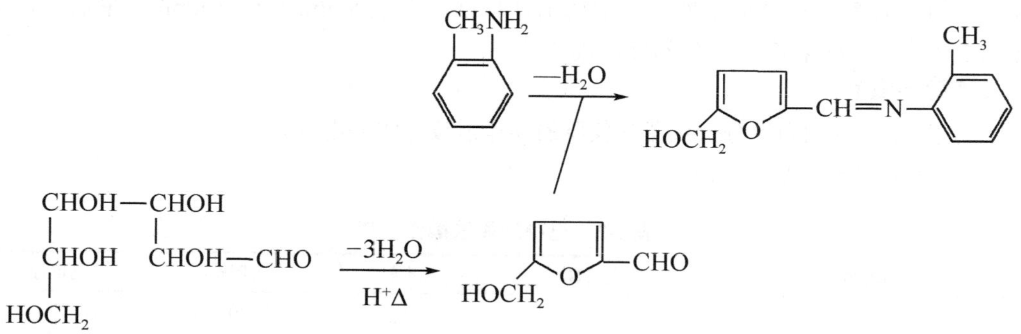

【实验器材】

1. 仪器材料 试管及试管架，0.1m1、5ml 刻度吸管，沸水浴锅及 722 型分光光度计。

2. 试剂药品 邻甲苯胺试剂：称取硫脲(AR) 2.5g 溶于 750ml 冰醋酸(AR)中，将此液移入 1000ml 容量瓶中，加入 150ml 刚蒸馏过的邻甲苯胺(199～201℃时的无色或浅黄色的馏出液）及 2.4%的硼酸溶液 100ml，再加冰醋酸至刻度，混匀后置棕色瓶中至少可保存两个月。此试剂中醋酸浓度很高，使用时须加注意；100mmol · L^{-1} 葡萄糖标准贮存液：称取已干燥恒重的无水葡萄糖 1.802g，溶于 12mmol · L^{-1} 苯甲酸溶液约 70ml 中，以 12mmol · L^{-1} 苯甲酸溶液定容至 100ml，2 小时以后方可使用；30mmol · L^{-1} 葡萄糖标准应用液：吸取葡萄糖标准贮存液 30ml 放于 100ml 容量瓶中，用 12mmol · L^{-1} 苯甲酸溶液稀释至刻度，混匀。

【实验步骤】 取 7 支试管编号后，按表 7-3 顺序加入试剂。加毕，温和混匀，于沸水浴中煮沸 15 分钟取出，流水冷却，用 680nm 波长，以“0”号管调零，分别测定 A。用 1～5 号管的 A 值为纵坐标，对应的葡萄糖浓度为横坐标，绘制标准曲线，由 6 号管的 A 值从标准曲线上查出葡萄糖浓度，求出血糖值，如表 7-3 操作。

表 7-3　葡萄糖标准曲线的制备及浓度测定操作步骤

加入物(ml)	0	1	2	3	4	5	6(样品)
血清(样品)	—	—	—	—	—	—	0.1
葡萄糖标准应用液	—	0.02	0.04	0.06	0.08	0.1	—
蒸馏水	0.1	0.08	0.06	0.04	0.02	—	—
邻甲苯胺试剂	5	5	5	5	5	5	5
葡萄糖浓度(mmol · L^{-1})	0	6	12	18	24	30	
A_{680}							

【注意事项】

(1) 本法不需要除去蛋白质，邻甲苯胺试剂只与糖醛起反应，不与血中其他还原物质起反应。

(2) 显色反应与水的含量有关，故应使标准管和测定管的含水量一致。

(3) 温度对显色反应有明显影响，煮沸时间和温度应准确控制。

(4) 显色后颜色不稳定，室温每放置 1min，颜色降低 0.15%。

(5) 邻甲苯胺试剂中冰醋酸浓度很高，使用不当容易损坏比色仪器。

(6) 邻甲苯胺是致癌剂，测定过程中应小心使用。

邻苯甲胺法测定血糖具有操作简单，特异性较高的优点，试剂成本也较低，但该法一般在浓酸高温条件下进行反应，且组成单一试剂的某些有机化合物具有一定的毒性，对健康不利，又易损仪器，这是该法的缺点，因此在用该法做血糖测定时须注意安全。

四、口服葡萄糖耐量试验

【实验目的】

(1) 掌握口服葡萄糖耐量试验的操作方法。

(2) 了解口服葡萄糖耐量试验的临床应用。

【实验原理】 口服葡萄糖耐量试验(oral glucose tolerance test，OGTT)是检查人体血糖调节功能的一种方法。正常人一次食入大量葡萄糖后(通常 75 克)，其血糖浓度略有升高，一般不超过 8.88mmol · L^{-1}，并于 2 小时恢复正常，这种现象称为耐糖现象；而在内分泌失调或神经系统功能紊乱引起代谢失常时，食入大量葡萄糖后血糖浓度急剧升高，2 小时内不能恢复正常者，即称糖耐量减低。OGTT 就是检查耐糖现象是否正常，即是否有糖耐量减低的一种试验。

【实验器材】 同血糖测定

【实验步骤】

(1)采集受试者晨起空腹(禁食10～16小时)血标本，备作血糖测定。

(2)取得空腹血标本后，饮用含75g(对于儿童则中按每千克体重给1.75克葡萄糖计算口服葡萄糖用量，直至达到75克葡萄糖时止)葡萄糖的水300ml，5min内饮完。

(3)从口服第一口糖水时计时，分别于服糖后0.5、1.0、1.5、2.0小时各取血一次，作血糖浓度测定。

(4)绘制耐糖曲线：将各次所测得的血糖浓度与对应的时间作图，绘制糖耐量曲线。

【参考区间】 空腹血糖3.9～6.1mmol · L^{-1}，服75g葡萄糖0.5、1.5小时都不超过11.1mmol · L^{-1}，2小时不超过7.8mmol · L^{-1}。

【结果判定】 OGTT对隐性糖尿病诊断有帮助，在实际应用中亦可简化OGTT，即只取空腹和服糖后2小时标本测定血糖值，一般认为2小时值是关键性的。

(1)当静脉空腹血糖<6.1mmol · L^{-1}，OGTT 2小时血糖<7.8mmol · L^{-1}，说明人体对进食葡萄糖后的血糖调节能力正常，为正常糖耐量。

(2)当静脉空腹血糖≥7.0mmol · L^{-1}或OGTT 2小时血糖≥11.1mmol · L^{-1}，说明人体处理进食后葡萄糖的能力明显降低，可以确诊糖尿病。

(3)当静脉空腹血糖<7.0mmol · L^{-1}. 并且OGTT 2小时血糖介于7.8~11.1mmol · L^{-1}之间，说明人体对葡萄糖的调节能力轻度下降，可以诊断糖耐量减低。

(4)当静脉空腹血糖介于6.1~7.0mmol · L^{-1}之间，且OGTT 2小时血糖≤7. 8mmol · L^{-1}，说明人体对进食葡萄糖后的血糖调节能力尚好，但对空腹血糖调节能力轻度减退，可以诊断空腹血糖受损。

【临床意义】 OGTT在糖尿病的诊断上并非必需，临床上不推荐常规应用。OGTT主要用于以下几种情况：①妊娠期糖尿病(GDM)的诊断。②诊断糖耐量受损(IGT)。③有无法解释的肾病、神经病变或视网膜病变，随机血糖小于7.8mmol · L^{-1}，可用OGTT评价。此时如有异常结果，不代表有肯定的因果关系，还应排除其他疾病。④人群筛查，获取流行病学数据。

【注意事项】

(1)进行口服葡萄糖耐量试验(OGTT)之前每天碳水化合物摄入量不少于250~300g，有正常的体力活动至少三天。糖尿病病人应慎做此实验，若正在使用胰岛素治疗，则必需在试验前三天停用胰岛素治疗。

(2)试验前空腹过夜(禁食10～16小时)，试验前8小时内，禁止抽烟、饮酒饮用咖啡，但口干时可以适量饮水，取得空腹血标本后5分钟内饮完糖水。

(3)如口服避孕药物、降血糖药、水杨酸钠、心得安和某些利尿剂、激素等，应在试验前三天停药。

(4)葡萄糖耐量试验的葡萄糖剂量可用100g或75g。对比研究表明，75g糖耐量结果比100g更明显，受试者不适感较轻，所以WHO推荐的葡萄糖负荷量为75g。

(5)应激状态应延期作OGTT，如患者出现发热、急性心肌梗死、创伤等情况时血糖会暂时性升高，出现糖耐量降低。

(6)对于胃肠道手术或胃肠功能紊乱影响糖吸收的患者，糖耐量试验不宜口服进行，可以采用静脉葡萄糖耐量试验(invein glucose tolerance test，IGTT)。对OGTT正常但有糖尿病家族史者，可进行可的松OGTT，但50岁以上者对葡萄糖的耐受力有下降的趋势，所以不宜做此类试验。

血糖单位换算：一种是毫克/分升($mg \cdot dl^{-1}$)，为旧制单位；另一种为毫摩尔/升($mmol \cdot L^{-1}$)，为新制单位。现虽提倡用新制单位，但旧制单位仍在一定范围使用。所以，知道二者之间如何转换就很有必要了。两种单位的换算公式为：$mg \cdot dl^{-1} \div 18 = mmol \cdot L^{-1}$；$mmol \cdot L^{-1} \times 18 = mg \cdot dl^{-1}$。比如：$120mg \cdot dl^{-1}$ 换算成以 $mmol \cdot L^{-1}$ 为单位的数值时，需除以 18，即 $120mg \cdot dl^{-1} \div 18 = 6.67mmol \cdot L^{-1}$；$6.67mmol \cdot L^{-1}$ 换算成以 $mg \cdot dl^{-1}$ 为单位的数值时，需乘以 18，即 $6.67mmol \cdot L^{-1} \times 18 = 120mg \cdot dl^{-1}$。

五、糖化血红蛋白(HbA1c)测定(阳离子交换色谱法)

糖尿病是一种多病因的代谢疾病，特点是慢性高血糖，伴随因胰岛素分泌不足或/和作用无效引起的糖、脂肪和蛋白质代谢紊乱，可导致不同脏器的(长期)损伤，功能障碍和衰竭。监测血糖水平，对糖尿病的诊治是非常重要的，监测结果可用于评价治疗效果，调节饮食、活动和治疗，以达到最好的血糖控制效果。血、尿葡萄糖和尿酮体测定对糖尿病的日内管理提供了有用的信息，但无法评价一段时期内的血糖平均水平。糖化血红蛋白(HbA1c)的测定解决了这一问题，进一步完善了糖尿病的实验室监测手段，是长期监测糖尿病最有用的方法，糖化血红蛋白(GHb)是血液葡萄糖通过非酶作用，经细胞膜与红细胞内血红蛋白β链-N末端缬氨酸结合形成的产物，其合成速率与红细胞所处环境中糖的浓度成正比。糖化血红蛋白的形成是不可逆的，其浓度与红细胞寿命(平均120天)和该时期内血糖的平均浓度有关，不受每天血浆葡萄糖浓度大小波动而变化，也不受运动或食物的影响，因此糖化血红蛋白是反映过去6～8周的平均血糖浓度，这可为评估血糖的控制情况提供可靠的实验室指标。

通常所说的HbAlc为Hb的色谱分离中的一个成分，并非为一个特指物质，只有与葡萄糖相结合的Hb才被称为glyco sylated hemoglobin(GHb)，而现在临床上把HbAlc和GHb常视为同义词。

【实验目的】

(1)掌握糖化血红蛋白测定的原理及操作过程；

(2)了解血糖测定的临床意义及应用。

【实验原理】 带负电荷的Bio-Rex70阳离子交换树脂与带正电荷的HbA及HbA1有亲和力，由于HbA1的两个p链N-末端正电荷被糖基清除，正电荷较HbA少。因此，两者对树脂的亲和力不同。用pH 6.7磷酸盐缓冲液可首先将带正电荷较少、吸附力较弱的HbA1洗脱下来，用分光光度计测定洗脱液中的：HbA1占总Hb的百分数，可以计算出HbA1的量。

【实验器材】

1. 仪器材料 玻璃或塑料层析柱，试管微量移液器，试管，分光光度计等。

2. 试剂药品 $0.2mol \cdot L^{-1}$ 磷酸氢二钠溶液：称取无水 Na_2HPO_4 28.369g，溶于蒸馏水中并定容至1L；$0.2mol \cdot L^{-1}$ 磷酸二氢钠溶液；称取 $NaH_2P0_4 \cdot 2H_2O$ 31.206g，溶于蒸馏水中并定容至lL；溶血剂：取 $0.2mol \cdot L^{-1}$ 磷酸二氢钠25ml，加Triton X-100 100mg，加蒸馏水定容至100ml；磷酸盐缓冲液(pH 6.7)：取 $0.2mol \cdot L^{-1}$ 磷酸氢二钠100ml，$0.2mol \cdot L^{-1}$ 磷酸二氢钠150ml，加蒸馏水定容至1L；磷酸盐缓冲液(pH 6.4)：取 $0.2mol \cdot L^{-1}$，磷酸氢二钠300ml，$0.2mol \cdot L^{-1}$ 磷酸二氢钠700ml，加蒸馏水300ml；Bio．Rex 70阳离子交换树脂200～400目，钠型，分析纯级。

【实验步骤】

1. 树脂处理 称取树脂10g，加 $0.1mol \cdot L^{-1}$ 氢氧化钠溶液30ml，搅匀，置室温30min，搅拌2～3次。然后，加浓盐酸数滴，调pH至6.7，弃去上清液。用蒸馏水约50ml洗1次，再用磷酸盐缓冲液(pH 6.4)洗2次，最后用磷酸盐缓冲液(pH 6.7)洗4次。

2. 装柱 将树脂加入磷酸盐缓冲液(pH 6.7)搅匀，用毛细滴管加入塑料微柱内，使树脂床高度达 3～4cm 即可，树脂床应均匀，无气泡无断层即可。

3. 血红蛋白溶液的制备　取 EDTA 抗凝血或毛细管血 20μl，加入生理盐水 2.0ml，摇匀，离心弃上清液，仅留下细胞。加溶血剂 0.3ml，摇匀，置 37℃水浴中，15min，以除去不稳定的 HbA1c。

4. 柱的准备　将微柱摇动，使树脂混悬。去掉上下盖，将柱插入 1.5cm×15cm 的试管中，让柱内缓冲液完全流出。

5. 上样　用微量加样器取血红蛋白溶液 100μl，加至微柱内树脂床上。待其完全进入树脂床后，将柱子移入另一支 1.5cm×15cm 的试管中。

6. 洗脱　取 3ml 磷酸盐缓冲液(pH 6.7)，缓缓加至树脂床上，注意勿冲动树脂。收集洗脱液，此液即为 HbA1c。(待测定)。

7. 对照　取上述血红蛋白溶液 50μl，加蒸馏水 7.5ml，摇匀，此液即为总 Hb 管。

8. 比色　以蒸馏水做空白，于 415nm 波长下测定各管吸光度。

9. 柱的清洗　用过的柱子首先加磷酸盐缓冲液(pH 6.4) 3ml，使 Hb 全部洗下。再用磷酸盐缓冲液(pH 6.7)洗 3 次，每次 3ml。最后加磷酸盐缓冲液(pH 6.7) 3ml，加上下盖，保存备用。

【计算】　HbA1c=糖化血红蛋白吸光度/总血红蛋白吸光度×5

【参考范围】　HbA1c 范围 6.59%±0.69%。

【临床意义】　糖化血红蛋白的特点决定了它在糖尿病监测中有很大的意义：①与血糖值相平行。血糖越高，糖化血红蛋白就越高，所以能反映血糖控制水平。②生成缓慢。由于血糖是不断波动的，每次抽血只能反映当时的血糖水平，而糖化血红蛋白则是逐渐生成的，短暂的血糖升高不会引起糖化血红蛋白的升高；反过来，短暂的血糖降低也不会造成糖化血红蛋白的下降。由于吃饭不影响其测定，故可以在餐后进行测定。③一旦生成就不易分解。糖化血红蛋白相当稳定，不易分解，所以它虽然不能反映短期内的血糖波动，却能很好地反映较长时间的血糖控制程度，糖化血红蛋白能反映采血前 1~2 个月之内的平均血糖水平。④较少受血红蛋白水平的影响。糖化血红蛋白是指其在总血红蛋白中的比例，所以不受血红蛋白水平的影响。

【注意事项】

(1) 层析时一般在 28℃较为适宜。因此，冬季做实验时应该将柱子置于 28℃温箱中洗脱。

(2) HbA1c 不能和 HbF、HbH 及 Hb Bart 分开。有前述异常血红蛋白病者不宜用此方法。

(3) 标本置室温超过 24 小时可使结果增高。一般标本在 4℃冰箱放置可稳定 5 天。

(4) 抗凝剂 EDTA 和氧化物不影响结果，肝素抗凝可以使结果增高。

【思考题】

(1) 试讨论血糖测定的临床意义及应用。

(2) 哪些因素影响邻甲苯胺法测定血糖的显色反应，操作过程中如何减少这些因素对测定结果的影响。

(3) 邻甲苯胺法测定血糖为何不需制备血滤液？

（吴　琦）

实验三　基因组 DNA 的分离和含量测定

一、动物组织细胞内 DNA 的分离和含量测定

【实验目的】

(1) 掌握从新鲜动物组织中分离 DNA 的方法。

(2)了解定糖法测定 DNA 含量的原理和方法。

【实验原理】 用适当的方法使细胞破碎，从而分离得到 DNA 等生物大分子，再用有机溶剂除去脂类，在碱性条件下加热，使 RNA 水解，最后在强酸条件下使 DNA 水解成磷酸、嘌呤碱、嘧啶碱和脱氧核糖，后者在酸性条件下脱水生成的 ω-羟基-γ-酮基戊醛与二苯胺反应呈蓝色，与同样处理的标准 DNA 溶液进行比色分析，即可求出样品中 DNA 的含量。

【实验器材】

1. 仪器材料

剪刀、镊子、上皿天平，表面皿、玻璃匀浆器，离心管、试管及试管架、玻璃棒，0.2ml、1ml、2ml、5ml、10ml 刻度吸管，沸水浴、恒温水浴器，离心机和 722 型分光光度计。

2. 试剂药品

(1)DNA 标准液：浓度为 $0.1mg\cdot(100ml)^{-1}$。

(2)10%三氯乙酸(TCA)。

(3)5%高氯酸(PCA)：取 70%PCA 7.1ml ，用蒸馏水定容至 100ml。

(4)20%高氯酸：取 70%PCA 28.6ml，用蒸馏水定容至 100ml。

(5)无水乙醇。

(6)$0.3\ mol\cdot L^{-1}$ KOH 溶液。

(7)4%二苯胺溶液：取 4g 二苯胺，加少量冰醋酸微热至全部溶解后，再用冰醋酸定容至 100ml，只限当天使用。

(8)0.16%乙醛水溶液。

(9)$6\ mol\cdot L^{-1}$ HCl 溶液。

【实验步骤】

1. 取 0.5g 肝组织，剪碎后置于玻璃匀浆器中，加 2.5ml 蒸馏水使成匀浆，移至离心管内，并用 10%TCA 溶液 2.5ml 反复冲洗匀浆器，洗液一并倒入离心管内，混匀后以 3000 rpm 离心 5min，弃去上清液，以除去酸溶性杂质。

2. 向离心管内加入 0.5ml 蒸馏水，搅拌至沉淀物溶解为糊状，缓慢加入无水乙醇 5ml，搅拌均匀后，以 3000 rpm 离心 5min，弃去上清液，以除去脂类物质。

3. 向离心管内加入 5ml $0.3\ mol\cdot L^{-1}$ 的 KOH 溶液，搅匀后置于 40～45℃恒温水浴中保温 30min，再加入 0.8ml $6mol\cdot L^{-1}$ 的盐酸溶液，充分搅拌，冷却至沉淀完全，以 3000 rpm 离心 10min，以除去 RNA。

4. 向离心管内加入 5ml $0.3mol\cdot L^{-1}$ 的 PCA 溶液，搅拌均匀后，置沸水浴中 15min，然后以 3000 rpm 离心 10min，取上清液并用 5%PCA 定容至 10ml，此即为 0.5g 新鲜肝组织中 DNA 的降解液。

5. 取 3 支试管，按表 7-4 操作。

表 7-4 DNA 分离测定操作表

试剂(ml)	管号		
	1	2	3
DNA 降解液	—	—	2.0
DNA 标准液	—	0.5	—
蒸馏水	2.0	1.5	—
20%PCA	2.0	2.0	2.0
4%二苯胺溶液	4.0	4.0	4.0
0.16%乙醛水溶液	0.5	0.5	0.5

混匀，沸水浴中保温 15min，冷却后用 595nm 比色测定。

【实验计算】

$$DNAmg·(100g)^{-1} 肝组织 = A_{测} / A_{标} \times 0.05 \times 10 / 2 \times 100/0.5$$

【思考题】

(1) 实验中是如何除掉蛋白质的？

(2) 解释计算公式。

二、人类基因组 DNA——外周静脉血 DNA 的分离和含量测定

【实验目的】

(1) 了解苯酚法提取 DNA 的原理。

(2) 学会实验室常用的提取和测定 DNA 的方法。

【实验原理】　在有 EDTA 及 SDS 一类的去污剂存在下，用蛋白酶 K 消化细胞。然后用酚、氯仿抽提实现的。用这一方法获得的基因组 DNA 大小约有 100 150kb，适用于 Southern 分析和用入噬菌体构建基因组 DNA 库。本实验通过蛋白酶 K 和 SDS 使蛋白质变性，再用酚/氯仿除去蛋白质，用乙醇使 DNA 沉淀。经 A_{260}/A_{280} 检测 DNA 含量，再经琼脂糖电泳鉴定。

核酸分子中含有碱基使核酸在 260nm 下有最大吸收。紫外吸收是嘌呤环和嘧啶环的共轭双键系统所具有的性质，含有嘌呤和嘧啶的物质，不论是核苷、核苷酸或核酸都有吸收紫外光的特性。蛋白质由于含芳香族氨基酸，因此也能吸收紫外光，通常蛋白质在 280nm 波长有特异吸收。因此核酸在 A_{260} 及 A_{260}、A_{280} 测定的比值(A_{260}/A_{280})可以反映样品中核酸的含量及纯度。RNA 在 A_{260}/A_{280} 的比值在 2.0 以上；DNA 在 A_{260}/A_{280} 的比值为 1.8 左右。当样品中蛋白质含量较高时比值即下降。

琼脂糖凝胶电泳是分离、纯化、鉴定 DNA 片段的常用方法，具有简便、快速的优点。DNA 琼脂糖凝胶电泳的原理与蛋白质的电泳原理基本相同，DNA 分子在高于其等电点的溶液中带负电荷，在电场中向正极移动。DNA 分子在电场中通过介质而泳动，除电荷效应外，凝胶介质还有分子筛效应，与分子大小及构象有关。对于线性 DNA 分子，其电场中的迁移率与其分子量的对数值成反比。在凝胶中加入少量溴化乙锭，其分子可插入 DNA 的碱基之间，因此可在紫外灯下直接观察到 DNA 片段在凝胶上的位置，并可在紫外灯下或经凝胶成像系统观察或拍照(表 7-5)。

表 7-5　线状 DNA 片段分离的有效范围与琼脂糖凝胶浓度关系

琼糖凝胶的百分浓度(%)	线状 DNA 分子的有效范围(kb)
0.3	60～5
0.6	20～1
0.7	10～0.8
0.9	7～0.5
1.2	6～0.4
1.5	4～0.2
2.0	3～0.1

【实验器材】

1. 仪器材料

Ep 管、离心机、水浴箱、紫外分光光度计、紫外灯、凝胶成像仪、水平电泳槽、电泳仪。

2. 试剂药品

(1) 枸橼酸钠溶液(ACD)。

(2)生理盐水、双蒸水。

(3)细胞裂解液。

(4)蛋白酶 K(10mg · ml^{-1})。

(5)SDS(10%)。

(6)STE 缓冲液(pH8.0)。

(7)Tris-HCl 饱和酚(pH8.0)。

(8)氯仿($CHCl_3$)。

(9)乙酸钠(3mol · L^{-1}，pH5.2)。

(10)无水乙醇、75%乙醇。

(11)TE 缓冲液(pH7.5)。

(12)1%琼脂糖。

(13)电泳缓冲液(1×TAE)：0.04mol · L^{-1} Tris -乙酸，0.001mol · L^{-1} EDTA。

(14)5mg · ml^{-1} EB。

(15)电泳样品上样缓冲液：0.25%溴酚蓝，0.25%二甲苯腈 FF。

(16)40%(W/V)蔗糖水溶液 4℃保存。

【实验步骤】

1. DNA 的提取

(1)采集外周静脉血 34ml 于 7ml 管内，加 0.5mlACD 抗凝。

(2)加等体积生理盐水，轻轻振荡混匀；离心 5000rpm，20min。

(3)弃上清液；每管加 5ml 细胞裂解液，轻轻上下振荡至透明；离心 5000 rpm，20min。

(4)弃上清液；每管加入 STE 2ml，蛋白酶 K 20ml，SDS 200ml，置 37℃恒温水浴箱内，过夜。

(5)加等体积 Tris-HCl 饱和酚，振荡混匀；离心 5000rpm，20min。

(6)吸取上清液，重新抽提 12 次。

(7)加等体积 $CHCl_3$ 抽提 2 次；每次 5000rpm，20min。

(8)吸取上清液至一小锥形瓶中，加入乙酸钠至终浓度为 0.3 mol · L^{-1}。

(9)加入 2.5 倍体积的预冷的无水乙醇，可见有白色絮状沉淀物，即为所提取的 DNA。轻轻旋转锥形瓶，慢慢将 DNA 聚到一起。

(10)吸出 DNA 沉淀，放入加有 1 ml 75%乙醇的 Eppendorf 管内；离心，12 000rpm，10min。

(11)弃上清液，室温干燥。

(12)加适量(200ml 或 500ml)TE 缓冲液，置 4℃保存，约 24 天 DNA 才能完全溶解。

(13)用 DNA/RNA Calculator 检测 DNA 的含量和纯度。

注意：外周静脉血一般用医用 ACD 抗凝，也可用 EDTA 抗凝。因肝素能抑制限制性内切酶活性，故不采用肝素抗凝。

2. DNA 含量测定

(1)将样品加适量水或 TE 稀释。

(2)用 1ml 水(或 TE)做空白调零。

(3)把样品杯放入分光光度计比色槽中。

(4)测 A_{260} 吸光值，计算出样品 DNA 含量。DNA 浓度计算公式：

$$\text{DNA度}\left(\mu g \cdot \mu l^{-1}\right) = \frac{A_{260} \times 50 \times \text{稀释倍数}}{1000}$$

根据浓度计算 DNA 总量：DNA 总量(μg)=DNA 浓度(μg · $μl^{-1}$)×体积(μl)

注意：如检测样品纯度，还要再测 A_{280} 值，并计算二者比例，若比例为 1.6 左右，说明有蛋白质或其他吸收此波长的杂质在其中，建议再用酚/氯仿抽提，继以乙醇沉淀以除去杂质。

3. 琼脂糖凝胶电泳分离 DNA

(1) 称 0.2g 琼脂糖，加 20ml 电泳缓冲液(1×TAE)加热熔化。

(2) 胶液冷至 60℃时，加 EB 3μl，小心混匀，缓慢倒入制胶模具中，在胶一端插上梳子。

(3) 待胶凝固后，拨出梳子，将模具置于电泳槽中，加入 1×TAE，让液面高于胶面 1mm。

(4) 在 DNA 样品中加入 1∶5 的上样缓冲液，上样。

(5) 接通电源，(1～5) V · cm^{-1} 电压，开始电泳。

(6) 据指示剂迁移位置，判断是否终止电泳。切断电源后，取出凝胶，紫外灯下或经凝胶成像系统观察或拍照。

【注意事项】

(1) 样品 DNA 干燥时请勿过干，否则不易溶解。

(2) 使用酚、氯仿时注意勿腐蚀皮肤及取液器口。

(3) 制各基因组 DNA 时避免剧烈操作，以免损伤大分子 DNA。

三、Southern blotting 印迹杂交

【实验目的】

(1) 掌握 Southern 转膜、随机引物法标记探针的原理及方法；

(2) 熟悉放射自显影方法和分子杂交的原理及方法。

【实验原理】 Southern 分子杂交是一项在复杂的背景基因中识别特异性 DNA 序列的重要技术之一，它是 Southern 于 1975 年首创的杂交方法。其基本原理是具有一定同源性的两条核酸单链 DNA(或 DNA 与 RNA)，在一定的条件下可按碱基互补配对原则退火形成双链。杂交的双方是待测核酸序列及标记的探针。

Southern 分子杂交首先是基因组 DNA 经限制性内切酶消化后进行琼脂糖电泳，将电泳分离的 DNA 频段在凝胶上经 NaOH 处理使之变性，然后将硝酸纤维苏素滤膜(nitrocellulose filter membrane，NC 膜)放在凝胶上，使之按原有顺序将条带移至膜上并固定起来，这就是 Southern 转膜过程。

Southern 膜杂交是将吸附并固定在硝酸纤维素滤膜上的 DNA 片段与一个标记的 DNA 或 RNA 探针杂交，最后经放射自显影从 X 光片上显现出杂交分子区带。

本实验中，经琼脂糖凝胶电泳分离的 pUC19 质粒 DNA，通过 Southern 转移，将其吸附在 NC 膜上，通过随机引物法，以同位素标记的 pUC19 质粒 DNA 为探针，与 NC 膜上的质粒 DNA 进行杂交，再用放射显影方法得出分子杂交的结果。

【实验器材】

1. 仪器材料 超声组织匀浆器、聚丙烯管、低温高速离心机、旋涡振荡器、微量移液器、剪刀、镊子、移液器、250ml 烧杯、高压消毒锅、电子天平、烘箱 同位素检测仪。

2. 试剂药品

(1) 20×SSC(1000mL)：3mol · L^{-1} NaCl(175.32g)，0.3mol · L^{-1} 柠檬酸钠(88.26g)，用 1mol · L^{-1} HCl 调 pH 至 7.0。

(2) 变性溶液(500ml)：1.5mol · L^{-1} Nacl(43.83g)，0.5mol · L^{-1} NaOH(10g)。

(3) 中和溶液(500ml)：0.5mol · L^{-1} Tris (30.27g)，3mol · L^{-1} NaCl(87.66g)用 1mol · L^{-1} HCl

调 pH 至 7.0。

(4) 5×TBE (250ml)：取 Tris 13.5g、硼酸 6.9g、EDTA-Na 0.9g，用蒸馏水定容至 250ml。

(5) TE (10ml)：10mol · L^{-1} Tris-HCl，1mmol · L^{-1} EDTA pH8.0。

(6) 0.2mol · L^{-1} HCl (500ml)

(7) 6×溴酚蓝载样液 1ml：0.25%溴酚蓝，40%蔗糖。

(8) 4mol · L^{-1} EDTA1ml。

(9) 6×SSC 杂交液储液：取 20%SDS 50ml、1mol · L^{-1}NaH PO 10ml、0.5mol · L^{-1} EDTA 100ml。

(10) EB 染色液：0.5mg · L^{-1} (0.5μg/ml) 溴化乙锭。

【实验步骤】

1. 提取 pUC19 质粒。

2. 质粒 DNA 的琼脂糖凝胶电泳

(1) 将 5×TBE 稀释 10 倍，即为 0.5×TBE。

(2) 用 0.5×TBE 配制 50ml 1%琼脂糖凝胶。称取 0.5g 琼脂糖置于锥形瓶中，加入 50ml 0.5×TBE，加热至琼脂溶化，摇匀，待胶冷至 60℃左右，制胶。

(3) 电泳一般电压控制在 50V 左右，电流控制在 40mA 以下，恒压电泳。当溴酚蓝染料移动到距凝胶前沿 1cm 时，停止电泳。

(4) EB 染色 15min，放在紫外灯上观察电泳结果。如果电泳条带清晰（看到橘黄色荧光条带），将凝胶照相，并继续下一步。

3. Southern 转移（进行以下操作要戴上一次性手套）

(1) 用刀片切掉未用过的凝胶区域，并将凝胶切掉一个角（对点样顺序做标记），然后将其转至玻璃平皿中。

(2) 将凝胶置于 0.2mol · L^{-1} HCl 中 10min（加 HCl 其目的是将 DNA 部分脱嘌呤）。如果 DNA<1kb 可省略。缓缓摇动，当溴酚蓝由蓝色变成橘黄色是停止摇动，用蒸馏水漂洗 2 次。

(3) 在室温下将凝胶浸泡在变性溶液中（目的是使 DNA 双链变性为单链）。放置 40min，使其充分变性，不断摇动。

(4) 用蒸馏水漂洗 2 次。

(5) 在室温下将凝胶转到另一玻璃平皿中，用中和溶液浸泡 40min，不断摇动。

(6) 用蒸馏水漂洗 2 次。

(7) 将两个直径 20cm 的玻璃平皿并排放置，里面倒上 20×SSC，在两个平皿上面放一块干净玻璃板 10cm×15cm，在玻璃板上铺两张 Whatman No1 滤纸。滤纸应与玻璃板同宽，滤纸的两个边垂入 20×SSC 溶液中，使溶液不断地被吸收到滤纸上（用玻璃棒在滤纸上滚动以赶尽气泡，滤纸不能用手直接接触）。

(8) 将 NC 膜裁成与凝胶一样大小，并在相应位置剪掉一个角，然后用重蒸水浸湿。再转入 20×SSC 溶液中浸泡 0.5 小时（避免用手直接接触膜）。

(9) 将中和处理好的凝胶滑倒已用 Whatman No1 滤纸铺好的玻璃板中央，用玻璃棒赶掉凝胶与滤纸之间的气泡。

(10) 小心地用镊子将膜准确放置于凝胶上。

(11) 用玻璃棒仔细赶掉一切存在于 NC 膜与凝胶之间的气泡。

(12) 在 NC 膜上盖一张同样大小的普通滤纸，再次赶尽气泡。

(13) 预先裁一叠同样大小的卫生纸，其大小略比滤纸小 2cm，约 10cm 厚，压在滤纸上。

(14)在卫生纸上放置一块玻璃板，在玻璃板上放一个 500g 的砝码或者其他重物，使凝胶上的 DNA 转移 12 小时(或过夜)。

(15)将 NC 膜与凝胶剥离，弃去胶，把 NC 膜浸在 6×SCC 溶液中，约 40min 后将其取出。

(16)把 NC 膜夹在 4 层普通滤纸中，置于 65℃烘箱中烘烤 4 小时。

4. 探针标记

(1)取 20～100μg 探针加水至 45μg，变性 10min，迅速插入冰中。

(2)以下操作均在同位素防护下进行：准备一个微量离心管置于冰上，一次加入以下试剂：标记 5×buffer10μl，dATP dGTP dTTP 混合物 2μl，变性的 DNA 模板 1.5μl，不含核酸酶的 BSA 2μl，[a- p]dCTP(10U · μl^{-1})5μl，klenow 酶(5U · μl^{-1})1μl，引物 2μl，最后，加无菌水至 3μl。

(3)用离心机轻轻混匀，然后在室温下标记 3 小时(放置同位素)。

(4)将完成标记后的反应物煮沸 2min，立即放入冰浴中。加入 5μl mol · μl^{-1}EDTA 后，冷藏(−20℃)或直接用于杂交。

5. Southern 杂交

(1)6×SSC 杂交液配置(1000ml)：43g NaCl，36.9g 柠檬酸钠用 500ml 水溶解，20%SDS 30ml，1mol · L^{-1} NaHPO 8ml，1mol · L^{-1} NaH PO 42ml，Ficoll1g，PVP 1g，BSA 1g，0.5mol · L^{-1} EDTA 5ml，定容至 1000ml。测试 pH，如为 7.5 左右则表示配置正确。(SDS 的作用是使蛋白质变性，减少蛋白质对 DNA 杂交的影响；NaHPO 提供 pH7 缓冲条件；Ficoll、PVP 以及 BSA 的作用是防止单链 DNA 与硝酸纤维膜的非特异性结合。)

(2)鱼精 DNA 的变性：于 100℃水浴煮沸 10min，迅速插入冰中。

(3)将已烘烤过的 NC 膜放入杂交盒中，加入预热的杂交液 10ml，使杂交液刚好没过 NC 膜，同时加入变性鱼精 DNA(减少杂交时的背景干扰)，使杂交液中的鱼精 DNA 的浓度为 0.005L · L^{-1}(0.5ml∶100ml)，于 65℃恒温水浴，预杂交 4～5 小时(于同位素室进行，预杂交的目的是将非特异性序列封闭，从而使背景更清晰)。

(4)探针变性：完成标记后，加入等体积 0.4mol · L^{-1} NaOH，混匀 10min。

(5)于 62℃恒温水浴杂交 12 小时或过夜(同位素进行)。

(6)洗膜(于同位素室进行)。

一洗：2×SSC、0.1%SDS，10min×2；

二洗：1×SSC、0.1%SDS，10min×2；

三洗：0.5×SSC、0.1%SDS，10min×2。

6. 放射自显影

(1)将滤膜用保鲜膜包好，置于 X 线片夹中，并用同位素检测仪探测一下同位素强度，从而确定曝光时间。

(2)在暗室中将 NC 膜放在增感屏上(光面与 NC 膜接触)，在滤膜上压增感屏后屏(光面与 X 线片接触)。为了防止滤膜和 X 线片移位，可在适当位置粘上胶带。

(3)置于−70℃(或−20℃)下曝光，曝光时间由第一步决定。

(4)在暗室中冲片(显影—水洗—定影)，用水洗净后吹干或晾干。分析实验结果。

【注意事项】

(1)同位素标记后的废液应倒入处理池中，不能直接倒入水池。

(2)溴化乙锭(EB)有毒，注意不要用手直接接触。

(3)琼脂糖凝胶电泳分离 DNA 片段时，配置凝胶厚度应小于等于 1mm.

(4)剪膜时要戴手套，不可用手直接触摸；滤膜一定要充分浸润，否则不能使用。

(5)转膜时滤纸与支持平台之间、滤纸与凝胶之间、凝胶与滤膜之间均不能产生气泡。

(6)转膜时滤膜与凝胶接触后不能再移动。

(7)放射自显影时，曝光时间取决于样品中放射性的强度，大多数情况下必须进行多次不同时间的曝光实验，凭经验确定。

(8)杂交结束洗膜时，为了降低背景，洗膜液的体积可增加一倍。

（张春晶）

实验四　RNA 的分离和含量测定

一、Trizol 法抽提总 RNA

【实验目的】

(1)掌握 Trizol 法从组织或细胞中提取 RNA 的原理及步骤。

(2)熟悉 RNA 提取过程中的注意事项。

【实验原理】　Trizol 试剂是在 Chomezynski 和 Sacchi 一步分离 RNA 方法基础上进行改进的复合试剂，含有高浓度强变性剂异硫氰酸胍和酚等成分，可讯速破坏细胞结构，使存在于细胞质及核中的 RNA 释放出来，并使核糖体蛋白与 RNA 分子解离。同时，高浓度异硫氰酸胍和 β-巯基乙醇还可使细胞内的各种 RNA 酶失活，保护释放出的 RNA 不被降解。细胞裂解后的裂解溶液内除 RNA 以外，还有核 DNA、蛋白质和细胞残片，通过氯仿等有机溶剂抽提、离心，可将 RNA 与其他细胞组分分离开来，得到纯化的总 RNA。该试剂适用于多种组织和细胞中快速分离总 RNA。

【实验器材】

1. 仪器材料　超声组织匀浆器、聚丙烯管、低温高速离心机、旋涡振荡器、微量移液器、剪刀、镊子、移液器、250ml 烧杯、高压消毒锅、电子天平、烘箱。

2. 试剂药品　以下试剂用 0.1% DEPC 水液配置：

(1)异硫氰酸胍(GIT)。

(2)0.75mol · L^{-1} 柠檬酸钠溶液(pH7.0)：溶解 110.25g 柠檬酸三钠于 350ml 水中，用 HCl 调节 pH 至 7.0，加水到 500ml 定容，过滤灭菌或高压灭菌。

(3)10%(W/V) Sarkosyl 溶液：溶解 10g 十二烷基肌酸钠于 90ml 水中，65℃助溶，加水到 100ml 定容。

(4)GSS 溶液：溶解 250g GIT 于 293ml 水中，加入 17.6ml 的 0.75mol · L^{-1} 柠檬酸钠液及 26.4ml 的 10% Sarkosyl 溶液，65℃磁力搅拌溶解。过滤灭菌(如 Whatman1MM)，GSS 溶液在室温可保存至少 3 个月。

(5)溶液 D：在 GSS 溶液中加入 β-巯基乙醇至终浓度为 0.1mol · L^{-1}（每 14ml GSS 液中加入 100μl），当日使用。

(6)水饱和酚液：加 30ml 水到 100ml 酚中，加热到 37℃以溶解酚，另加入水至成层。

(7)2mol · L^{-1} 乙酸钠(pH6.0)：溶解 136g 乙酸钠于 350ml 水中，用冰醋酸调节 pH 至 4.0(大约使用 55ml)，加水定容到 500ml，过滤灭菌或高压灭菌。

(8)0.3mol · L^{-1} 乙酸钠(pH6.0)：溶解 20.4g 乙酸钠于 300ml 水中，用冰醋酸调节 pH6.0，加水定容到 500ml，过滤灭菌或高压灭菌。

(9)氯仿/异戊醇(49∶1)(V/V)。

(10) 无离子水：高压灭菌或 DEPC 处理 0.1% DEPC 水液，再经高压灭菌。

(11) 异丙醇。

(12) 10% SDS 液。

(13) 无水乙醇–20℃存放。

【实验步骤】

(1) 裂解细胞：0.2～0.3g 新鲜组织或液氮冷冻组织，尽量切碎，置组织匀浆器中，加入 1ml 溶液 D，在冰浴中高速匀浆 30 秒，充分研碎组织后，将匀浆液移至 1.5ml 或 2.0ml 微量离心管中。

(2) 加入 0.1 倍体积 (0.1ml) 的 0.2mol · L^{-1} 乙酸钠 (pH4.0) 混匀，再加 1 倍体积 (1ml) 的水饱和酚，彻底混匀，加入 0.2 倍体积 (0.2ml) 的氯仿/异戊醇，涡旋振荡 10 秒后，置冰浴 15min。

(3) 将上述溶液转移至 1.5 或 2.0ml 微量离心管中，10 000*g*×20min 离心。(注意离心管在使用前务必用 10% SDS 液洗后，再用无菌水彻底冲洗，以防止 RNA 样品交叉污染。)

(4) 将含有总 RNA 的上清液小心转移至 1.5ml 或 2.0ml 微量离心管中，通常可回收 0.8ml 左右。(注意避免带入任何交界面的物质。)

(5) 测量上清液体积，加入等体积异戊醇，彻底混匀，置–20℃至少 60min 沉淀 RNA。

(6) 于 4℃ 10 000*g*×20min 离心，弃去上清液，将沉淀溶于 0.3ml 溶液 D 中，涡旋直至 RNA 完全溶解。

(7) 加入 0.3ml 的异戊醇，彻底混匀，置–20℃ 60min 离心，弃去上清液，沉淀为总 RNA。

(8) 用 0.3ml 预冷的无水乙醇洗涤沉淀，4℃ 10 000*g*×10min 离心，回收沉淀。(注意弃去上清液时，不要搅起含有总 RNA 的沉淀。)

(9) 加入 0.4～0.5ml 0.3mol · L^{-1} 乙酸钠 (pH6.0)，涡旋完全悬浮沉淀，4℃ 10 000*g*×10min 离心，回收总 RNA.

(10) 加入 1.0～1.5ml 预冷无水乙醇到上清液中，彻底混匀。置冰浴 1 小时，4℃ 10 000*g*×10min 离心，回收总 RNA。

(11) 室温空气干燥总 RNA，然后溶于小容积的无菌无离子水中 (通常是 100μl)，并转移至无 RNase 的微量离心管中。

【结果与讨论】 RNA 的定量及鉴定：常规可用精密紫外线分光光度计测定 OD_{230}、OD_{260} 和 OD_{280} 进行。260nm、320nm、230nm、280nm 下的吸光度分别代表了核酸、背景 (溶液浑浊度)、盐浓度和蛋白等有机物的值。纯 RNA 样品的 OD_{260}/OD_{280} 比值为 1.8～2.0。若低该值说明存在蛋白质污染，可重新用酚/氯仿抽提。或提示有异硫氰酸胍残留，应重新用无水乙醇沉淀 RNA，然后用 70%乙醇洗涤 2 次，除去异硫氰酸胍，

OD_{260}/OD_{230} 的比值可以主要用于说明在提取后的 RNA 样品中是否还混有异硫氰酸胍等盐类物质，也可以说在用 Trizol 法提取 RNA 后看看其纯度如何。OD_{230} 过高说明里面盐离子浓度太高，可以用氯仿再抽提蛋白，沉淀用 70%乙醇多洗涤两次即可改善 OD_{230}。A_{260}/A_{230} 比值应大于 2.0，如果远小于这个值，则表明其中有大量的小分子或盐存在.

A_{260}/A_{280} 是检测核酸中有没有蛋白质污染，A_{230}/A_{260} 是检测核酸中有没有把酚去除干净，另外用 Trizol 抽提 RNA 时不能把糖类去除干净的，所以有时候也有必要测一下 A_{230}/A_{260} 的比值。并同时用变性琼脂糖凝胶电泳法检测纯 RNA 的完整性。若 RNA 得率较低，则应详细分析原因，并在接下来的实验设计中加以改进。

总之，RNA 工作的主要问题是防止 RNA 酶污染。RNA 酶无处不在，在实验操作的任何一步，任何偶然的疏忽或不当操作都有可能造成 RNA 酶污染，从而导致整个实验失败。因此，

严格控制实验条件，避免任何可能的污染是保证实验成功的关键。

【注意事项】

(1)所有离心管、枪头及相关溶液都必需无 RNA 酶污染。耐高温器物可 150℃烘烤 4 小时以除去 RNA 酶，其他器物除 RNA 酶可考虑用 0.1%的 DEPC 水浸泡过夜，然后灭菌、烘干。(枪头，离心管，移液器——单纯的灭菌是不能灭活 RNase 的，所以枪头和离心管要用 DEPC 处理，即使是标明为 DEPC 处理过的，移液器最好是专用的，用前用 75%的乙醇溶液棉球擦拭干净，尤其是杆子；另外，一定不要使用退头器。)

(2)溶液需用灭菌的 DEPC 水配制：加 0.01%(体积比)DEPC 至 MiliQ 级水中，处理过夜，灭菌即成 DEPC 水。

(3)实验台面，要用 75%的乙醇溶液棉球擦拭干净。

(4)必须戴一次性手套操作，且尽量不要对着 RNA 样品呼气或说话，以防 RNA 酶污染。(手指头是外源酶的第一来源，所以必须戴手套并且频繁更换。另外，口罩也必须戴，因为呼吸也是一个重要的酶来源。戴手套口罩的另外的好处是保护实验人员。)

(5)Trizol 含有毒物质苯酚，避免接触皮肤或吸入。为防止溅入眼睛，请戴防护眼镜或使用透明保护屏。(如皮肤接触 Trizol，请立即用大量去垢剂和水冲洗，如仍有不适，请听取医生意见。)

(6)从少量样品($1\sim10$mg 组织或 $10^2\sim10^4$ 细胞)中提取 RNA 时可加入少许糖原以促进 RNA 沉淀。例如加 800ml Trizol 匀浆样品，沉淀 RNA 前加 5～10μg RNase-free 糖原。糖原会与 RNA 一同沉淀出来，糖原浓度不高于 $4\text{mg}\cdot\text{ml}^{-1}$ 是不影响第一链的合成，也不影响 PCR 反应。

(7)在匀化后和加入氯仿之前，样品可以在–60～–70°C 保存至少一个月。RNA 沉淀溶于 75%的乙醇在 2～8°C 至少可以保存一周，在–5～–20°C 下至少可保存一年。

【思考题】

(1)在没有液氮的条件下，直接研磨组织成粉末再加入 Trizol 中，对 RNA 提取的质量会不会影响很大？或者在研磨过程中直接加入 Trizol 研磨直到成粉末，这样可不可取？

(2)冻存细胞与新鲜细胞的 RNA 提取有区别吗？具体该怎么操作？

(3)RNA 低得率可能原因有哪些？

二、反转录 PCR 检测β-actin 基因 mRNA

【实验目的】

(1)学习分离单个核细胞及单个核细胞中总 RNA 的提取。

(2)学习反转录 PCR 的过程。

(3)学习β-actin 基因作为引物的过程。

【实验原理】 反转录聚合酶链反应(reverse transcription-polymerase chain reaction，RT-PCR)的基本原理是：利用反转录酶催化 dNTPs 聚合成与细胞因子 mRNA 模板互补的单链 DNA(即 cDNA)，以 cDNA 为模板在 PCR 反应系统中进行扩增，然后通过琼脂糖凝胶电泳法检测 RT-PCR 产物，从而间接检测细胞因子 mRNA。

【实验器材】

1. 仪器材料 DNA 扩散仪、台式离心机、低温高速离心机、旋涡混匀器、稳压稳流电泳仪、水平电泳槽、紫外凝胶分析系统、微量移液器(0.5～10μl 连续可调)、Eppendorf 管(0.5ml)及吸头。

2. 试剂药品

(1)淋巴细胞分离液。

(2)生理盐水(0.9%氯化钠溶液)。

(3)白细胞稀释液：100ml 1%冰醋酸中 $10g \cdot L^{-1}$ 亚甲蓝 3 滴。

(4)DEPC 处理水。

(5)氯仿(分析纯)。

(6)异丙醇(分析纯)。

(7)70%乙醇。

(8)异硫氰酸胍裂解液(应用液：临用前取 20ml 贮存液加入 140μl β-巯基乙醇)。

(9)水饱和酚。

(10) $2mol \cdot L^{-1}$ 乙酸钠(pH 4.0)。

(11)AMV 反转录酶。

(12)RNA 酶抑制剂 RNasin($20 \sim 40U \cdot \mu l^{-1}$)。

(13)随机引物。

(14)脱氧核苷三磷酸(dNTP)。

(15)反转录缓冲液(5×)。

(16)Taq DNA 聚合酶。

(17)β-actin 引物对：5′ CCTAGAAGCATTTGCGGTGG 3′ 和 5′ GAGCTACGAGCTGCC TGACG 3′ 。

(18)PCR 缓冲液(10×)。

(19) $MgCl_2$ ($25mmol \cdot L^{-1}$)。

(20)琼脂糖(Agarose)。

(21)载体缓冲液。

(22)GeneRuler^TM 100bp DNA Marker。

(23)溴化乙锭(Ethidium Bromide，EB)溶液： $20mg \cdot ml^{-1}$ EB。

(24)50×TAE 电泳缓冲液(Tris-乙酸缓冲液)。

【实验步骤】

1. 人外周血中单个核细胞的分离

(1)取淋巴细胞分离液 4ml 加入玻璃试管，待用。

(2)取入 EDTA 抗凝静脉血 2ml，用等量生理盐水稀释混匀后，用塑料吸管吸取稀释抗凝血眼观鼻缓缓加于淋巴细胞分离液上面。

(3)将试管置离心机中，室温，2000rpm，离心 20min，弃去最上层的血浆，吸取单个核细胞层，加 1～2 倍量的生理盐水，混匀后离心，2000 rpm，5min。

(4)用生理盐水将沉淀的单个核细胞再次洗涤离心，2000 rpm，5min，去上清液，加 1ml 生理盐水，混匀，转入 Eppendorf 管中。

(5)去 20μl 单个核细胞悬液加入 380μl 白细胞稀释液，混匀，用毛细管取约 10μl 加入改良 Neubauer 型计数池中，在显微镜下进行计数，单个核细胞 $\cdot L^{-1}$=四大格内单个核细胞/ 20×10^9。

(6)离心 2000rpm，5min。留细胞沉淀于 Eppendorf 管用于下一步的总 RNA 提取。

2. 单个核细胞中总 RNA 的提取

(异硫氰酸胍-酚-氯仿一步法)

(1)在留有细胞沉淀的 Eppendorf 管中依次加入 500μl 异硫氰酸胍裂解液(公司产品名称为

Trizole，通常已经加入水饱和酚）、50μl 2mol · L^{-1} 乙酸钠（pH 4.0）、500μl 水饱和酚、100μl 氯仿/异戊醇（49∶1），漩涡混合器上混匀，沐浴 15min。

（2）4℃12 000rpm，离心 15min。小心吸取上层水转入一新 Eppendorf 管（注勿吸取水相与有机相的界面层。此层含有 DNA 及蛋白质）加入等体积氯仿/异戊醇（49∶1）震荡混匀后。4℃ 12 000rpm，离心 5min。

（3）取上层水相，加等体积异丙醇，−20℃，0.5 小时。

（4）4℃12 000rpm，离心 15min，倾去上层异丙醇，加入 500μl 70%乙醇进行洗涤。4℃12 000rpm，10min，沥去 70%乙醇，留沉淀真空烘干。

（5）用 20μl DEPC 处理水溶解 RNA，−20℃保存，备反转录之用。

3. 反转录

（1）按下列组成调制反应液

样品总 RNA　　5μl

AMV 反转录酶　　20U

脱氧核苷三磷酸（每种 dNTP 各 10mol · L^{-1}）

反转录缓冲液（5×）4μl

RNasin（20～40U · μl^{-1}）　0.5μl

DEPC 处理水　　补至 20μl

阴性对照用 DEPC 处理水代替 RNA 模板，其余成分相同。将上述反应成分加于 0.5ml Eppendorf 管，混匀，简短离心。

（2）将各反应管放入 DNA 扩增仪上，42℃ 60min。90℃变性 5min。反转录产物于 4℃保存。

4. PCR 扩增

（1）按下列组成调制反应液：

TaqDNA 聚合酶　　1U

cDNA 模板　　5μl

β-actin 引物一对（25μmol · L^{-1}）　2.0μl

脱氧核苷三磷酸（每种 dNTP 各 10mmol · L^{-1}）4.0μl

PCR 缓冲液（10×）　5.0μl

MgCl2（25mmol · L^{-1}）　3.0μl

蒸馏的去离子水　　补至 50μl

以反转录阴性对照取代 cDNA 模板作为 PCR 阴性对照，将上述反应成分加于 0.5ml Eppendorf 管，短暂离心混匀。

（2）将各 PCR 反应管放入 DNA 扩增仪，94℃ 5min，然后按以下条件进行热循环：94℃ 45s，36℃ 30s，72℃ 30s，循环 30 次。最后 72℃延伸 5min。

5. 琼脂糖凝胶电泳法检测β-actin RT-PCR 产物

（1）制胶：称取琼脂糖 3g 放入三角烧瓶，加 1*TAE 至体积 200ml，加 20mg · ml^{-1} 溴化乙锭 10μl，于微波炉内加热溶解，待凝胶冷却至 60℃左右，倾于已放好加样梳的托架胶板上，使凝胶厚度为 3～5mm。凝胶完全凝固后，撕掉两端胶带，将托架放于电泳槽中，加养孔靠近负极端。加入电泳缓冲液，使之没过胶面约 2mm，拔出加样梳。

（2）加样：在微量加样板上将 5μl RT-PCR 产物与 1μl MBI 载样缓冲液混匀用微量加样器加入凝胶样品孔中，将 GeneRuler™100bp DNAMarker 加入另一样品孔中。

(3) 电泳：盖上电泳槽，接通电源，以 5V · cm^{-1} 左右的电压进行电泳。一般溴酚蓝（载样缓冲液内的一种染料）前移 3～4cm 时，即可停止电泳。

(4) 检测：将凝胶置于紫外凝胶分析系统中，观察各泳道是否有红橙色荧光带的出现，并与同时电泳的 DNA Marker 条带相比较，β-actin RT-PCR 产物条带为 416bp。扫描各泳道 β-actin RT-PCR 产物的荧光强度，可对 β-actin mRNA 进行半定量分析。

【注意事项】

(1) Eppendorf 管（0.5ml）及吸头等高压灭菌并一次性使用。

(2) 用塑料吸管吸取稀释抗凝血加于细胞分离液上面动作要轻缓，稀释抗凝血与淋巴细胞分离液的体积大致相等。

(3) 离心后试管内液面可分为五层，从上到下依次为血浆、单个核细胞、淋巴细胞分离液、粒细胞、红细胞。单个核细胞为云雾状的白膜。

(4) 抽提总 RNA 时应小心吸取上层水相转入 Eppendorf 管，请注意勿吸取水相与有机相的界层面，此层含有 DNA 及蛋白质，这些物质对 PCR 扩增有影响。

(5) 采用热启动 PCR 可以避免非特异性 PCR 产物和引物二聚体的生成。

(6) 不同公司所提供的反转录试剂、PCR 试剂会有所差异，具体的体系、反应的条件应根据实际情况调整。

【思考题】

(1) 抽提总 RNA 时，其中含有 DNA 和蛋白质，对 PCR 扩增有否影响？

(2) 产生了非特异性 PCR 产物和引物二聚体怎么解释和处理？

(3) 离心后分层不明显怎么办？

三、Northern 印迹杂交

【实验目的】

(1) 学习核酸杂交的原理。

(2) 了解 Northern 杂交的基本操作过程。

【实验原理】 Northern 杂交分析是一种广泛应用于 RNA 检测和定量的方法，首先是将 RNA 在变性的条件下进行电泳，分离出来的 RNA 被转移到硝酸纤维膜或尼龙膜上，然后用一个放射性同位素标记或酶标记的 DNA 或 RNA 探针与被固定的 RNA 杂交，探针与特异的靶序列相结合，通过放射自显影或酶促反应颜色来检验结合的程度。这种检测方法可对 RNA 结合总量进行定量分析，也可对基因表达进行检测。

由于 RNA 酶存在于所有的生物体中，并且较为耐受诸如高温等的物理破坏，所以在对 RNA 进行操作时，应尤其注意防止 RNA 酶的分解作用，将试剂及溶液用 DEPC（焦碳酸二乙酯）处理可有效地抑制 RNA 酶活性。

【实验器材】

1. 仪器材料 DNA 扩散仪、台式离心机、低温高速离心机、旋涡混匀器、稳压稳流电泳仪、水平电泳槽、紫外凝胶分析系统、微量移液器（0.5～10μl 连续可调）、Eppendorf 管（0.5ml）及吸头。

2. 试剂药品

(1) 0.5mol · L^{-1} EDTA：EDTA 16.61g 加 ddH_2O 至 80ml，调 pH 至 8.0，定容至 100ml。

(2) 50mmol · L^{-1} NaAc：NaAc 3.4g 加 ddH_2O 至 500ml，加 DEPC 0.5ml，振荡，37℃过夜，高压灭菌。

(3) 5×甲醛凝胶电泳缓冲液：MOPS [3-(N-玛琳代)丙磺酸] 10.3g 加 50mmol · L^{-1} NaAc 400ml，用 2mol · L^{-1} NaOH 调 pH 至 7.0，再加入 0.5mol · L^{-1} EDTA 10ml，加 DEPC H_2O 至 500ml。无菌抽滤，室温避光保存。

(4) 20×SSC：NaCl 175.3g、柠檬酸三钠 88.2g，加 ddH_2O 至 800ml，用 2mol · L^{-1} NaOH 调 pH 至 7.0，再用 ddH_2O 定容至 1000ml。DEPC 处理、高压灭菌。

(5) 6×SSC：20×SSC 300ml 加 ddH_2O 至 1000ml。DEPC 处理，高压灭菌。

(6) 50×Denhardt：聚蔗糖 0.5g、聚乙烯吡咯烷酮 0.5g、牛血清白蛋白(BSA) 0.5g 加 dd H_2O 至 50ml，无菌抽滤、分装。

(7) 1mol · L^{-1} Na_2HPO_4：Na_2HPO_4-12H_2O 35.81g，加 dd H_2O 至 100ml。

(8) 1mol · L^{-1} NaH_2PO_4：　NaH_2PO_4-2H_2O 15.6g，加 dd H_2O 至 100ml。

(9) 0.1mol · L^{-1}　磷酸钠缓冲液(pH 6.6)：Na_2HPO_4 35.2ml 加 NaH_2PO_4 64.8ml　。

(10) STE 缓冲液：1mol · l^{-1} Tris-HCl(pH 8.0) 2.5ml，0.5mol · L^{-1} EDTA，0.5ml，5mol · L^{-1} NaCl 5ml，加 dd H_2O 至 250ml。

(11) 预杂交液：20×SSC 5ml，甲酰胺 10ml，50×Denhardt 4ml，1mol · L^{-1} 磷酸钠缓冲液 0.2ml(pH6.6)，10%SDS 1ml，总体积 20ml。临用前加入变性鲑鱼精 DNA(10mg · mL^{-1})，使终浓度为 4μl · mL^{-1}。

(12) DEPC H_2O：1000ml dd H_2O 中加入 DEPC 1ml，充分振荡，37℃过夜，高压灭菌。

【实验步骤】

(1) 总 RNA 提取。

(2) 变性胶的制备：取琼脂糖 0.2g，加入 DEPC H_2O 12.4ml，加热熔化，于保温状态下加入 5×甲醛凝胶电泳缓冲液 4.0ml、37%甲醛 3.6ml，混匀、制胶。待胶凝固后，置 1×甲醛凝胶电泳缓冲液中预电泳 5min。

(3) 样品制备：取总 RNA4.5μl(约 20～30μg)，加入 5×甲醛凝胶电泳缓冲液 4.0μl、37%甲醛 3.6μl、甲酰胺 10μl，65℃温育 15min、冰浴 5min。加入 EB(1μg · μl^{-1}) 1μl、上样缓冲液 2μl。

(4) 电泳：上样，50V 电泳(电泳时间约 2 小时左右)。电泳结束后将胶块置紫外灯下，观察 RNA 的完整性，记录 18S、28S 条带的位置(离加样孔的距离)。

(5) 将 RNA 从变性胶转移到硝酸纤维素膜或尼龙膜

1) 按胶块大小剪取膜一张，用 DEPC 水中浸湿后，置于 20×SSC 中浸泡 1 小时。剪去膜一角。将胶块切去一角，并在 20×SSC 浸泡 15min×2 次。

2) 用长和宽均大于凝胶的一块有机玻璃板作为平台，将其放入大的干烤皿上，上面放一张 Whatman 3MM 滤纸，倒入 20×SSC 使液面略低于平台表面，当平台上方的 3MM 滤纸湿透后，用玻棒赶出所有气泡。

3) 将凝胶翻转后置于平台上湿润的 3MM 滤纸中央，3MM 滤纸和凝胶之间不能滞留气泡。

4) 用 Parafilm 膜围绕凝胶四周，以此作为屏障，阻止液体自液池直接流至胶上方的纸巾。

5) 在凝胶上方放置预先已浸湿的尼龙膜，排除膜与凝胶之间的气泡。

6) 将二张已湿润的、与凝胶大小相同的 3MM 滤纸置于膜的上方，排除滤纸与滤膜之间的气泡。

7) 将一叠(5～8cm 厚)略小于 3MM 滤纸的纸巾置于 3MM 滤纸的上方，并在纸巾上方放一块玻璃，然后用一个重约 500g 的重物压在玻璃板上。其目的是建立液体自液池经凝胶向膜上行流路，以洗脱凝胶中的 RNA 并使其聚集在膜上。

(6) 使上述 RNA 转移持续进行 15 小时左右。在转膜过程中，当纸巾浸湿后，应更换新的纸巾。

(7) 转移结束后，揭去凝胶上方的纸巾和 3MM 滤纸。将膜在 6×SSC 中浸泡 5min，以去除膜上残留的凝胶。

(8) 将凝胶置紫外灯下，观察胶块上有无残留的 RNA。

(9) 膜置 80℃，真空干烤 1～2 小时。烤干后的膜用塑料袋密封，4℃保存备用。

(10) 探针标记(prime-a-gene labeling system，Promega 公司)：

1) 取模板 DNA 25ng 于 0.5ml 离心管中，95～100℃变性 5min，冰浴 5min。

2) dNTPmix 的制备： 取 dGTP 1μl、dATP 1μl、dTTP 1μl 混匀。

3) 将下列反应成份混合，加入上述微量离心管中：

dNTPmix	2.0μl
BSA ($10mg \cdot ml^{-1}$)	2.0μl
5×buffer	10.0μl
Klenow 酶 ($5U \cdot \mu l^{-1}$)	1.0μl
α-32P-dCTP	5.0μl

加入适量 dd H_2O 使反应总体积达 50μl，轻轻混匀。室温下反应 1 小时。

(11) 预杂交：将膜的反面紧贴杂交瓶，加入预杂交液 5ml，42℃预杂交 3 小时。

(12) 杂交：将变性的探针(95～100℃变性 5min，冰浴 5min)加入到预杂交液中，42℃杂交 16 小时。

(13) 洗膜。

1) 倾去杂交液。

2) 2×SSC/0.1%SDS 室温洗 15min。

3) 0.2×SSC/0.1%SDS，55℃洗 15min×2 次。

(14) 压片：将膜用 dd H_2O 漂洗片刻，用滤纸吸去膜上水份。用薄型塑料纸将膜包好，置于暗盒中，在暗室中压上 X 线片。暗盒置−70℃放射自显影 3～7 天左右。

【注意事项】

(1) RNA 极易被环境中存在的 RNA 酶所降解，因此须特别注意 RNA 酶的污染问题，请参考核酸提取实验。

(2) 上述转膜方法也基本适应于将 RNA 转移到尼龙膜上。但在印迹前，含甲醛的凝胶必须用水将甲醛冲洗掉。尼龙膜的缺点是杂交本底较高，特别是对于 RNA 探针。一般此问题可用于提高杂交液中封闭物质的量来加以克服。

【思考题】

(1) 电泳时 RNA 的聚集速度慢怎么办？

(2) 为什么电泳 RNA 效果差？

(3) 为什么要使用变性凝胶电泳 RNA？

(李淑艳)

实验五 质粒 DNA 的提取与鉴定

细菌质粒是一类双链、闭环的 DNA 分子，大小范围从 1kb 至 200kb 不等。各种质粒都是存在于细胞质中、独立于细胞染色体之外的自主复制的遗传成分，通常情况下可持续稳定地处于染色体外的游离状态，但在一定条件下也会可逆地整合到宿主细胞染色体上，随着染色体的复制而复制，并通过细胞分裂传递到后代。质粒已成为当前分子生物学实验中最常用的基因克隆的载体分子，获得大量纯化的质粒 DNA 分子是基因克隆的关键。从大肠埃希菌中提取质粒 DNA，是分子生物学的基本实验。目前有许多方法可用于质粒 DNA 的提取，如碱裂解法、SDS 法、煮沸法、酚氯仿裂解法等，但其原理和步骤大致相同，都包括 3 个基本步骤：培养细菌扩增质粒；收集细菌和裂解细菌；质粒 DNA 的分离与纯化。

本实验为大型综合性实验，由四个独立的实验所组成：细菌的培养与保存，大肠埃希菌感受态细胞的制备、重组 DNA 的转化与克隆筛选，碱裂解法提取质粒 DNA，琼脂糖凝胶电泳鉴定质粒 DNA。

一、细菌的培养与保存

【实验目的】

(1)掌握细菌的培养方法及培养基的配制。

(2)掌握菌种的保存与复苏方法。

【实验原理】 在基因工程实验和分子生物学实验中，细菌是不可缺少的实验材料。质粒的保存、增殖和转化；基因文库的建立等都离不开细菌。分子生物学实验中尤其常用的是大肠埃希菌。大肠埃希菌是含有长约 3000kb 的环状染色体的棒状细胞。它能在仅含碳水化合物和提供氮、磷和微量元素的无机盐的培养基上快速生长。当大肠埃希菌在培养基中培养时，其开始裂殖前，先进入一个滞后期。然后进入对数生长期，以 20～30min 复制一代的速度增殖。最后，当培养基中的营养成分和氧耗尽或当培养基中废物的含量达到抑制细菌的快速生长的浓度时，菌体密度就达到一个比较恒定的值，这一时期为细菌生长的饱和期，此时菌体密度可达 1×10^9～2×10^9ml。培养基可以是固体的培养基，也可以是液体培养基。实验室中最常用的是 LB 培养基。

【实验器材】

1. 仪器材料 超净工作台(含酒精灯、接种环、灭菌牙签等)，细菌恒温震荡培养箱，超速离心机，恒温培养箱，恒温水浴箱，微量移液器，Eppendorf 管，−70℃冰箱，培养皿，带帽试管，涂布器，高压灭菌锅，722 型分光光度计。

2. 试剂药品

(1)胰蛋白胨。

(2)酵母提取物。

(3)氯化钠。

(4)$1mol\cdot L^{-1}$ NaOH。

(5)琼脂粉。

(6)抗生素(氨苄青霉素、卡那霉素等)。

(7)大肠埃希菌。

(8)二甲基亚砜(DMSO)。

(9)甘油。

【实验步骤】

1. LB 液体培养基 称取 10g 胰化蛋白胨(bacto-tryptone)、5g 酵母提取物(bacto-extract)、10g NaCl，900ml 去离子水中，用 $5ml\cdot L^{-1}$ NaOH(约 0.2ml)调 pH 至 7.0，加入去离子水至总体积为 1L，103.41kPa 高压灭菌 20min。

2. LB 固体培养基的配制

(1)普通培养基：在 LB 液体培养基中加入琼脂至 1.5%，高压灭菌 20min，取出后在无菌条件下铺制平板。

(2)选择培养基：将高压灭菌的固体培养基置于室温下，待温度降至 50℃左右时加入抗生素或其他必需的添加成分，摇匀后于无菌条件下，将其倒入预先消毒好的平皿中铺平，室温放置固化，4℃冰箱保存备用。

3. 液体培养 取一个 500ml 培养瓶，加入 LB 液体培养基 100～200ml，常规高压灭菌后，加入相应抗生素；按 0.5%～1.0%的浓度接种菌液，于 37℃以 100～200rpm 震荡培养至 OD_{600} 为 0.6～0.8。

4. 菌种的保存和复苏 常用的菌种保存液有甘油溶液和 DMSO 溶液两种。在一灭菌的细胞冻存管中加入 0.3ml 保存液和 0.7ml 细菌培养液，混匀后于−70℃或液氮中可长期保存。复苏时，用无菌的接种环或牙签挑取少许冻存的菌种涂于平皿中，37℃培养 8～12 小时。

【结果与讨论】

(1)根据分光光度计测定的 OD 值结果判断细菌的扩增情况。

(2)定期复苏菌种以评判菌种的冻存情况。

【注意事项】

(1)实验过程要求严格无菌操作。

(2)在接种过程中不得使细胞冻存管中的菌种解冻。

【思考题】

(1)细菌的保存方法有哪些？最常用的方法是什么？

(2)如何复苏保存在−70℃冰箱中的大肠埃希菌菌种？

二、大肠埃希菌感受态细胞的制备、重组 DNA 的转化与克隆筛选

【实验目的】

(1)掌握 $CaCl_2$ 法制备大肠埃希菌感受态细胞的原理与技术。

(2)掌握质粒转化的基本原理、操作及结果评估。

(3)学习细菌平板培养以及克隆筛选的方法。

【实验原理】 在自然条件下，很多质粒都可通过细菌接合作用转移到新的宿主内，但在人工构建的质粒载体中，一般缺乏此种转移所必需的 mob 基因，因此不能自行完成从一个细胞到另一个细胞的接合转移。如需将质粒载体转移进受体细菌，需诱导受体细菌产生一种短暂的感受态，以摄取外源 DNA。细菌处于容易吸收外源 DNA 的状态叫感受态。处于对数生长期的细菌经 $CaCl_2$ 处理后接受外源 DNA 的能力显著增加。

目前常用的感受态细胞制备方法有 $CaCl_2$ 和 RbCl(KCl)法，RbCl(KCl)法制备的感受态细胞转化效率较高，但 $CaCl_2$ 法简便易行，且其转化效率完全可以满足一般实验的要求，制备出的感受态细胞暂时不用时，可加入占总体积 15%的无菌甘油于−70℃保存(半年)，因此 $CaCl_2$ 法使用更广泛。

将质粒 DNA 导入细菌的过程称为转化(transformation)。此感受态细菌细胞在 $CaCl_2$ 低渗溶液中膨胀为球状。质粒 DNA 与 $CaCl_2$ 形成抗 DNase 羟基-磷酸钙复合物黏附于细菌表面，经 42℃短时间热冲击处理，促进细胞吸收 DNA 复合物。在丰富培养基上生长数小时后，球状细胞复原并分裂增殖。被转化的细菌中，外源基因得到表达。在选择性培养平板上，可选出所需的转化子(即含有质粒 DNA 的细菌)。钙处理的感受态细胞，一般每微克 DNA 能获得 10^5～10^6

个转化子。除化学方法转化细菌外，还有电穿孔法(electroporation)，其转化率可高达10^9～10^{10}个转化子每微克质粒 DNA。

【实验器材】

1. 仪器材料 超净工作台、细菌恒温振荡培养箱、超速离心机、恒温培养箱、恒温水浴箱、微量移液器、Eppendorf 管、-70℃冰箱、制冰机。

2. 试剂药品

(1) LB 液体培养基。

(2) LB 固体培养基。

(3) 0.1mol · L^{-1} $CaCl_2$ 溶液：用 0.22μm 滤器过滤除菌后，于 4℃保存。

(4) 30%甘油：30ml 甘油溶于 100ml 蒸馏水，高压灭菌后 4℃保存。

(5) *E.Coli* 单菌落或冻存菌种(大肠埃希菌 DH5α)。

【实验步骤】

1. 感受态细胞的制备与保存

(1) 用无菌的接种环从 37℃培养 12～16 小时的平板中挑取一个单菌落，转入含有 3ml LB 培养基的试管中，37℃振荡过夜。

(2) 取菌液 1ml 接种于含有 100ml LB 培养基的 500ml 烧瓶中，37℃剧烈振荡(速度为 300rpm)培养 3 小时，当 OD_{600} 达到 0.3～0.4 时，取出烧瓶并立即至冰浴 10～15min。注：以下操作需在无菌条件下进行。

(3) 将细菌转移至一无菌的、冰预冷的 50ml 离心管中，4℃ 4000*g* 离心 10min 以回收细胞。

(4) 弃去培养液，将离心管倒置于滤纸上 1 分钟，使残留的培养液流尽。

(5) 用 10ml 冰预冷的 0.1mol · L^{-1} $CaCl_2$ 重悬细菌，置冰浴 30min。

(6) 4℃ 4000*g* 离心 10min，弃上清液，将离心管倒置于滤纸上 1min。

(7) 用 4ml 冰预冷的 0.1mol · L^{-1} $CaCl_2$ 重悬细菌，置 4℃冰箱 12～24 小时，即可应用于转化。

(8) 如制备的感受态细胞不能一次用完，可进行冻存。方法是在 2ml 制备好的感受态细胞中加入 2ml 30%甘油(即 1∶1 体积，甘油终浓度 15%)，将此感受态细胞分装成每份 200μl，-70℃冰箱保存。

2. 细菌的转化

(1) 无菌条件下取新鲜感受态细胞 200μl 置于无菌的 10ml 玻璃试管中。

(2) 加入质粒 DNA 50～100ng，轻轻旋转混匀，置冰浴 30min。

(3) 42℃热休克 90 秒，切勿摇动试管。

(4) 加入 800μl 无抗生素的普通 LB 培养基，37℃摇床(100～150rpm)温和振荡 45min。

(5) 用无菌弯头玻璃铺菌器将 200μl 菌液铺于含相应抗生素的琼脂平板表面，37℃平放 20min 后，倒置培养 10～14 小时。

3. 涂布平板筛选转化质粒

(1) 取各样品培养液 0.1ml，分别接种于含抗菌素的 LB 平板培养基上，涂匀(如果用玻璃棒涂抹，酒精灯烧过后稍微凉一下再用，不要过烫)。

(2) 菌液完全被培养基吸收后，倒置培养皿，于 37℃恒温培养箱内培养过夜(12～16 小时)，待菌落生长良好而又未互相重叠时停止培养，对于可以蓝白斑筛选的质粒和菌株来说，此时应该能清楚地看到蓝色和白色菌落。

(3) 12～24 小时后观察和计算转化效率：转化后在含抗生素的平板上长出的菌落即为转化

子，根据培养皿中的菌落数可计算出转化子总数和转化频率。用 $CaCl_2$ 法制备的感受态细胞，可使每微克超螺旋质粒 DNA 产生 5×10^6～2×10^7 个转化菌落。在实际工作中，每微克有 10^5 以上的转化菌落足以满足一般的克隆实验。

4. 分析 根据转化率和阴性对照分析实验结果。

【结果与讨论】

(1) 各实验组在培养皿内菌落生长状况。

(2) 计算转化率

$$转化子总数＝该皿的菌落数\times稀释倍数 \tag{7-5}$$

(注：稀释倍数=转化反应原液总体积/涂板菌液体积)

插入频率＝蓝色菌落数/白色菌落数

$$转化频率＝转化子总数/加入质粒 DNA 的量(\mu g) \tag{7-6}$$

【注意事项】

(1) 为达到高效转化，活细胞数务必少于×10^8 个细胞 · ml^{-1}，对于大多散大脑杆菌来说，这相当于 OD 值为 0.4 左右。为保证细菌培养物的生长密度不致过高，可每隔 15～20min 测定 OD_{600} 值来监测，用监测的时间及 OD 值列一个图表，以便预测培养物的 OD_{600} 值到 0.4 的时间，当 OD_{600} 值达到 0.35 时，收获细菌培养物。

(2) 所用的 $CaCl_2$ 等试剂均需是最高纯度的，并用高压灭菌的双蒸水配制，最好分装保存于 4℃。

(3) 为了防止杂菌和杂 DNA 的污染，整个操作过程需在无菌条件下进行，所用器皿如离心管、移液枪头等需经高压灭菌处理。所有的试剂都要灭菌，且注意防止被其他试剂、DNA 酶或杂 DNA 所污染，否则均会影响转化效率或杂 DNA 的转入。

(4) 整个操作均需在冰上进行，不能离开冰浴，否则细胞转化率将会降低。

(5) 受体菌细胞经 $CaCl_2$ 处理后，细胞壁较脆弱，悬浮时要小心操作。

【思考题】

(1) $CaCl_2$ 法制备感受态细胞的原理是什么？需要注意什么？

(2) 根据本实验你认为影响转化率的因素有哪些？

(3) 如果实验中对照组本不该长出菌落的平板上长出了一些菌落，你将如何解释这种现象？

三、碱裂解法提取质粒 DNA

【实验目的】 掌握碱裂解法提取质粒 DNA 原理、步骤及各种主要试剂的作用。

【实验原理】 碱裂解法是一种应用最为广泛的制备质粒 DNA 的方法，其优点是收获率高，适于多数的菌株，所得产物经纯化后可满足多数的 DNA 重组操作。十二烷基磺酸钠(SDS)是一种阴离子表面活性剂，它既能使细菌细胞裂解，又能使一些蛋白质变性。用 SDS 处理细菌后，会导致细菌细胞破裂，释放出质粒 DNA 和染色体 DNA，两种 DNA 在强碱环境都会变性。由于质粒 DNA 和染色体 DNA 的拓扑结构不同，变性时前者虽然两条链分离，却仍然缠绕在一起不分开；但后者完全变性分开甚至出现断裂，因此，当加入 pH4.8 的酸性醋酸钾降低溶液 pH，使溶液 pH 恢复较低的近中性水平时，质粒的两条小分子单链可迅速复性恢复双链结构，但是染色体 DNA 则难以复性。在离心时，大部分染色体 DNA 与细胞碎片，杂质等缠绕一起被沉淀，而可溶性的质粒 DNA 留在上清液中。再由异丙醇沉淀、乙醇洗涤，可得到纯化的质粒 DNA。碱裂解法提取的质粒 DNA 可直接用于酶切、PCR 扩增、银染序列分析等。

【实验器材】

1. 仪器材料　超净工作台、细菌恒温振荡培养箱、超速离心机、恒温培养箱、恒温水浴箱、微量移液器、Eppendorf 管、−70℃冰箱。

2. 试剂材料

(1)溶液Ⅰ：50mmol · L^{-1} 葡萄糖，25mmol · L^{-1} Tris-HCl(pH8.0)，10mmol · L^{-1} EDTA(pH8.0)，6.895×10^4Pa 高压蒸汽灭菌 20min，4℃保存。

(2)溶液Ⅱ：(现配)0.2mol · L^{-1} NaOH、1% SDS。

(3)溶液Ⅲ：5mol · L^{-1} 醋酸钾 60ml、冰醋酸 11.5ml、H_2O 28.5ml，6.895×10^4Pa 高压蒸汽灭菌 20min，4℃保存。

(4)3mol · L^{-1}醋酸钠(pH5.2)：50ml 水中溶解 40.81g 醋酸钠，冰醋酸调 pH 至 5.2，加水定容至 100ml，分装后高压灭菌，4℃保存。

(5)TE 缓冲液：10mol · L^{-1} Tris-Cl(pH 8.0)、1mmol · L^{-1} EDTA(pH 8.0)，高压灭菌后 4℃保存。

(6)STE：0.1mol · L^{-1}NaCl，10mol · L^{-1} Tris-Cl(pH 8.0)，1mmol · L^{-1}EDTA(pH 8.0)。

(7)RNase(10mg · ml^{-1})。

(8)酚/氯仿(1∶1)：100ml Tris 饱和酚(pH 8.0)和 100ml 氯仿混匀。

(9)酚/氯仿/异戊醇(25∶24∶1)：100ml Tris 饱和酚(pH 8.0)、96ml 氯仿和 4ml 异戊醇混匀。

(10)溶菌酶：取 100mg 溶菌酶，溶于 2mlddH$_2$O 中，分装后于−20℃冻存。

(11)异丙醇。

(12)无水乙醇。

【实验步骤】

1. 培养细菌、扩增质粒　从冷冻保存的菌种(如大肠埃希菌，含 pEGFPN1 质粒)划线培养过夜，挑取单菌落接种于 2ml 含氨苄青霉素(100g · ml^{-1})或卡那霉素(Kna，50g · ml^{-1})的 LB 培养基中，37℃振荡培养 16 小时。

2. 裂解菌体、提取质粒

(1)取 1.5ml 菌液，12 000rpm 离心 30s，弃上清。

(2)用 1ml STE 悬浮菌体沉淀，12 000rpm 离心 30s，弃上清。

(3)加 100ul 冰预冷的溶液Ⅰ，剧烈振荡，充分悬浮沉淀，冰浴 5min。

(4)加入 200ul 新鲜配制的溶液Ⅱ，颠倒混匀 5 次，冰浴 5min。

(5)加入 150ul 冰预冷的溶液Ⅲ，温和颠倒混匀 10s，冰浴 5min，4℃12 000rpm 离心 10min。

(6)用微量移液器将上清液转移至新的 1.5ml Eppendorf 管中，加入 1 倍体积酚/氯仿抽提，12 000rpm 离心 5min。

(7)重复步骤(6)。

(8)上清转移到另一 Eppendorf 管中，加 2.5 倍体积的无水乙醇或 0.6 倍体积异丙醇混匀，室温静置 10min。

(9)12 000rpm 离心 10min，沉淀用 70%乙醇漂洗两次，干燥后溶于 50ul 的 TE(pH 8.0)中。

(10)加入 RNaseA(10mg · ml^{-1})3～5ul，混匀后，置 37℃水浴 30min。于−20℃冻存备用。

【结果与讨论】

(1)质粒 DNA 的浓度测定：取一定量的质粒 DNA 于 EP 管中，加入蒸馏水稀释后，用紫外分光光度计测定 OD_{260} 和 OD_{280} 光吸收值，计算 DNA 浓度。

DNA 的浓度(g · L^{-1}) = OD_{260}×50×稀释倍数/1000

(2) 质粒 DNA 的纯度鉴定：通过 OD_{260} 和 OD_{280} 比值评估提取的质粒 DNA 的纯度。进行 0.8%的琼脂糖凝胶电泳，判断质粒 DNA 的质量和构型(见琼脂糖凝胶电泳)。

【注意事项】

(1) 碱裂解变性时，要求溶液Ⅰ的 pH 不能低于 8.0。

(2) 加入溶液Ⅱ和Ⅲ时，要求温和颠倒混匀，主要是要使染色体 DNA 与试剂充分作用而变性，同时又要避免被剪切，达到彻底中和的目的。

(3) 离心后弃上清时，要求将 EP 管倒置于滤纸上，以去除所有液体，避免影响后续实验。

(4) 酚/氯仿抽提离心后，要小心吸取上清液，切勿混入下层有机溶剂。同时需注意苯酚具有强腐蚀性，一旦不小心皮肤接触到了苯酚，应立即用大量清水或肥皂水冲洗，忌用乙醇洗涤。

(5) 所有试剂均需储存于 4℃冰箱保持，溶液Ⅱ需新鲜配制。

【思考题】

(1) 实验中溶液Ⅰ、溶液Ⅱ和溶液Ⅲ的作用分别是什么？加入上述溶液时需注意哪些问题？

(2) 实验中加入酚/氯仿、无水乙醇和 RNase 的作用分别是什么？

(3) 实验中测定 OD_{260} /OD_{280} 的意义何在？对于测定结果如何解释？

四、琼脂糖凝胶电泳鉴定质粒 DNA

【实验目的】 掌握琼脂糖凝胶电泳法鉴定质粒 DNA 的基本原理与操作方法。

【实验原理】 琼脂糖凝胶电泳是用于分离、鉴定和提纯 DNA 片段的标准方法。琼脂糖是从琼脂中提取的一种多糖，具亲水性，但不带电荷，是一种很好的电泳支持物。DNA 在碱性条件下(pH8.0 的 TE 缓冲液)带负电荷，在电场中通过凝胶介质向正极移动，不同 DNA 分子片段由于分子大小和构型不同，在电场中的泳动速率亦不同。溴化乙锭(EB)可嵌入 DNA 分子碱基对间形成荧光络合物，经紫外线照射后，可分出不同的区带，达到鉴定目的。

DNA 在琼脂糖凝胶中的迁移率受多种因素影响。例如 DNA 分子的大小；琼脂糖的浓度；所加电压等。DNA 片段越长，泳动速度越慢，而且泳动速度与电场强度成正比。一个给定大小的线性 DNA 片段，在不同浓度的琼脂糖凝胶中迁移率不同，DNA 电泳迁移率的对数与凝胶浓度呈线性关系。用低浓度的荧光染料如溴化乙锭染色后，凝胶中的 DNA 可以直接被检测出来。紫外灯下可以直接检测到 20pg 的双链 DNA。此外，还可以从电泳后的凝胶中回收特定的 DNA 条带，用于以后的克隆操作。

【实验器材】

1. 仪器材料 电泳仪，微量移液枪，微波炉，紫外投射仪或紫外凝胶成像系统。

2. 试剂药品

(1) 琼脂糖(agarose)。

(2) 10×TBE 缓冲溶液：取 108g Tris，55g 硼酸和 9.3g EDTA(pH8.0)溶于水，定容至 1000ml，调 pH 8.3。稀释 10 倍后作为电泳缓冲溶液应用。

(3) 溴化乙锭(EB)：将 EB 配制成 10mg · ml^{-1}，用铝箔或黑纸包裹容器，室温储存。

(4) 6×电泳加样缓冲液：0.25% 溴粉蓝，40%(w/v)蔗糖水溶液，贮存于 4℃。

(5) DNA 分子量标准。

(6)DNA 样品(大肠埃希菌质粒 DNA，如 pEGFPN1 质粒)。

【实验步骤】

1. 配缓冲液 取 10×TBE 缓冲液 20ml 加水至 200ml，配制成 1×TBE 稀释缓冲液，待用。

2. 胶液的制备 称取 1g 琼脂糖，置于 200ml 锥形瓶中，加入 100 ml TBE 缓冲液，置微波炉中加热至琼脂糖完全溶化，取出摇匀。此为 1%琼脂糖凝胶液。

3. 胶板的制备 将电泳凝胶床洗净，晾干，放在水平的工作台上，插上样品梳。注意观察梳子齿下缘应与胶槽底面保持 1mm 左右的间隙。向冷却至 50～60℃的琼脂糖胶液中加入溴化乙锭(EB)溶液，使其终浓度为 $0.5\mu g \cdot ml^{-1}$(也可不把 EB 加入凝胶中，而是电泳后再用 $0.5\mu g \cdot ml^{-1}$ 的 EB 溶液浸泡染色)。待胶完全凝固后拔出梳子，注意不要损伤梳底部的凝胶，然后放入到电泳缓冲液中，注意加样孔靠近负极(黑色)端，向槽内加入 0.5×TBE 稀释缓冲液至液面恰好没过胶板上表面。

4. 加样 取 10μl 质粒 DNA 与 2μl 6×加样缓冲液混匀，用微量移液器小心加入样品槽中。若 DNA 含量偏低，则可依上述比例增加上样量，但总体积不可超过样品槽容量。

5. 电泳 安装好电极导线，点样孔一端接负极，另一端接正极，打开电源，调电压至 120 V，电泳 30 min，当溴酚蓝移到胶块一半位置时，停止电泳。

6. 观察和拍照 关闭电源，取出凝胶，在波长为 254nm 的长波长紫外灯下观察已加有 EB 的电泳胶板，DNA 存在处显示出肉眼可辨的荧光条带，照相记录电泳图谱。

【结果与讨论】 根据紫外灯下观察到的电泳图，分析 DNA 样品(质粒 DNA)的质量和构型。

【注意事项】

(1)EB 是强诱变剂并有中等毒性，易挥发，配制和使用时都应戴手套，并且不要把 EB 洒到桌面或地面上。凡是沾污了 EB 的容器或物品必须经专门处理后才能清洗或丢弃。

(2)由于 EB 会嵌入到堆积的碱基对之间并拉长线状和带缺口的环状 DNA，使 DNA 迁移率降低。因此，如果要准确地测定 DNA 的分子量，应该采用跑完电泳后再用 $0.5\mu g \cdot ml^{-1}$ 的 EB 溶液浸泡染色的方法。

(3)由于紫外光对 DNA 分子有切割作用，因此如果需要从胶上回收 DNA 时，应尽量缩短紫外透射仪对 DNA 的照射时间，最好采用长波长紫外灯(300～360nm)，以减少紫外光切割 DNA。

(4)倒胶时的温度不可太低，否则凝固不均匀，速度也不可太快，否则容易出现气泡。

(5)每加完一个样品要更换枪头，以防止互相污染，注意上样时要小心操作，避免损坏凝胶或将样品槽底部凝胶刺穿。

【思考题】

(1)琼脂糖凝胶电泳中 DNA 分子迁移率受哪些因素的影响？

(2)碱裂解法提取的质粒 DNA 在琼脂糖凝胶电泳图中可有几种形式？

(孙晓杰)

第八章　设计性实验

第一节　设计性实验概述

创新是民族进步的灵魂，大学创新教育是以培养大学生创新精神和创新能力为基本价值取向的教育。设计性实验是学生具备一定基础知识和一定的实验技能后，来培养和检验学生综合应用知识和动手能力的一种教学方法。设计性实验是培养学生实验探究能力的良好途径。通过形式不同和要求不同的设计性实验，尤其是在理论上引入一些原理性设计实验，给学生一个较大的思考和选择范围，充分发挥学生的思维和想象力，培养学生的创新意识 ，发挥大学实验在知识教育，综合应用和创新能力等方面的作用，使之成为一种知识教育，素质教育和创新教育，以适应国家对科技创新人才的需要。

在当今这个注重知识更注重能力的时代，社会发展需要更多具有探究能力的人才。生物化学和分子生物学实验本身就是一种培养探究能力的良好途径。然而传统实验存在弊端，同学只是会抄写实验目的、实验原理、操作步骤，简单地去验证实验，这样不利于学生能力的发展。所以设计性实验在基础医学实验教学改革中越来越受到关注，成为教学改革的一个重要方向。参加过设计性实验的学生，在发现和提出问题的能力、猜想与假设能力、实验设计能力、控制实验条件的能力、收集证据能力、得出结论能力、反思与评价、讨论与交流能力这七个实验探究能力的方面会有很大提高。

创新性实验是指在指导教师指导下，学生在导师的研究领域或本人的学科方向，针对某一或某些选定研究目标所进行的具有研究探索性质的实验。该类实验的目的是在深化学生综合设计能力的基础上，培养学生的开拓创新性思维和研究创新能力。

参与设计性实验的学生以实验小组为单位，实施过程包括选择实验题目、查找资料、设计方案、小组讨论、实验准备、实验操作、实验总结及完成报告等过程。首先教师根据学生已掌握的理论知识、基本操作技能和实验室条件，选择能培养学生创造性，把所学知识运用于实践，并能给学生充分的思考空间的实验题目，提前通知学生。学生利用图书馆及网络获得相关文献，提醒学生检索的方法和技巧。对收集到的资料进行分类、整理、讨论，并结合实验室条件确定本实验小组的实验设计方案、实验所需的仪器和试剂，每实验小组选一名学生代表，陈述自己的设计方案。在多种设计出的方案中，同学可分别提出自己独特的见解并讨论，最后由指导老师与同学一起针对各组实验方案的科学性、创新性和可行性进行论证。在论证过程中启发学生积极思考、勇于探索，通过讨论既调动了学生的学习热情，活跃了学习气氛，又使学生在思考中对实验目的、方法和结果做到了心中有数，巩固了理论知识。

设计性实验整体流程：

1. 选题。
2. 自我设计，实验方案的拟订，上交实验设计报告。
3. 实验设计方案评比。
4. 进行开题报告，对实验方案进行论证(PPT)。
5. 实验操作评比 。

6. 评出的优秀选手推荐参加生化实验技能大赛，有兴趣的同学参与生化实验教学及课外科研工作。

第二节　设计性实验

实验一　唾液淀粉酶最适 pH 的测定

【实验目的】

(1)掌握设计性实验的基本思路，并完成设计报告。

(2)熟悉影响酶促反应速度的因素。

(3)了解唾液淀粉酶最适 pH 的测定原理和方法。

【实验原理】　酶促反应速度受许多因素的影响，如温度、pH、激动剂和抑制剂等。上述诸因素对唾液淀粉酶催化淀粉水解反应速度的影响，可用定性或定量反应来观察。利用碘与淀粉及其不同程度水解产物反应的颜色，来衡量酶促反应的速度，即淀粉（蓝色）→紫色糊精（紫色）红色糊精（红色）→麦芽糖及少量葡萄糖（黄色），颜色由蓝变黄，表示酶促反应速度由低到高，此为定性观察。

进一步利用朗伯-比尔定律（Lambert-Beer's law）来判定溶液的吸光度与溶液的浓度符合一定的比例关系。由于在不同酸碱度下，酶活性高低不同，所以在同一时间内淀粉被水解的程度也不一样。当唾液淀粉酶不能将淀粉完全水解时，淀粉遇碘呈蓝色，吸收波长位于 660 nm 处。不同 pH 环境中唾液淀粉酶与淀粉的反应程度不同，剩余的淀粉量不同，生成的蓝色化合物深浅不同，吸光度值亦不同。因此，通过测量 660 nm 处的吸光度值，可以了解 pH 对酶促反应的影响，吸光度值最小的溶液其 pH 即为唾液淀粉酶的最适 pH（图 8-1）。

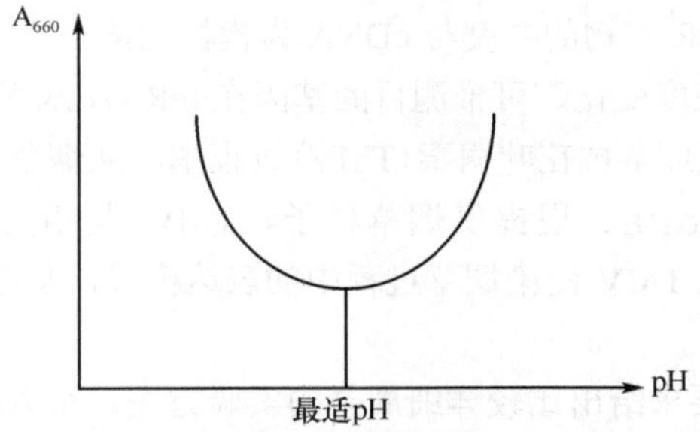

图 8-1　人唾液淀粉酶在 pH 在 3.8～9.4 间表现活性

【实验器材】

1. 仪器材料　①方盘、试管架、中试管、毛刷、吸耳球、玻璃铅笔、小烧杯、白瓷板、坐标纸、漱口杯；②0.1ml、0.5ml、1.0ml、2.0ml、5.0ml、10.0ml 刻度吸管，胶头滴管；③恒温水浴箱、分光光度计、电磁炉。

2. 试剂药品

(1) 0. 2% 淀粉溶液。

(2) 0.2 mol · L^{-1} 磷酸氢二钠溶液、0.2 mol · L^{-1} 磷酸二氢钠溶液。

(3) 碘液：称取碘 1g，碘酸钾 2g，溶于 300ml 蒸馏水中。

【实验步骤】

(1) 实验理论课上向学生讲解实验目的，实验原理，实验器材。布置学生撰写实验设计报告。

设计报告要求包括以下内容：

①实验题目；②实验目的；③实验原理；④实验步骤：缓冲液配制、唾液取法、实验具体方案；⑤实验结果；⑥实验分析。

(2) 教师批改学生设计报告。

(3) 课上由学生讲解自己的实验方案，大家共同讨论。

(4) 教师总结实验思路并给出合理的实验方案。

(5) 学生操作实验，教师指导。

(6) 学生完成实验报告。

【思考题】

(1) 本实验为什么要寻找较合适的唾液稀释倍数？

(2) 在研究 pH 对酶促反应速度的影响时，前提条件是什么？

(3) 在所测的吸光度值中，吸光度值最小的溶液所对应的 pH 一定是唾液淀粉酶的最适 pH 吗？

实验二　RT-PCR

【实验设计目的】

(1) 掌握 RT-PCR 的基本原理；

(2) 了解利用 RT-PCR 分析目的基因表达的方法。

【实验设计原理】

(1) 提取 RNA，进行反转录，然后以 cDNA 为模板进行 PCR。

(2) 在一定范围内，PCR 产物的亮度与 cDNA 为模板的浓度成正比。

(3) 根据 PCR 产物的亮度变化，可推测目的基因在 mRNA 水平上的表达量的变化趋势。

【研究课题】　在研究烟草抗花叶病毒(TMV)过程中，从烟草叶片中克隆到一个 cDNA 片段，已完成 DNA 序列的测定。现提供烟草种子、TMV 及相关的 RT-PCR 试剂，拟利用 RT-PCR 技术分析该基因在 TMV 侵染烟草过程中的表达模式，从而推测该基因在烟草抗 TMV 过程中可能具有的功能。

【实验设计要求】　要求给出比较详细周全的实验方案，可以是技术路线的形式，但不要求一一列出具体的实验步骤。

【重要提示】

(1) 如何处理相关的实验材料以分析目的基因在时间维度上的表达模式？

(2) 如何保证 RT-PCR 产物形成量与模板浓度成正比？

(3) 如何保证 RT-PCR 的模板用量一致？

【思考题】

1. 什么是 RT-PCR？有何应用价值？

2. 与 Northern 杂交相比，RT-PCR 分析基因的表达模式时有何优缺点？

（李淑艳）

第九章　虚拟仿真实验

第一节　虚拟仿真实验概述

一、概　　况

虚拟实验室的概念是由美国弗吉尼亚大学的威廉•沃尔夫教授于 1989 年首先提出，它是指按照实验教学的基本要求，在计算机系统中采用虚拟现实技术实现的各种虚拟实验环境，实验者可以像在真实的环境中一样运用各种虚拟实验器械和设备，对建立起来的实验模型进行实时仿真操作，完成各种预定的实验项是一种以虚代实、以软代硬的实验教学形式。

仿真实验以实验为中心呈现实验对象、实验试剂实验器材、实验简介、仿真实战和虚拟操作，仿真实战是以流程控制式表现，即在虚拟实验环境中使实验者虚拟手术操作过程、实验操作流程。虚拟实验是以曲线式表现，对“实验动物或标本”进行虚拟操作，完成各种预定的实验目的，起到学习训练的作用。

虚拟实验室是一个计算机网络化的仿真实验环境，具有沉浸感和交互性的特点。分子诊断学虚拟实验室用于教学，在增强学生学习兴趣、提高教学质量和培养学生综合素质等方面取得了显著效果。模拟化学实验室的教学实践证明：生动形象，超越设备、药品、环保和时空限制的新的化学实验教学媒体的合理应用，可以得到良好的教学效果和投资效益。

生命科学是 21 世纪发展最为迅速的学科之一，实验技术的改进和实验手段的更新是分子生物学实验改革创新的首要特征。分子生物学相关实验技能可直接影响学生专业动手能力，对培养学生创新能力，开拓学生创业机会及从事相关科研工作都有着不可忽视的作用，是其适应社会发展的重要保证。

基于计算机仿真技术的网路化实验教学系统，包括以计算机仿真技术为核心的生物仿真引擎、处理因素数据库、虚拟环境界面和网络化硬件平台等部分。在计算机系统中建立的虚拟实验环境使实验者可以像在真实的环境中一样运用各种虚拟实验器械和设备，对“实验动物或标本”进行虚拟操作，完成预定实验。分子生物学虚拟实验从功能上包括仪器介绍、操作演示、仿真实验(真实战、虚拟实验)、模拟测试、后台数据管理和用户管理等模块。

以学生为中心，提高学生创新设计能力，更新实验教学观念，避免学生实验“走过场”现象，建立分子生物学虚拟仿真实验教学平台。该平台解决了实验教学中，实验材料短缺、仪器设备昂贵、试剂致癌致畸、受保护生物等限制因素，因而影响实验教学正常开展的普遍存在的现状；虚拟实验平台则又以其全视野、动画视频、模拟操作带注释、网络在线浏览、下载等优势，学生可通过平台提供的仪器设备合理设计实验项目，从而实现虚实结合的实验教学环节，明显提高学生大胆创新能力和实验教学的质量和效率。

二、分子生物学虚拟实验软件的特色

(1)界面友好，可操作性强。除基本的实验目的、实验原理、注意事项、关键试剂与实验器材、操作步骤、实验结果和实验报告外，操作步骤设计非常详细，具体体现在：

1) 设置多处选择项，突出操作过程中的关键环节。

2) 设置大量说明框，内容极其丰富，可以替代理论教学。

3) 涵盖实验操作的每一个细节，实验过程中的难点与重点突出。

(2) 软件高度写实，实验所用的仪器、试剂和耗材的图像采集均以实体为标准，而且随着实验的进行，可以观察到仪器的动态变化。

(3) 涵盖丰富的 3D 动画视频资料，能够很好地拓展学生的视野。

(4) 分子生物学虚拟教学软件包括相应的测试习题供学生复习、巩固、提高。

三、界面设计

(1) 视频点播：将常见的教学视频构建成多媒体点播的形式，按实验分类以树型目录的结构呈现出来，在视频上点击即可实现点播。

(2) 虚拟操作：点击即可进入，它包含部件解剖、操作指南、操作原理、三维展示四部分，部件解剖、操作指南通过视频操作的演示说明，操作原理是通过动画的形式表现，解析成像原理，三维展示是构建了三维模型，可以用鼠标推拽和键盘组合看显微镜的三维空间结构。

(3) 实验自测：题库自测系统系统按照章节排列，点击相关章节即可浏览相关试题，可以进行自我测试，提交答案后给出本次作答的正误判断、得分及正确率，从而巩固所学知识。

(4) 考试管理：即系统对学生作答进行自动评阅，给出其成绩，教师还可以对系统评阅进行纠误，在说明理由后可以重新给分，系统给出学生的最终成绩。教师可以将成绩导出。

第二节　虚拟仿真实验

生命科学的研究的发展速度极为惊人，目前随着研究工作的深入，生命科学工作所面对的不仅是如何获取海量的研究数据，而且要学会使用相关软件对数据进行处理和分析。计算机网络及相关生物信息软件已经成为现代生物学研究的一个基本组成单元，贯穿于研究的整个过程中。随着基因组学、蛋白组学、结构生物学和表观遗传学等生物学研究的不断深入，各种生物信息软件不断涌现。

在生物化学与分子生物学的实验教学中，让学生在生物化学与分子生物学实验中摆脱以往的重复操作且具有一定危险性的实验环境，重视利用现在的生物信息技术，改进教学方法、提高教学质量，是生物化学实验的一个发展方向。在计算机系统中建立的虚拟实验环境使实验者可以运用各种虚拟实验器械和设备，进行虚拟操作，完成预定实验。充分利用网络上的生物信息资源，融教育性、科学性和技术性为一体，有机合理地组合文字、动画、视频等多种媒体，达到最佳的生物化学实验教学效果。

实验一　利用 Map viewer 查找人白介素 IL-18 基因序列、mRNA 序列和氨基酸序列

【实验目的】　熟悉 Map viewer 软件在核酸序列和氨基酸序列查询中的应用，了解 NCBI 网站的基本功能。

【实验原理】　美国国立生物技术信息中心（NCBI）隶属于美国国立卫生研究院（National Institute of Health，NIH），是美国国家医学图书馆(National Library of Medicine)的一个分支机

构，负责通过互联网形式为医学、生物学方面的基础研究提供新的信息。NCBI 保管 GenBank 的基因测序数据和 Medline 的生物医学研究论文索引等大量生物医学相关信息。

Map viewer 是 NCBI 网站上提供的一个非常有用的寻找基因的工具，通过 Map viewer 可以查询某个基因在基因组中所处的位置、基因序列、内含子及外显子的排列、基因的细胞遗传学图、EST、SNP 等等许多有用的信息。

白介素-18(interleukin-18 ，IL-18)为白介素因子家族中的一种，有重要的免疫调节功能。白介素-18 可以诱生 γ-干扰素外，与许多细胞因子相互作用，参与体内各种免疫反应，对机体起着重要的免疫调节和保护作用。另一方面 IL-18 也与一些自身免疫性疾病、变态反应性疾病等的发生密切相关。总之，IL-18 不论是在增强机体的免疫力，还是在许多疾病的治疗中都具有重要的基础研究及临床应用前景。

【软件】 Map viewer：http：//www.ncbi.nlm.nih.gov/mapview/index.html

【实验步骤】

1．打开 Map viewer 页面。在“search”的下拉菜单里选择人(Homo sapiens)，在“for”后填写入要检索的目的基因名称：IL-18。点击“Go”命令，操作完毕后页面应为如图(图 9-1)所示：

Search results for query "IL-18": 32 hits

Chr	Assembly	Match
2	reference	all matches
		Bos taurus IL-18Ra mRNA for IL-18 receptor alpha, partial cds
		Homo sapiens IL-18 receptor beta splice variant mRNA, complete...
		OTTHUMP00000203106
2	CHM1_1.1-Primary Assembly	all matches
		Bos taurus IL-18Ra mRNA for IL-18 receptor alpha, partial cds
		Homo sapiens IL-18 receptor beta splice variant mRNA, complete...
		OTTHUMP00000203106
11	reference	all matches

图 9-1 IL-18 在 Map viewer 页面中的检索结果

2．在步骤 1 图示的右下角显示有“Quick Filter”命令，勾选“Gene”项，然后点击“Filter” ，操作完毕后页面应为如图(图 9-2)所示：

Search results for query "IL-18 AND gene[obj_type]": 4 hits

Chr	Assembly	Match	Map element	Type	Maps
2	reference	OTTHUMP00000203106	IL18RAP	GENE	Genes_cyto | Genes_seq
2	CHM1_1.1-Primary Assembly	OTTHUMP00000203106	IL18RAP	GENE	Genes_seq
11	reference	OTTHUMP00000234751	IL18	GENE	Genes_cyto | Genes_seq
11	CHM1_1.1-Primary Assembly	OTTHUMP00000234751	IL18	GENE	Genes_seq

图 9-2 Map viewer 中所收录的 IL-18 基因序列

3．点击上述三条序列第一条序列(即 reference)对应的“Genes seq”，操作完毕后页面应为如图(图 9-3)所示：

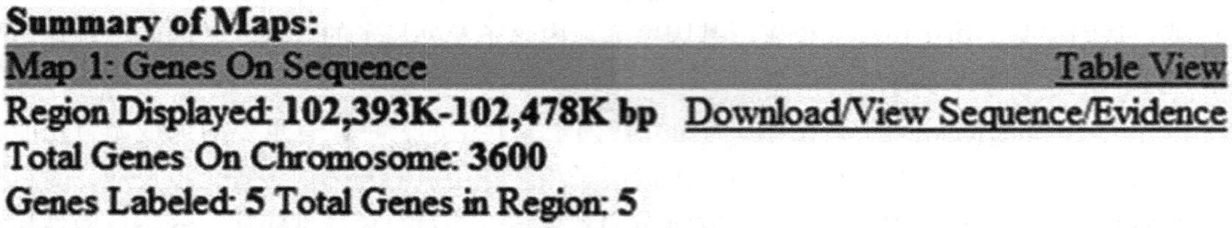

图 9-3　IL-18 基因序列在染色体中的具体位置和大小

4. 点击“Download/View Sequence/Evidence”，操作完毕后页面应为如图(图 9-4)所示：

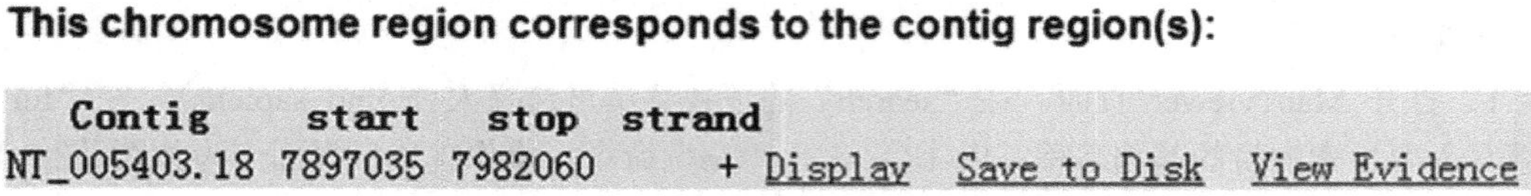

图 9-4　IL-18 基因序列在具体显示之前的界面

5. 点击“Save to Disk”，操作完毕后页面应为如图(图 9-5)所示：

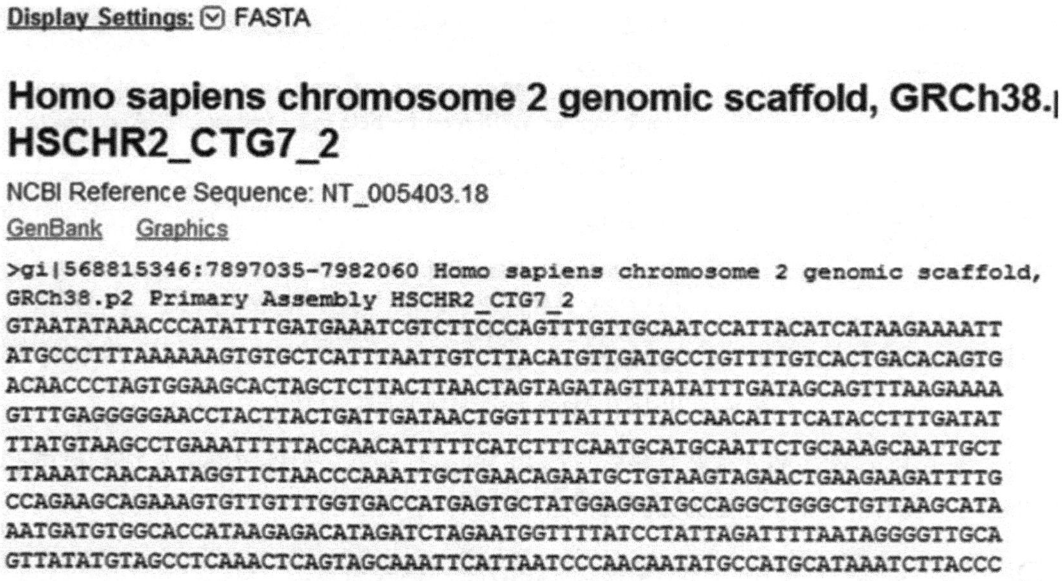

图 9-5　IL-18 基因序列的 FASTA 格式显示图

6. 在“Display Settings”，选择“Genbank(full)”选项，点击“apply”选项确认。操作完毕后页面应为如图(图 9-6)所示：

7. 在上述打开的网页中，查找到 IL-18 基因长度和基因序列信息。另外，我们在上述网页中，同时得到了 mRNA(图 9-7)和 IL-18 氨基酸序列(图 9-8)的信息。

【思考题】　查找牛(Bos taurus)源 SLC11A1 蛋白的基因序列和氨基酸序列。

Display Settings: GenBank (full)

Homo sapiens chromosome 2 genomic scaffold, GRCh38.p2 P HSCHR2_CTG7_2

NCBI Reference Sequence: NT_005403.18

FASTA　Graphics

```
LOCUS       NT_005403              85026 bp    DNA     linear   CON 12-MAR-201
DEFINITION  Homo sapiens chromosome 2 genomic scaffold, GRCh38.p2 Primary
            Assembly HSCHR2_CTG7_2.
ACCESSION   NT_005403 REGION: 7897035..7982060 GPS_003205479
VERSION     NT_005403.18  GI:568815346
DBLINK      BioProject: PRJNA168
            Assembly: GCF_000001405.28
KEYWORDS    RefSeq.
SOURCE      Homo sapiens (human)
  ORGANISM  Homo sapiens
            Eukaryota; Metazoa; Chordata; Craniata; Vertebrata; Euteleostomi;
            Mammalia; Eutheria; Euarchontoglires; Primates; Haplorrhini;
            Catarrhini; Hominidae; Homo.
REFERENCE   1  (bases 1 to 85026)
  AUTHORS   Hillier,L.W., Graves,T.A., Fulton,R.S., Fulton,L.A., Pepin,K.H.,
            Minx,P., Wagner-McPherson,C., Layman,D., Wylie,K., Sekhon,M.,
            Becker,M.C., Fewell,G.A., Delehaunty,K.D., Miner,T.L., Nash,W.E.,
            Kremitzki,C., Oddy,L., Du,H., Sun,H., Bradshaw-Cordum,H., Ali,J.,
```

图 9-6　IL-18 基因序列的 Genbank 状态显示图

```
mRNA            join(<1420..1578,3482..5726)
                /gene="IL18R1"
                /gene_synonym="CD218a; CDw218a; IL-1Rrp; IL18RA; IL1RRP"
                /product="interleukin 18 receptor 1, transcript variant 1"
                /inference="similar to RNA sequence, mRNA (same
                species):RefSeq:NM_003855.3"
                /exception="annotated by transcript or proteomic data"
                /note="The RefSeq transcript has 1 substitution compared
                to this genomic sequence; Derived by automated
                computational analysis using gene prediction method:
                BestRefSeq."
                /transcript_id="NM_003855.3"
                /db_xref="GI:538918731"
                /db_xref="GeneID:8809"
                /db_xref="HGNC:HGNC:5988"
                /db_xref="HPRD:05138"
                /db_xref="MIM:604494"
```

图 9-7　IL-18 的 mRNA 序列信息

```
CDS             <3482..3837
                /gene="IL18R1"
                /gene_synonym="CD218a; CDw218a; IL-1Rrp; IL18RA; IL1RRP"
                /note="Derived by automated computational analysis using
                gene prediction method: Gnomon."
                /codon_start=1
                /product="interleukin-18 receptor 1 isoform X2"
                /protein_id="XP_005264097.1"
                /db_xref="GI:530368845"
                /db_xref="GeneID:8809"
                /db_xref="HGNC:HGNC:5988"
                /db_xref="HPRD:05138"
                /db_xref="MIM:604494"
                /translation="MNCRELPLTLWVLISVSTAESCTSRPHITVVEGEPFYLKHCSCS
                LAHEIETTTKSWYKSSGSQEHVELNPRSSSRIALHDCVLEFWPVELNDTGSYFFQMKN
                YTQKWKLNVIRRNKHSCFTERQVTSKIVEVKKFFQITCENSYYQTLVNSTSLYKNCKK
                LLLENNKNPTIKKNAEFEDQGYYSCVHFLHHNGKLFNITKTFNITIVEDRSNIVPVLL
                GPKLNHVAVELGKNVRLNCSALLNEEDVIYWMFGEENGSDPNIHEEKEMRIMTPEGKW
                HASKVLRIENIGESNLNVLYNCTVASTGGTDTKSFILVRKADMADIPGHVFTRGMIIA
                VLILVAVVCLVTVCVIYRVDLVLFYRHLTRRDETLTAVVDEIHSLIEKSRRLIIVLSK
                SYMSNEVRYELESGLHEALVERKIKIILIEFTPVTDFTFLPQSLKLLKSHRVLKWKAD
                KSLSYNSRFWKNLLYLMPAKTVKPGRDEPEVLPVLSES"
```

图 9-8　IL-18 的氨基酸序列信息

实验二　SLC11A1 蛋白跨膜结构域的预测

【实验目的】　掌握蛋白跨膜结构域，螺旋区列表和跨膜拓扑结构预测。

【实验原理】　由双层脂类组成的生物膜结构是细胞的基本构成单元，然而生物膜的大部分功能是由镶嵌在生物膜中的蛋白质来完成的，膜蛋白决定了生物膜的功能特性。因此膜蛋白在细胞的功能中占据重要地位是显而易见的。膜蛋白与细胞膜的结合有几种不同的方式，其中主要方式是肽段直接跨过细胞膜，在细胞中常执行信号传导或转运通道功能，因此是研究最集中的一类蛋白质。

早期人们对结核和麻风病等流行性疾病的研究及对易感性人群的分析中发现，疾病的易感性是由基因控制，后来在研究小鼠对结核分枝杆菌、沙门杆菌和利什曼原虫的易感性时发现小鼠的 1 号染色体上显性基因Bcg、Ity或Lsh决定了小鼠对细胞内病原微生物侵染的抗性或易感性，由此将该类基因命名为天然抗性相关巨噬蛋白 1(Nramp1)。后来进一步通过筛选人类脾脏的 cDNA 文库克隆了定位于人类染色体 2q35 位置的 Nramp1 基因。后来发现 Nramp1 的结构类似于锰运输载体，认为 Nramp1 可能为一种金属离子载体，将其命名为 SLC11A1(solute carrier family 1，溶质转运家族 1)。SLC11A1 是高疏水的整合膜蛋白，由 548 个残基构成。

对于含有跨膜区的蛋白而言，跨膜区的存在意味着该蛋白有可能作为膜受体发挥作用，目前有多种蛋白跨膜区在线预测的软件。

【软件】

TMPRED：http：//www.ch.embnet.org/software/TMPRED_form.html

DAS：http：//mendel.imp.ac.at/sat/DAS/DAS.html

【实验步骤】

(1) 打开 TMPRED 页面，页面应为(图 9-9)。

(2) 采用复制、粘贴方式将序列输入窗口，页面应为(图 9-10)。

(3) 在预测开始之前，TEPRED 程序应设置好参数，分别是“Output format”和预测片段长度最小值“minimum”和最大值“maximum”，这里采用常规的设置，即分别为“html”、“17”和“33”。点击“Run TEPRED”，预测结果应为如图(图 9-11)所示：

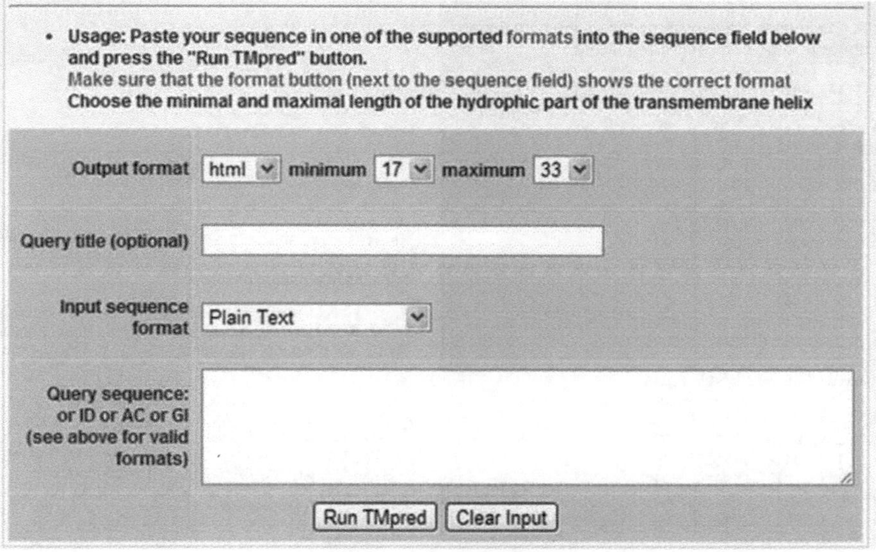

图 9-9　TMPRED 页面

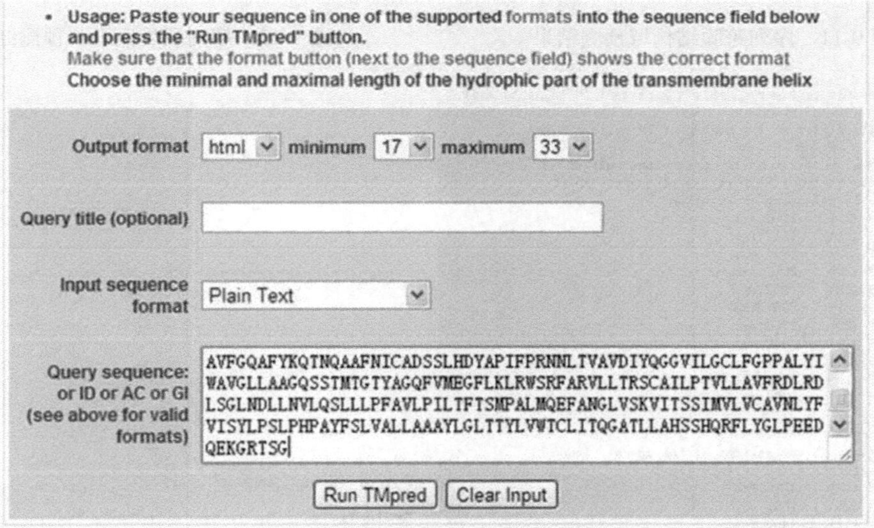

图 9-10　序列输入窗口页面

上述结果表明 SLC11A1 蛋白有 12 个跨膜结构域，另外，软件还预测了蛋白可能的螺旋区列表(图 9-12)和跨膜拓扑结构(图 9-13)预测。

(4) 打开 DAS 页面，页面应为如图(图 9-14) 所示：

(5) 采用复制粘贴方式将序列输入窗口，页面应为如图(图 9-15) 所示：

(6) 在预测开始之前，DAS 程序应设置好参数，“Output format”采用设置为“short”，“Evaluation”采用“trusted”，“TM-library size”选择“4”。点击“提交”，预测结果应为如图(图 9-16) 所示：

```
The sequence positions in brackets denominate the core region.
Only scores above 500 are considered significant.

Inside to outside helices :  12 found
      from        to    score center
  55 (  55)  73 (  73)   1276     65
  84 (  84) 104 ( 104)   1727     94
 169 ( 169) 185 ( 185)   1400    177
 194 ( 194) 213 ( 213)   2071    204
 211 ( 214) 234 ( 234)    539    222
 238 ( 238) 256 ( 256)   1049    248
 288 ( 290) 308 ( 308)   2007    298
 338 ( 338) 361 ( 361)   1627    349
 396 ( 396) 415 ( 415)    907    405
 427 ( 427) 449 ( 446)   1551    437
 464 ( 464) 482 ( 482)   2232    474
 492 ( 492) 512 ( 510)   2034    502

Outside to inside helices :  11 found
      from        to    score center
  50 (  52)  70 (  70)   1100     60
  79 (  84) 103 ( 101)   1681     93
 165 ( 167) 184 ( 184)   1694    175
 194 ( 194) 212 ( 212)   1594    204
 235 ( 239) 256 ( 256)    992    248
 280 ( 280) 302 ( 298)   2047    290
 342 ( 344) 361 ( 361)   1778    352
 395 ( 397) 413 ( 413)   1015    405
 430 ( 430) 449 ( 449)   1396    440
 464 ( 464) 484 ( 482)   2107    474
 492 ( 494) 512 ( 512)   2204    502
```

图 9-11　序列跨膜结构域预测结果

```
Here is shown, which of the inside->outside helices correspond to which

of the outside->inside helices.

     Helices shown in brackets are considered insignificant.
     A "+"-symbol indicates a preference of this orientation.
     A "++"-symbol indicates a strong preference of this orientation.

          inside->outside  | outside->inside
   55-  73 (19) 1276  +    |   50-  70 (21) 1100
   84- 104 (21) 1727       |   79- 103 (25) 1681
  169- 185 (17) 1400       |  165- 184 (20) 1694 ++
  194- 213 (20) 2071 ++    |  194- 212 (19) 1594
  211- 234 (24)  539 ++    |
  238- 256 (19) 1049       |  235- 256 (22)  992
  288- 308 (21) 2007       |  280- 302 (23) 2047
  338- 361 (24) 1627       |  342- 361 (20) 1778  +
  396- 415 (20)  907       |  395- 413 (19) 1015  +
  427- 449 (23) 1551  +    |  430- 449 (20) 1396
  464- 482 (19) 2232  +    |  464- 484 (21) 2107
  492- 512 (21) 2034       |  492- 512 (21) 2204  +
```

图 9-12　序列螺旋区列表预测结果

```
2 possible models considered, only significant TM-segments used

*** the models differ in the number of TM-helices ! ***

-----> STRONGLY prefered model: N-terminus outside
11 strong transmembrane helices, total score : 18108
 # from   to length score orientation
 1   50   70 (21)    1100 o-i
 2   84  104 (21)    1727 i-o
 3  165  184 (20)    1694 o-i
 4  194  213 (20)    2071 i-o
 5  235  256 (22)     992 o-i
 6  288  308 (21)    2007 i-o
 7  342  361 (20)    1778 o-i
 8  396  415 (20)     907 i-o
 9  430  449 (20)    1396 o-i
10  464  482 (19)    2232 i-o
11  492  512 (21)    2204 o-i

------> alternative model
12 strong transmembrane helices, total score : 18006
 # from   to length score orientation
 1   55   73 (19)    1276 i-o
 2   79  103 (25)    1681 o-i
 3  169  185 (17)    1400 i-o
 4  194  212 (19)    1594 o-i
 5  211  234 (24)     539 i-o
 6  235  256 (22)     992 o-i
 7  288  308 (21)    2007 i-o
 8  342  361 (20)    1778 o-i
 9  396  415 (20)     907 i-o
10  430  449 (20)    1396 o-i
11  464  482 (19)    2232 i-o
12  492  512 (21)    2204 o-i
```

图 9-13　跨膜拓扑结构预测结果

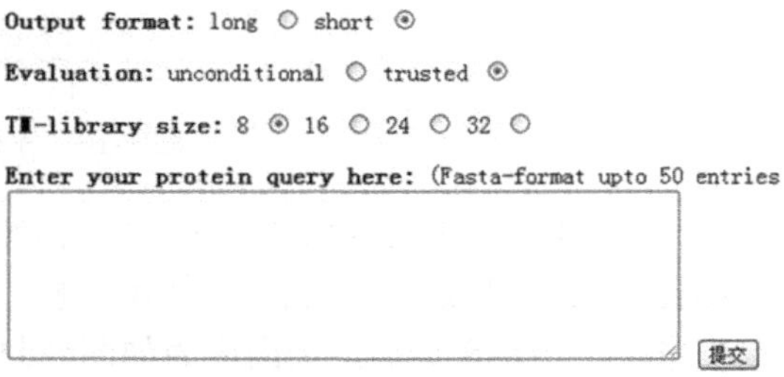

图 9-14　DAS 页面

上述结果与 TMPRED 预测结果基本一致。

【思考题】　使用 TEMRED 和 DAS 软件预测酿酒酵母（saccharomyces cerevisiae S288c）铜离子转运蛋白 1（Ctr1p，CDS 区为 916-2136）的跨膜结构域。

```
Output format: long ○ short ◉
Evaluation: unconditional ○ trusted ◉
TM-library size: 8 ◉ 16 ○ 24 ○ 32 ○
Enter your protein query here: (Fasta-format upto 50 entries
MSGDTGPPKQGGTRYGSISSPPSPEPQQAPPGGTYLSEKIPIPDTESGTFSLRKLWAFTGPG
FLMSIAFLDPGNIESDLQAGAVAGFKLLWVLLWATVLGLLCQRLAARLGVVTGKDLGEVCHL
YYPKVPRILLWLTIELAIVGSDMQEVIGTAIAFSLLSAGRIPLWGGVLITVVDTFFFLFLDN
YGLRKLEAFFGFLITIMALTFGYEYVVAQPAQGALLQGLFLPSCPGCGQPELLQAVGIIGAI
IMPHNIYLHSSLVKSREVDRSRRADIREANMYFLIEATIALSVSFLINLFVMAVFGQAFYKQ
TNQAAFNICADSSLHDYAPIFPRNNLTVAVDIYQGGVILGCLFGPPALYIWAVGLLAAGQSS
TMTGTYAGQFVMEGFLKLRWSRFARVLLTRSCAILPTVLLAVFRDLRDLSGLNDLLNVLQSL
LLPFAVLPILTFTSMPALMQEFANGLVSKVITSSIMVLVCAVNLYFVISYLPSLPHPAYFSL
VALLAAAYLGLTTYLVWTCLITQGATLLAHSSHQRFLYGLPEEDQEKGRTSG
                                                              提交
```

图 9-15 输入氨基酸序列的 DAS 页面

```
=== Result of the prediction ===

>
# TMH: 12 Q: trusted
@   93   5.290 core:   86 ..  103 6.133e-06
@  136   3.334 core:  132 ..  142 6.124e-03
!!! Warning! Weak twin peak. Ignored. @  159   3.074
@  175   4.529 core:  154 ..  184 9.003e-05
@  202   4.545 core:  194 ..  208 8.514e-05
@  248   3.212 core:  242 ..  251 9.426e-03
@  294   5.108 core:  283 ..  303 1.169e-05
@  358   3.602 core:  346 ..  366 2.373e-03
@  410   3.694 core:  403 ..  415 1.718e-03
@  440   4.774 core:  429 ..  447 3.796e-05
@  473   5.006 core:  464 ..  486 1.674e-05
@  500   5.004 core:  492 ..  518 1.684e-05
!!! Warning! Peak assignment overruled. Corrected no. of TMH: 11

<-------- end of list -------->
```

图 9-16 DAS 预测跨膜结构域结果

实验三 抗菌肽 LL37 的理化性质分析和二级结构预测

【实验目的】 熟练掌握 ProtParam tool 软件和 Psipred 软件在多肽理化性质分析和二级结构预测中的应用。

【实验原理】 对多肽的理化性质进行和结构进行预测，有助于了解多肽如何行使其生物功能，这对于生物医学的研究是非常重要的。对后续设计改造多肽可以提供可靠的依据。抗菌肽的活性与其二级结构、两亲性、疏水矩等理化参数密切相关。因此，对抗菌肽进行理化性质分析和结构预测，对于抗菌肽的研究具有重要意义。

LL37 作为唯一存在于人体中的 Cathelicindins 类抗菌肽，具有广谱杀菌及抗肿瘤活性，还可调节细胞因子释放、诱导细胞分化、刺激新生血管再生，在机体免疫系统起着重要作用。LL37 由 37 个氨基酸组成：LLGDFFRKSKEKIGKEFKRIVQRIKDFLRNLVPRTES。

ProtParam tool 软件对抗菌肽 LL37 的理化参数进行分析。分析的主要结果包括分子量、正电荷数、脂溶性指数等。脂溶性指数为根据多肽中四种脂肪族氨基酸(Ala，Val，Leu，Ile)的比例推测其热稳定性。GRAVY 指数则是指多肽的亲水性。Psipred 软件对多肽的二级结构进行分析。

【软件】

ProtParam tool：http：//web.expasy.org/protparam/

Psipred：http：//bioinf.cs.ucl.ac.uk/psipred/

【实验步骤】

(1) 打开 ProtParam tool 页面。操作完毕后页面应为如图(图 9-17)所示：

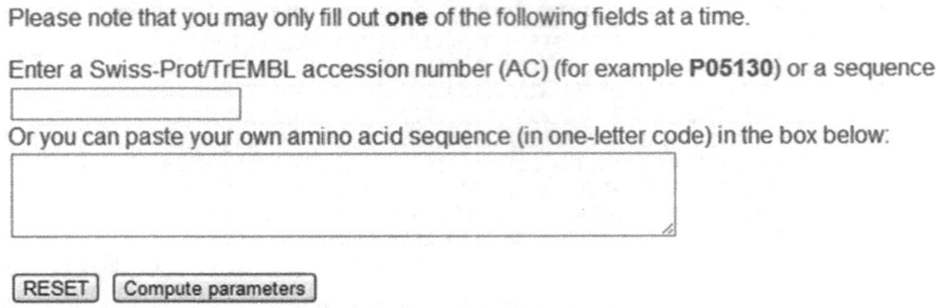

图 9-17　ProtParam tool 页面

(2) 将 LL37 抗菌肽的氨基酸序列粘帖入上述界面，然后点击“Compute parameters”，如图所示(图 9-18)。

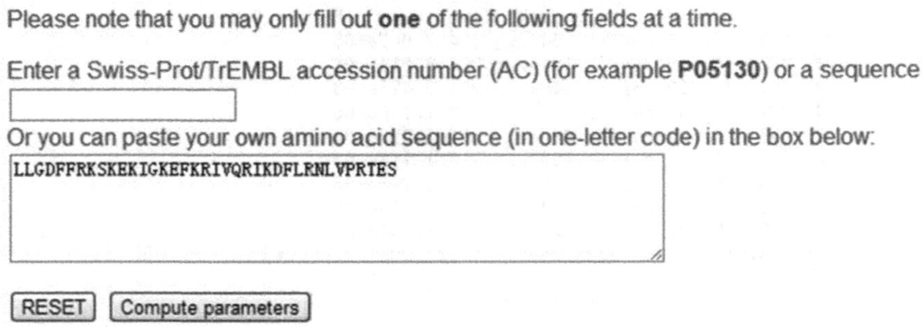

图 9-18　ProtParam tool 页面输入多肽序列结果

(3) 页面显示结果，包括抗菌肽的分子量、等电点、正电荷数、脂溶性指数等信息如图所示(图 9-19、图 9-20)。

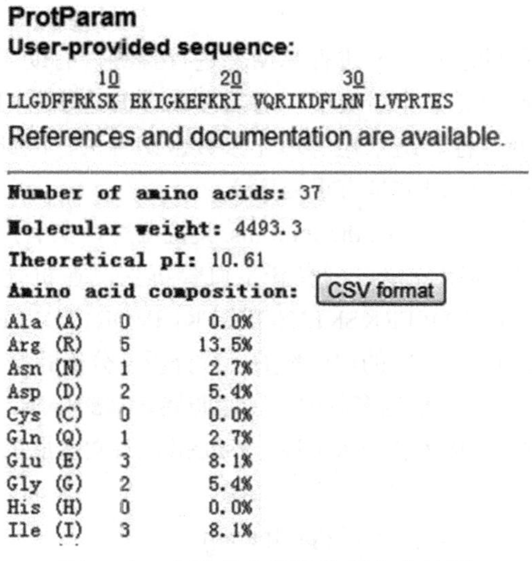

图 9-19　多肽的分子量和等电点结果

Extinction coefficients:

As there are no Trp, Tyr or Cys in the region considered, your protein should not be visible by UV spectrophotometry.

Estimated half-life:

The N-terminal of the sequence considered is L (Leu).

The estimated half-life is: 5.5 hours (mammalian reticulocytes, in vitro).
3 min (yeast, in vivo).
2 min (Escherichia coli, in vivo).

Instability index:

The instability index (II) is computed to be 23.34
This classifies the protein as stable.

Aliphatic index: 89.46

Grand average of hydropathicity (GRAVY): -0.724

图 9-20 多肽的稳定性和脂溶性结果

(4) 打开 Psipred 页面，页面应为如图所示(图 9-21)。

(5) 将 LL37 抗菌肽的氨基酸序列粘帖入上述界面，然后点击“Predict”，图 9-22。

(6) 预测结构如图(图 9-23) 所示，表明抗菌肽 LL37 为 α 螺旋结构和无序结构组成的抗菌肽，其中 α 螺旋结构为主要结构。

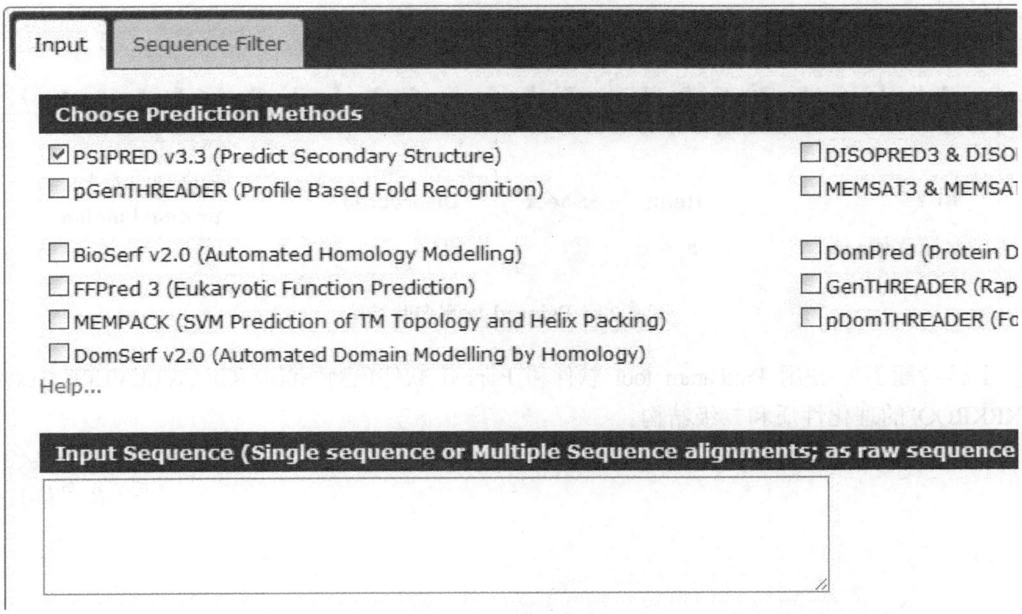

图 9-21 Psipred 页面显示

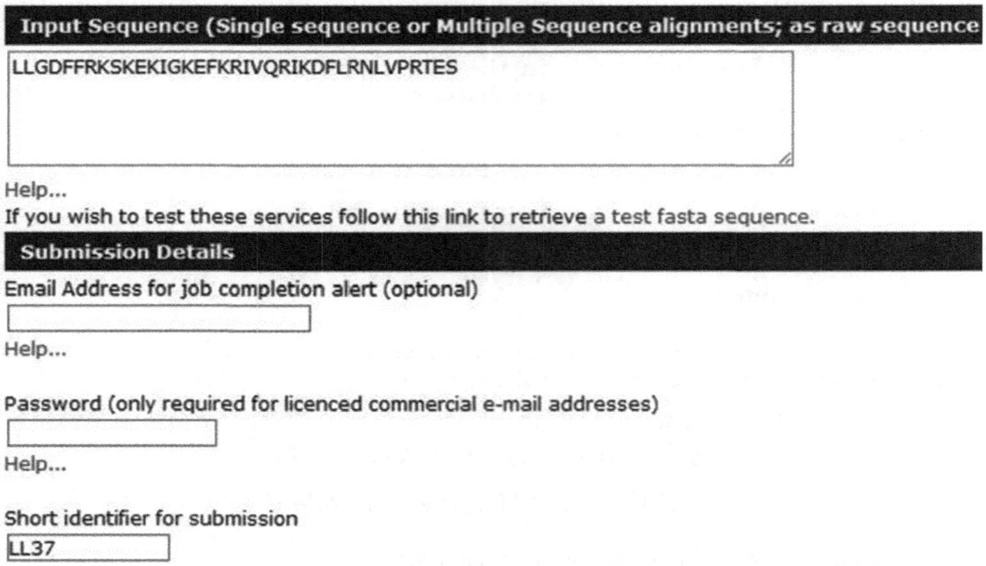

图 9-22　Psipred 页面输入多肽序列后结果

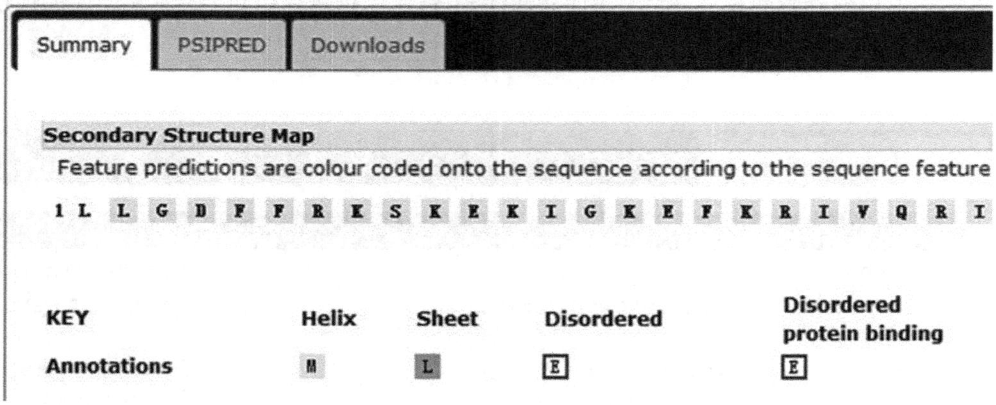

图 9-23　Psipred 预测多肽结构

【思考题】　使用 ProtParam tool 软件和 Psipred 软件预测蜂毒肽(GIGAVLKVLTT GLPALIS WIKRKRQQ)的理化性质和二级结构。

（衣同辉）

参 考 文 献

府伟灵.2012. 临床生物化学检验. 5 版. 北京：人民卫生出版社
龚朝晖.2012. 生物化学与分子生物学实验指导. 杭州：浙江大学出版社
郝柏林，张淑誉. 2002. 生物信息学手册. 上海：上海科学技术出版社
蒋立科. 2003. 现代生物化学实验技术. 北京：中国农业出版社
李霞，李亦学. 2011. 生物信息学学习指导与习题集. 北京：人民卫生出版社
卢圣栋. 1999. 现代分子生物学实验技术. 北京：中国协和医科大学出版社
钱士匀.2012. 临床生物化学检验实验指导. 北京：人民卫生出版社
王波. 1999. 分子生物学原理与基本技术. 哈尔滨：东北林业大学出版社
王晓春. 2012. 临床分子生物学检验实验指导. 北京：人民卫生出版社
王晓春.2012. 临床分子生物学检验. 3 版. 北京：人民卫生出版社
薛庆中. 2010. DNA 和蛋白质序列数据分析工具. 北京：科学出版社
余冰宾.2004. 生物化学实验指导. 北京：清华大学出版社
查锡良.2013. 生物化学与分子生物学. 8 版. 北京：人民卫生出版社
张杰. 2006. 医学化学实验技术. 北京：科学出版社

附　录

一、常用缓冲溶液的配制方法

1. 甘氨酸-盐酸缓冲液（0.05mol·L^{-1}）

X毫升 0.2mol·L^{-1} 甘氨酸+Y毫升 0.2mol·L^{-1}HCl，再加水稀释至 200 毫升。

pH	X	Y	pH	X	Y
2.2	50	44.0	3.0	50	11.4
2.4	50	32.4	3.2	50	8.2
2.6	50	24.2	3.4	50	6.4
2.8	50	16.8	3.6	50	5.0

甘氨酸分子量=75.07；0.2mol · L^{-1} 甘氨酸溶液含 15.01g·L^{-1}

2. 硼砂-氢氧化钠缓冲液（0.05mol·L^{-1} 硼酸根）

X毫升 0.05mol·L^{-1} 硼砂+Y毫升 0.2mol·L^{-1}NaOH，加水稀释至 200 毫升。

pH	X	Y	pH	X	Y
9.3	50	6.0	9.8	50	34.0
9.4	50	11.0	10.0	50	43.0
9.6	50	23.0	10.1	50	46.0

硼砂 $Na_2B_4O_7{\cdot}10H_2O$，分子量=381.43；0.05mol·L^{-1} 溶液为 19.07 g·L^{-1}

3. 邻苯二甲酸-盐酸缓冲液（0.05mol·L^{-1}）

X毫升 0.2mol·L^{-1} 邻苯二甲酸氢钾+Y毫升 0.2mol·L^{-1} HCl，再加水稀释至 20 毫升。

pH	X	Y	pH	X	Y
2.2	5	4.670	3.2	5	1.470
2.4	5	3.960	3.4	5	0.990
2.6	5	3.295	3.6	5	0.597
2.8	5	2.642	3.8	5	0.263
3.0	5	2.032	—	—	—

邻苯二甲酸氢钾分子量=204.23；0.2mol·L^{-1} 邻苯二甲酸氢钾溶液为 40.85 g·L^{-1}

4. 磷酸氢二钠-柠檬酸缓冲液

PH	0.2mol·L^{-1} Na_2HPO_4(ml)	0.1mol·L^{-1} 柠檬酸(ml)	pH	0.2mol·L^{-1} Na_2HPO_4(ml)	0.1mol·L^{-1} 柠檬酸(ml)
2.2	0.40	19.60	5.2	10.72	9.28
2.4	1.24	18.76	5.4	11.15	8.85
2.6	2.18	17.82	5.6	11.60	8.40
2.8	3.17	16.83	5.8	12.09	7.91
3.0	4.11	15.89	6.0	12.63	7.37
3.2	4.94	15.06	6.2	13.22	6.78
3.4	5.70	14.30	6.4	13.85	6.15
3.6	6.44	13.56	6.6	14.55	5.45
3.8	7.10	12.90	6.8	15.45	4.55
4.0	7.71	12.29	7.0	16.47	3.53
4.2	8.28	11.72	7.2	17.39	2.61
4.4	8.82	11.18	7.4	18.17	1.83
4.6	9.35	10.65	7.6	18.73	1.27
4.8	9.86	10.14	7.8	19.15	0.85
5.0	10.30	9.70	8.0	19.45	0.55

Na_2HPO_4 分子量=141.98；0.2mol·L^{-1} 溶液为 28.40 g·L^{-1}。$Na_2HPO_4{\cdot}2H_2O$ 分子量=178.05；0.2mol·L^{-1} 溶液为 35.61 g·L^{-1}。$C_6H_8O_7{\cdot}H_2O$ 分子量=210.14；0.1mol·L^{-1} 溶液为 21.01 g·L^{-1}

5. 柠檬酸-氢氧化钠-盐酸缓冲液

pH	Na^+浓度 ($mol·L^{-1}$)	柠檬酸(g) $C_6H_8O_7·H_2O$	97%NaOH(g)	浓 HCl(ml)	最终体积(ml)
2.2	0.20	210	84	160	10
3.1	0.20	210	83	116	10
3.3	0.20	210	83	106	10
4.3	0.20	210	83	45	10
5.3	0.35	245	144	68	10
5.8	0.45	285	186	105	10
6.5	0.38	266	156	126	10

使用时可以每升中加入 1 克酚，若最后 pH 有变化，再用少量 50%氢氧化钠溶液或浓盐酸调节，冰箱保存

6. 柠檬酸-柠檬酸钠缓冲液($0.1mol·L^{-1}$)

pH	$0.1mol·L^{-1}$ 柠檬酸(ml)	$0.1mol·L^{-1}$ 柠檬酸钠(ml)	pH	$0.1mol·L^{-1}$ 柠檬酸(ml)	$0.1mol·L^{-1}$ 柠檬酸钠(ml)
3.0	18.6	1.4	5.0	8.2	11.8
3.2	17.2	2.8	5.2	7.3	12.7
3.4	16.0	4.0	5.4	6.4	13.6
3.6	14.9	5.1	5.6	5.5	14.5
3.8	14.0	6.0	5.8	4.7	15.3
4.0	13.1	6.9	6.0	3.8	16.2
4.2	12.3	7.7	6.2	2.8	17.2
4.4	11.4	8.6	6.4	2.0	18.0
4.6	10.3	9.7	6.6	1.4	18.6
4.8	9.2	10.8			

柠檬酸 $C_6H_8O_7·H_2O$ 分子量=210.14；$0.1mol·L^{-1}$ 溶液为 21.01 $g·L^{-1}$。柠檬酸钠 $Na_3C_6H_5O_7·H_2O$ 分子量=294.12；$0.1mol·l^{-1}$ 溶液为 29.41 $g·L^{-1}$

7. 碳酸钠-碳酸氢钠缓冲液($0.1mol·L^{-1}$)Ca^{2+}、Mg^{2+}存在时不得使用

pH		$0.1mol·L^{-1}$ Na_2CO_3(ml)	$0.1mol·L^{-1}$ $NaHCO_3$(ml)
20℃	37℃		
9.16	8.77	1	9
9.40	9.12	2	8
9.51	9.40	3	7
9.78	9.50	4	6
9.90	9.72	5	5
10.14	9.90	6	4
10.28	10.08	7	3
10.53	10.28	8	2
10.83	10.57	9	1

$Na_2CO_3·10H_2O$ 分子量=286.2；$0.1mol·L^{-1}$ 溶液为 28.62 $g·L^{-1}$。$NaHCO_3$ 分子量=84.0；$0.1mol·L^{-1}$ 溶液为 8.40$g·L^{-1}$

8. 乙酸-乙酸钠溶液($0.2mol·L^{-1}$)

pH (18℃)	$0.2mol·L^{-1}$NaAc (ml)	$0.2mol·L^{-1}$HAc(ml)	pH (18℃)	$0.2mol·L^{-1}$NaAc (ml)	$0.2mol·L^{-1}$HAc(ml)
3.6	0.75	9.25	4.8	5.90	4.10
3.8	1.20	8.80	5.0	7.00	3.00
4.0	1.80	8.20	5.2	7.90	2.10
4.2	2.65	7.35	5.4	8.60	1.40
4.4	3.70	6.30	5.6	9.10	0.90
4.6	4.90	5.10	5.8	9.40	0.60

NaAc·3H_2O 分子量=136.09；$0.2mol·L^{-1}$ 溶液为 27.22 $g·L^{-1}$

9. 磷酸盐缓冲液

(1)磷酸氢二钠-磷酸二氢钠缓冲液($0.2mol·L^{-1}$)

pH	0.2mol·L⁻¹ Na_2HPO_4(ml)	0.2mol·L⁻¹ NaH_2PO_4(ml)	pH	0.2mol·L⁻¹ Na_2HPO_4(ml)	0.2mol·L⁻¹ NaH_2PO_4(ml)
5.8	8.0	92.0	7.0	61.0	39.0
5.9	10.0	90.0	7.1	67.0	33.0
6.0	12.3	87.7	7.2	72.0	28.0
6.1	15.0	85.0	7.3	77.0	23.0
6.2	18.5	81.5	7.4	81.0	19.0
6.3	22.5	77.5	7.5	84.0	16.0
6.4	26.5	73.5	7.6	87.0	13.0
6.5	31.5	68.5	7.7	89.5	10.5
6.6	37.5	62.5	7.8	81.5	8.5
6.7	43.5	56.5	7.9	93.0	7.0
6.8	49.0	51.0	8.0	94.7	5.3
6.9	55.0	45.0			

$Na_2HPO_4 \cdot 2H_2O$ 分子量=178.05；0.2mol·L^{-1} 溶液为 35.61 g·L^{-1}。$Na_2HPO_4 \cdot 12H_2O$ 分子量=358.22；0.2mol·L^{-1} 溶液为 71.64 g·L^{-1}。$NaH_2PO_4 \cdot H_2O$ 分子量=138.01；0.2mol·L^{-1} 溶液为 27.60 g·L^{-1}。$NaH_2PO_4 \cdot 2H_2O$ 分子量=156.03；0.2mol·L^{-1} 溶液为 31.21 g·L^{-1}

(2) 磷酸氢二钠-磷酸二氢钾缓冲液(1/15mol·L^{-1})

pH	1/15mol·L⁻¹ Na_2HPO_4(ml)	1/15mol·L⁻¹ KH_2PO_4(ml)	pH	1/15mol·L⁻¹ Na_2HPO_4(ml)	1/15mol·L⁻¹ KH_2PO_4(ml)
4.92	0.10	9.90	7.17	7.00	3.00
5.29	0.50	9.50	7.38	8.00	2.00
5.91	1.00	9.00	7.73	9.00	1.00
6.24	2.00	8.00	8.04	9.50	0.50
6.47	3.00	7.00	8.34	9.75	0.25
6.64	4.00	6.00	8.67	9.90	0.10
6.81	5.00	5.00	8.18	10.00	0.00
6.98	6.00	4.00			

$Na_2HPO_4 \cdot 2H_2O$ 分子量=178.05；1/15mol·L^{-1} 溶液为 11.88 g·L^{-1}。KH_2PO_4 分子量=136.09；1/15mol·L^{-1} 溶液为 9.08 g·L^{-1}

10. 磷酸二氢钾-氢氧化钠缓冲液(0.05mol·L^{-1})

X 毫升 0.2mol·L^{-1} KH_2PO_4+Y 毫升 0.2mol·L^{-1} NaOH，再加水稀释至 20 毫升。

pH(20℃)	X(ml)	Y(ml)	pH(20℃)	X(ml)	Y(ml)
5.8	5	0.372	7.0	5	2.963
6.0	5	0.570	7.2	5	3.500
6.2	5	0.860	7.4	5	3.950
6.4	5	1.260	7.6	5	4.280
6.6	5	1.780	7.8	5	4.520
6.8	5	2.365	8.0	5	4.680

11. 巴比妥钠-盐酸缓冲液(18℃)

pH	0.04mol·L⁻¹ 巴比妥钠(ml)	0.2mol·L⁻¹ 盐酸(ml)	pH	0.04mol·L⁻¹ 巴比妥钠(ml)	0.2mol·L⁻¹ 盐酸(ml)
6.8	100	18.4	8.4	100	5.21
7.0	100	17.8	8.6	100	3.82
7.2	100	16.7	8.8	100	2.52
7.4	100	15.3	9.0	100	1.65
7.6	100	13.4	9.2	100	1.13
7.8	100	11.5	9.4	100	0.70
8.0	100	9.4	9.6	100	0.35
8.2	100	7.2			

巴比妥钠盐分子量=206.18；0.04mol·L^{-1} 溶液为 8.25 g· • L^{-1}

12. Tris-盐酸缓冲液(0.05mol·L^{-1}，25℃)

50 毫升 0.1mol·L^{-1} 三羟甲基氨基甲烷(Tris)溶液与 X 毫升 0.1mol·L^{-1} 盐酸混匀后，加水稀释至 100 毫升。

pH(20℃)	X(ml)	pH(20℃)	X(ml)
7.10	45.7	8.10	26.2
7.20	44.7	8.20	22.9
7.30	43.4	8.30	19.9
7.40	42.0	8.40	17.2
7.50	40.3	8.50	14.7
7.60	38.5	8.60	12.4
7.70	36.6	8.70	10.3
7.80	34.5	8.80	8.5
7.90	32.0	8.90	7.0
8.00	29.2		

三羟甲基氨基甲烷(Tris)分子量=121.14；0.1mol·L^{-1} 溶液为 12.114 g·L^{-1}。Tris 溶液可从空气中吸收二氧化碳，使用时注意将瓶盖盖严

13. 硼酸-硼砂缓冲液(0.2mol·L^{-1} 硼酸根)

pH	0.05mol·L^{-1} 硼砂(ml)	0.2mol·L^{-1} 硼酸(ml)	pH	0.05mol·L^{-1} 硼砂(ml)	0.2mol·L^{-1} 硼酸(ml)
7.4	1.0	9.0	8.2	3.5	6.5
7.6	1.5	8.5	8.4	4.5	5.5
7.8	2.0	8.0	8.7	6.0	4.0
8.0	3.0	7.0	9.0	8.0	2.0

$Na_2B_4O_7·10H_2O$ 分子量=381.43；0.05mol·L^{-1} 溶液为 (=0.2mol·L^{-1} 硼酸根)含 19.07 g·L^{-1}。H_3BO_3 分子量=61.84；0.2mol·L^{-1} 溶液为 12.37 g·L^{-1}。硼砂易失去水分，必须在带塞的瓶中保存

14. 甘氨酸-氢氧化钠缓冲液(0.05mol·L^{-1})

X 毫升 0.2mol·L^{-1} 甘氨酸+*Y* 毫升 0.2mol·L^{-1}NaOH，加水稀释至 200 毫升。

pH	X	Y	pH	X	Y
8.6	50	4.0	9.6	50	22.4
8.8	50	6.0	9.8	50	27.2
9.0	50	8.8	10.0	50	32.0
9.2	50	12.0	10.4	50	38.6
9.4	50	16.8	10.6	50	45.5

甘氨酸分子量=75.07。0.2mol·L^{-1} 甘氨酸溶液含 15.01g·L^{-1}

二、常用生化正常值

检测项目	方法	标本	类型	正常值	
				国际单位制	惯用单位制
钾		血清	成人	4.1～5.6 mmol · L^{-1}	4.1～5.6mEq · L^{-1}
			儿童	3.4～4.7mmol · L^{-1}	3.4～4.7 mEq · L^{-1}
钠		血清	成人	135～145 mmol · L^{-1}	135～145 mEq · L^{-1}
			儿童	138～146 mmol · L^{-1}	138～146mEq · L^{-1}
氯化物（以氯化钠计）		血清		98～106 mmol · L^{-1}	570～620 mEq · dl^{-1}
钙		血清	成人	2.25～2.75mmol · L^{-1}	9～11mg · dl^{-1}
			新生儿	2.5～3.0 mmol · L^{-1}	10～12mg · dl^{-1}
无机磷		血清	成人	0.97～1.61mmol · L^{-1}	3～5mg · dl^{-1}
			儿童	1.29～1.94mmol · L^{-1}	4～6mg · dl^{-1}
镁		血清	成人	0.8～1.2 mmol · L^{-1}	2～3mg · dl^{-1}
			儿童	0.56～0.76mmol · L^{-1}	1.6～1.9mg · dl^{-1}
铁		血清	成人	14.3～26.9μmol · L^{-1}	80～150μg · dl^{-1}
			儿童	9.0～32.1μmol · L^{-1}	50～180μg · dl^{-1}

续表

检测项目	方法	标本	类型	正常值	
				国际单位制	惯用单位制
			老年	7.2～14.3μmol · L^{-1}	40～80μg · dl^{-1}
铜		血清		14.2～22.0μmol · L^{-1}	90～140μg · dl^{-1}
锌		血清		109.5±9.2μmol · L^{-1}	716±60μg · dl^{-1}
血糖	Folin-吴法	全血		4.4～6.7mmol · L^{-1}	80～120mg · dl^{-1}
	邻甲苯胺法	血清		3.9～6.1mmol · L^{-1}	70～110mg · dl^{-1}
乳酸		血浆		0.44～1.78mmol · L^{-1}	4～16mg · dl^{-1}
非蛋白氮		血清		14.5～25.0mg·dl^{-1}	1～2mg · dl^{-1}
尿素氮		血清		3.2～7.1mg · dl^{-1}	9～20mg · dl^{-1}
肌酐		全血		88.4～176.8μmol · L^{-1}	20～35mg · dl^{-1}
		血清	男	53～106μmol · L^{-1}	0.6～1.2mg · dl^{-1}
			女	44～97μmol · L^{-1}	0.5～1.1mg · dl^{-1}
肌酸		全血		208.8～533.8μmol · L^{-1}	3～7mg · dl^{-1}
			男	13～54μmol · L^{-1}	0.17～0.70mg · dl^{-1}
			女	27～74μmol · L^{-1}	0.35～0.93mg · dl^{-1}
尿酸	磷钨酸盐法	血清	男	268～488μmol · L^{-1}	4.5～8.2mg · dl^{-1}
			女	178～387μmol · L^{-1}	3～6mg · dl^{-1}
	尿酸酶法		男	208～428μmol · L^{-1}	3.5～7.2mg · dl^{-1}
			女	155～357μmol · L^{-1}	2.6～6.0mg · dl^{-1}
氨	纳氏试剂法	血清		5.9～35.2μmol · L^{-1}	10～60μg · dl^{-1}
	酚-次氯酸盐法			27.0～81.6μmol · L^{-1}	46～139μg · dl^{-1}
二氧化碳结合力	量积法或滴定法	血浆	成人	20.25～29.25mmol · L^{-1}	45～65ml · dl^{-1}
			儿童	18～27mmol · L^{-1}	40～60 ml · dl^{-1}
	简易量气法	血浆	成人	22～31mmol · L^{-1}	46～69 ml · dl^{-1}
总蛋白		血清		60～80g · L^{-1}	6～8g · dl^{-1}
白蛋白				40～55 g · L^{-1}	4.0～5.5g · dl^{-1}
球蛋白				20～30g · L^{-1}	2.0～3.0g · dl^{-1}
A/G 比值				1.5～2.5	
血清蛋白电泳	醋纤膜法				
白蛋白				0.61～0.71	61%～71%
球蛋白 α_1				0.03～0.04	3%～4%
α_2				0.06～0.10	6%～10%
β				0.07～0.11	7%～11%
γ				0.09～0.18	9%～18%
血清总脂			成人	4～7g · L^{-1}	0.4～0.7g · dl^{-1}
			儿童	3～6g · L^{-1}	0.3～0.69g · dl^{-1}
游离脂肪酸		血清		0.2～0.6mmol · L^{-1}	0.2～0.6mEq · L^{-1}
总胆固醇		血清		2.8～5.95mmol · L^{-1}	110～280mg · dl^{-1}
胆固醇脂		血清		2.24～3.38mmol · L^{-1}	90～130mg · dl^{-1}

续表

检测项目	方法	标本	类型	正常值	
				国际单位制	惯用单位制
HDLC		血清		0.78～2.3mmol · L^{-1}	30～85mg · dl^{-1}
LDLC		血清		1.56～5.72mmol · L^{-1}	60～220mg · dl^{-1}
磷脂		血清		1.4～2.7mmol · L^{-1}	110～210mg · dl^{-1}
甘油三酯		血清		0.22～1.21mmol · L^{-1}	20～110mg · dl^{-1}
脂蛋白电泳		血清			
CM				阴性	
HDL				0.20～0.40	30%～40%
LDL				0.50～0.60	50%～60%
VLDL				0.13～0.25	13%～25%
免疫球蛋白		血清			
LgG				7.60～6.6	760～660 mg · dl^{-1}
LgA				0.71～3.35	71～335 mg · dl^{-1}
LgM				0.40～2.12	40～212 mg · dl^{-1}
LgD				0.01～0.04	1～4 mg · dl^{-1}
LgE				0.001～0.009	0.1～0.9 mg · dl^{-1}
硫酸锌浊度试验		血清		4 ～12U	
麝香草酚浊度试验		血清		0～6U	
黄疸指数		血清		4～6U	
总胆红素		血清		3.4～17.1μmol · L^{-1}	0.2～1.0 mg · dl^{-1}
直接胆红素				0～6.8μmol · L^{-1}	0～0.4 mg · dl^{-1}
间接胆红素				3.4～10.26μmol · L^{-1}	0.2～0.6 mg · dl^{-1}
谷丙转氨酶	Karmen 法	血清		5～25U	
谷草转氨酶	Karmen 法	血清		8～28U	
乳酸脱氢酶总活性				150～450U	
碱性磷酸酶	Bodansky 法			1.5～4.0U	
酸性磷酸酶	Bodansky 法	血清		0～1.1U	
磷酸肌酸激酶	无机磷法	血清		0～2000U · L^{-1}	0～200U·dl^{-1}
乳酸脱氢酶同工酶	醋纤膜法	血清			
LDH1				0.24～0.34	
LDH2				0.35～0.44	
LDH3				0.19～0.27	
LDH4				0～0.05	
LDH5				0～0.02	
淀粉酶	Somogyi 法	血清		40～180U	
		尿		80～300U · L^{-1}	
	Winsloy 法	血清		8～64U	
		尿		8～32U	
5′-核甘酸酶		血清		27～283μmol · L^{-1}	1.6～171U
尿 17-KS			男	34.7～69.4μmol · $24h^{-1}$	10～20mg · $24h^{-1}$

续表

检测项目	方法	标本	类型	正常值	
				国际单位制	惯用单位制
			女	17.5～52.5μmol · $24h^{-1}$	5～15 mg · $24h^{-1}$
尿 17-OH			男	13.8～41.4μmol · $24h^{-1}$	5～15 mg · $24h^{-1}$
			女	11～27.6μmol · $24h^{-1}$	4～10 mg · $24h^{-1}$
胰岛素		血浆		38.75～143.50pmol · L^{-1}	5～20U · ml^{-1}

三、硫酸铵饱和度的常用表

1. 不同温度下的饱和硫酸铵溶液

温度(0℃)	0	10	20	25	30
每 1000 克水中含硫酸铵克分子数*	5.35	5.53	5.73	5.82	5.91
质量百分数	41.42	42.22	43.09	43.47	43.85
1000 毫升水用硫酸铵饱和所需克数	706.8	730.5	755.8	766.8	777.5
每升饱和溶液含硫酸铵克数	514.8	525.2	536.5	541.2	545.9
饱和溶液克分子浓度	3.90	3.97	4.06	4.10	4.13

*为适应实验设备和教学条件，本书仍沿用克分子概念，不做规范化处理

2. 调整硫酸铵溶液饱和度计算表(25℃)

	硫酸铵终浓度%饱和度																
	10	20	25	30	33	35	40	45	50	55	60	65	70	75	80	90	100
硫酸铵初浓度%饱和度	每 1 升溶液加固体硫酸铵的克数**																
0	56	114	144	176	196	209	243	277	313	351	390	430	472	516	561	662	767
10		57	86	118	137	150	183	216	251	288	326	365	406	449	494	592	694
20			29	59	78	91	123	155	189	225	262	300	340	382	424	520	619
25				30	49	61	93	125	158	193	230	267	307	348	390	485	583
30					19	30	62	94	127	162	198	235	273	314	356	449	546
33						12	43	74	107	142	177	214	252	292	333	426	522
35							31	63	94	129	164	200	238	278	319	411	506
40								31	63	97	132	168	205	245	285	375	409
45									32	65	99	134	171	210	250	339	431
50										33	66	101	137	176	214	302	392
55											33	67	103	141	179	264	353
60												34	69	105	143	227	314
65													34	70	107	190	275
70														35	72	153	237
75															36	115	198
80																77	157
90																	79

**在 25℃下，硫酸铵溶液由初浓度调到终浓度时，每升溶液所加固体硫酸铵克数

3. 调整硫酸铵溶液饱和度计算表(0℃)

	在0℃硫酸铵终浓度%饱和度																
	20	25	30	35	40	45	50	55	60	65	70	75	80	85	90	95	100
硫酸铵初浓度%饱和度	每100毫升溶液加固体硫酸铵的克数*																
0	10.6	13.4	16.4	19.4	22.6	25.8	29.1	32.6	36.1	39.8	43.6	47.6	51.6	55.9	60.3	65.0	69.7
5	7.9	10.8	13.7	16.6	19.7	22.9	26.2	29.6	33.1	36.8	40.5	44.4	48.4	52.6	57.0	61.5	66.2
10	5.3	8.1	10.9	13.9	16.9	20.0	23.3	26.6	30.1	33.7	37.4	41.2	45.2	49.3	53.6	58.1	62.7
15	2.6	5.4	8.2	11.1	14.1	17.2	20.4	23.7	27.1	30.6	34.3	38.1	42.0	46.0	50.3	54.7	59.2
20	0	2.7	5.5	8.3	11.3	14.3	17.5	20.7	24.1	27.6	31.2	34.9	38.7	42.7	46.9	51.2	55.7
25		0	2.7	5.6	8.4	11.5	14.6	17.9	21.1	24.5	28.0	31.7	35.5	39.5	43.6	47.8	52.2
30			0	2.8	5.6	8.6	11.7	14.8	18.1	21.4	24.9	28.5	32.3	36.2	40.2	44.5	48.8
35				0	2.8	5.7	8.7	11.8	15.1	18.4	21.8	25.4	29.1	32.9	36.9	41.0	45.3
40					0	2.9	5.8	8.9	12.0	15.3	18.7	22.2	25.8	29.6	33.5	37.6	41.8
45						0	2.9	5.9	9.0	12.3	15.6	19.0	22.6	26.3	30.2	34.2	38.3
50							0	3.0	6.0	9.2	12.5	15.9	19.4	23.0	26.8	30.8	34.8
55								0	3.0	6.1	9.3	12.7	16.1	19.7	23.5	27.3	31.3
60									0	3.1	6.2	9.7	12.9	16.4	20.1	23.1	27.9
65										0	3.1	6.5	9.7	13.2	16.8	20.5	24.4
70											0	3.2	6.5	9.9	13.4	17.1	20.9
75												0	3.2	6.6	10.1	13.7	17.4
80													0	3.3	6.7	10.3	13.0
85														0	3.4	6.8	10.5
90															0	3.4	7.0
95																0	3.5
100																	0

*在0℃下，硫酸铵溶液由初浓度调到终浓度时，每100毫升溶液所加固体硫酸铵克数

四、722型分光光度计操作规程

1. 仪器的工作环境

(1)使用的环境温度为5～35℃，并保持环境干燥。

(2)仪器应有良好的接地，避免磁场、电场，避免接触腐蚀性气体；工作间光线不能过强，避免震动。

(3)推荐使用100W以上的电子交流稳压器。

2. 操作步骤

(1)按下电源开关按钮，此时光路、电路接通，同时开启试样室盖子，将光门自动关闭，切断光路。

(2)将选择开关置于“T”位(透过率)，波长旋钮调整至测定所需波长值、灵敏度旋钮至低位后，仪器预热20min。

(3)预热完成后，按如下步骤进行调整和分析：

1)在前述仪器预热状态下，依次在仪器的样品架上放好空白溶液、标准溶液、待测溶液。比色皿的石英玻璃面应用镜头纸擦干净。

2) 调节“0”旋钮，使读数显示为“00.0”，盖上试样室盖子，将比色架处于空白溶液位置，调节“100.0”旋钮，如果调节不到，可由小到大逐级提高灵敏度值，但应尽可能在低档位工作。如果调整了灵敏度旋钮，就需增加仪器预热时间，待仪器在新的灵敏度档位下稳定后，再依次调节“0”旋钮、“100.0”旋钮，直至仪器多次重复稳定在这两点。

3) “T”位调整稳定后，将选择开关置于“A”位(吸光度)，仍然将空白溶液置于光路中，调整“消光零”按钮，使吸光度值显示为“.000”，如果需要记录溶液吸光度值，此时可拉动比色架拉杆，依次将标准溶液、待测溶液进入光路，测量其吸光值。

4) 如果需要直接记录被测溶液浓度值，可在调“A”为“.000”后，将选择开关置“C”位(浓度)，调整其读数为 0，然后将标准溶液拉入光路，调整浓度旋钮，使其显示值为标准溶液浓度值，再依次被测溶液将拉入光路中，其显示值即为样品浓度值。

5) 空白溶液的选择和浓度值的直接读出，还应视测试的具体情况做相应的调整。

3. 注意事项

(1) 测试过程尽可能快速进行，读数完毕需进行下一部操作时，应随手开启试样室盖子(包括预热阶段)，使光门在未读数时处于自动关闭状态，以防止光门常开使光电倍增管长期处于工作状态而加速疲劳老化。

(2) 在测试中如果需改变波长，应在改变波长后适当增加仪器的稳定时间，再从“T”开始对仪器进行调整，其他位置，如“A”位、灵敏度等的改变，均应在仪器稳定后，从头对仪器进行调整。

(3) 一般使用时，如果事先确定了仪器的灵敏度位置，使用时可以不用变动，使用已经做好的工作曲线或标准溶液的吸光度值，也要用标准溶液来检查，如果吸光度值相差超过一定的范围，则应按二、3、(4) 条所示的方法直接进行浓度测量。

(4) 测试工作完毕后，应关闭电源检查和擦拭比色皿架内外的水分，保持仪器内外清洁、干燥，并定期更换外侧干燥剂。

(5) 注意轻拿轻放比色皿，防止损坏。比色皿透光部分不应用手触摸，不应与其他物品接触，擦拭时只能用镜头纸。

(6) 不同测试项目间的比色皿不能混用，补充损坏的比色皿时，需检查透光率一次，不得随意添加。浸泡比色皿的溶液不得混淆使用。

五、HH-S 系列数显恒温水浴锅操作规程及清洁、维护保养

1. 目的　正确使用 HH-S 系列数显恒温水浴锅，延长仪器使用寿命。确保检测数据准确无误。

2. 操作

(1) 电子恒温水浴锅应放在固定平台上，先将排水口的胶管夹紧，再将清水注入水浴锅箱体内(为缩短升温时间，亦可注入热水)。

(2) 接通电源，显示 OFF 的红色指示灯亮，旋转温度调节旋钮至设定的温度(顺时针升温，逆时针降温)，水开始被加热，指示灯 ON 亮；当温度上升到设定温度时，指示灯 OFF 亮，水开始被恒温。

(3) 水浴恒温后，将装有待恒温物品的容器放于水浴中开始恒温。

(4) 恒温时为了保证恒温的效果，可在恒温容器于箱体接触的部位用硬纸板封严，恒温容器中的恒温物品应低于水浴锅的恒温水浴面。

(5) 使用完毕后，取出恒温物，关闭电源，排除箱体内的水。并做好仪器使用记录。

3. 清洁及维护保养

(1) 水箱应放在固定的平台上，仪器所接电源电压应为220V，电源插座应采用三孔安装插座，并必须安装地线。

(2) 加水之前切勿接通电源，而且在使用过程中，水位必须高于不锈钢隔板，切勿无水或水位低于隔板加热，否则会损坏加热管。

(3) 如恒温控制失灵，可将控制器上的银接点用细砂布擦亮即可工作。

(4) 注水时不可将水流入控制箱内，以防发生触电，使用后箱内水应及时放净，并擦拭干净，保持清洁以利延长使用寿命。

(5) 最好用纯化水，以避免产生水垢。

六、低速台式离心机操作规程及维护保养

1. 使用条件

(1) 离心机必须放置在水平的地方。

(2) 离心管应对称放置。

2. 使用方法

(1) 将机器插入电源后，打开电源开关，灯亮表示机器已接通电源，按停止键打开盖。

(2) 把样品等量放置在离心管内，并将其对称放入离心机中。

(3) 如需调整离心机的运行参数可直接按“▲”或“▼”调整。

(4) 按启动键机器运行，在运行过程中显示所设定的转速、离心力、时间的参数，当机器达到设定时间自动停机，同时有蜂鸣声提示。

(5) 离心结束，打开盖子，取出离心管。

(6) 关闭电源开关。

3. 注意事项

(1) 离心前检查是否拧紧螺母。

(2) 经常检查转头及实验用的离心管是否有裂纹、老化等现象，如有接应及时更换。

(3) 实验完毕后，需将机器擦拭干净，以防腐蚀。

(4) 离心机在高速运转时、未停稳的情况下，不得随意打开上盖。

(5) 长期不使用时，关闭外接电源。

(6) 机器在运行中有异常情况，可直接按停止键。

(7) 禁止高速直接起动，必须由低速至高速慢慢起动!

4. 维护保养

(1) 使用完后及时清理离心机，防止掉入物品，下次离心时发生故障。

(2) 离心管使用完后及时取出。

(3) 严禁各种液体或其他杂物进入离心工作室内，否则会损坏主机。

(4) 台式低速离心机外壳应妥善接地，以免整机受潮影响而发生意外。

七、DYY-8C 型电泳仪操作规程

1. 使用条件

(1) 与 JY 系列电泳槽配套使用。

(2) 固定划出其使用区域，防止电泳试剂污染其他实验区。

2. 使用方法

(1) 按电源线颜色接好连接导线，并放入电泳样品。

(2) 开启仪器的“电源开关”，至仪器发出**四声蜂鸣**，按按“▲”“▼”键选择参数。

(3) 按“启/停”键，仪器发出**四声蜂鸣**，开始电泳，直至设定时间结束。

3. 注意事项

(1) 使用之前必须确保电极连线与电泳仪接触良好。

(2) 实验进行中若需要观察实验情况，应注意不要接触设备，防止触电。

(3) 若电泳仪运行过程中出现异常情况，应及时断电。

4. 维护保养

(1) 保持使用环境整洁，注意擦拭去除杂迹。

(2) 保持使用环境干燥。

(3) 长时间不使用应关闭电源。

八、SW-CJ-2FD 型洁净工作台操作规程

1. 使用条件 在洁净度不低于一万环境中使用。

2. 使用方法

(1) 把需用到的仪器、用具以及灭菌包、试管等灭菌后放入洁净工作台。

(2) 为实现工作区域无菌，必须关闭工作门，开启紫外灯消毒 20 分钟。这时不能开启风机。

(3) 关闭紫外灯，为实现工作区域自净，需开启风量控制按钮“高”位置运行 20 分钟。

(4) 根据需要开启风量控制按钮在适当风量，关闭紫外灯，开启照明灯，适当打开工作移门进行操作。

3. 注意事项

(1) 工作台内不应放置易爆、腐蚀性化学物。

(2) 禁止在预过滤器进风口部位放置物品，以免挡住风口造成进风量减少。

4. 维护保养

(1) 工作完毕后，用 75%乙醇溶液擦拭净化工作台面，关闭送风机，打开紫外灯 15 分钟。

(2) 长期停机请切断电源。

九、SYQ-DSX-280B 型手提式不锈钢压力蒸汽灭菌器操作规程

1. 使用条件

(1) 环境温度不得低于 5℃，不得高于 40℃。

(2) 环境湿度≤85%。

2. 使用方法

(1) 包扎灭菌物品，各包直接留有空隙。

(2) 取出内胆，加入 2kg 左右的纯净水，水面高度与三个内胆托架上端持平。

(3) 待灭菌物品放入灭菌器内，灭菌器盖上的“定位标签”对准灭菌器下手柄中心，将盖轻轻按下，顺时针转动，完全合拢上下手柄。

(4) 设定温度：按“SET”键将功能灯移至灭菌温度位置，按“▲”或“▼”键改变温度，设置完毕后，按“SET”键确认。

(5) 设定时间：按“SET”键将功能灯移至灭菌时间位置，按“▲”或“▼”键改变时间，设置完毕后，按“SET”键确认。

(6) 设置温度、时间完毕后，灭菌锅开始升温，至计时结束，工作结束灯亮，蜂鸣器提醒数次后自动停止工作。至压力表归零，才能开盖。

(7) 关闭电源，开启放气阀，逆时针旋转上手柄，让盖上定位标记对准下手柄中心，开启灭菌器盖。

3. 注意事项

(1) 堆放灭菌物品时，严禁堵塞安全阀和放气阀气孔。

(2) 液体灭菌时不超过容器的 3/4 体积。

(3) 严禁压力表尚未归零强行开盖。

4. 维护保养

(1) 应保持清洁，方可延长使用年限；特别注意防止橡胶圈老化。

(2) 对灭菌后产生的水垢及时清理，防止堆积。

十、TG20-WS 型高速离心机操作规程

1. 使用条件

(1) 将离心机平衡放置于水平桌面上，确保机脚坚实接触平面。

(2) 离心管必须成偶数对称放入，注意把转子体上的螺丝钉拧紧。

2. 使用方法

(1) 设置转子号，按“设置”键，第一组显示灯闪耀为转子号，按“▲”“▼”键选择转子号。

(2) 设置转速，按“设置”键，第二组显示灯闪耀为转速，按“▲”“▼”键确定离心机转速，注意不得超过最大转速。

(3) 设置时间，按“设置”键，第三组显示灯闪耀为转速，按“▲”“▼”键确定离心机离心时间，注意最长时间为 99 分钟。

上述三步完成后，再按“确认”键，确认上述转子的转子号、转速、时间。

(4) 配平离心管中的溶液，对称放入离心管。

(5) 按“启动”键，离心机开始工作，时间为倒计时，至时间为零时，转速开始下降，直至完全停止，蜂鸣器发出提示，此时才可以安全打开门盖。

3. 注意事项

(1) 使用之前必须准确配平离心管溶液，对称放入。

(2) 室温超过“30℃”时，必须保证使用转速不得超过最大转速的 85 %。

(3) 若使用的离心管为不锈钢材质，则必须保证使用转速不得超过最大转速的 80 %。

(4) 转子存放时间若超过半年，则初次使用应先低速运转 10～30 分钟，才可进入告诉运转

状态。

4. 维护保养

(1) 应将离心机放置于灰尘少，干燥的位置；定期擦拭，保持离心机内外整洁。

(2) 保存环境温度不得低于–25℃，不得高于 65℃。

(3) 防止腐蚀性气体和液体与离心机接触而腐蚀相关部件。

十一、ZWY-240 型恒温培养振荡器操作规程

1. 使用条件

(1) 将恒温振荡培养器平衡放置于水平桌面上，确保坚实接触平面。

(2) 远离震源、高频电磁干扰源和阳光直射处放置。

2. 使用方法

(1) 打开电源总开关，整机通电，直至液晶显示屏显示至存储的工作参数：设定温度、设定转速、设定时间。

(2) 设定温度：按“参数修改/确认”键，再按“增加”键至“3”，再次按“参数修改/确认”键，仪器进入温度设定界面，按“增加”或“降低”键改变温度，设置完毕后，按“参数修改/确认”键确认。并进入转速设定界面。

(3) 设定转速：按 (2) 操作完毕后，设备自动转入转速设定界面，按“增加”或“降低”键改变转速，设置完毕后，按“参数修改/确认”键确认。并进入时间设定界面。

(4) 设定时间：按 (3) 操作完毕后，设备自动转入时间设定界面，按“增加”或“降低”键改变时间，设置完毕后，按“参数修改/确认”键确认，设备自动返回实测温度显示界面。

(5) 完成上述设定后，按启动/停止键，设备即按已设定程序运行。

(6) 待达到终止时间后，设备停止运行；按住控制面板“电源键”2 秒，设备关机。关闭电源总开关。

3. 注意事项

(1) 防止大力开关设备箱门，否则易损坏箱门。

(2) 仪器不可接触挥发性化学品。

(3) 设备应离墙或离物体的距离大于 20cm。

4. 维护保养

(1) 保持箱体内外整洁，注意擦拭去除杂迹。

(2) 振荡培养时，注意应使培养瓶均匀放置入箱体中。

（刘哲丞）